什么是学科知识史

章 清 著

Simplified Chinese Copyright © 2024 by SDX Joint Publishing Company.
All Rights Reserved.
本作品简体中文版权由生活·读书·新知三联书店所有。
未经许可，不得翻印。

图书在版编目（CIP）数据

什么是学科知识史/章清著.—北京：生活·读书·新知三联书店，2024.4
（乐道文库）
ISBN 978-7-108-07770-7

Ⅰ.①什⋯　Ⅱ.①章⋯　Ⅲ.①史学-研究　Ⅳ.①K03

中国国家版本馆CIP数据核字（2024）第013898号

责任编辑	王婧娅
特约编辑	周　颖
封面设计	崔欣晔
责任印制	洪江龙
出版发行	生活·讀書·新知 三联书店
	（北京市东城区美术馆东街22号）
邮　　编	100010
印　　刷	上海雅昌艺术印刷有限公司
版　　次	2024年4月第1版
	2024年4月第1次印刷
开　　本	889毫米×1092毫米　1/32　印张　12.25
字　　数	284千字
定　　价	69.00元

目　录

序 · 1

引　论　中国近代学科知识的成长：问题与视野 · 5
　一　问题的辨析 · 6
　二　"未完成性"：成长中的学科知识 · 16
　三　中国视野：本土因素的作用 · 26

第一章　西学、东学、新学：知识传播的路径与变奏 · 35
　一　"西学"传播：选择与迎合？ · 36
　二　"东学"：日本因素的影响 · 48
　三　"新学"："普遍性"与"现代性" · 61

第二章　新知与新语：各学科专门术语的译介 · 78
　一　理解新知识：催生学科术语的基本因素 · 81
　二　新型政治治理方式主导的"政治话语" · 96
　三　"文明"观念影响下的学科术语 · 111

四 回归"知识"后的持续论辩 · 123

第三章 学科的制度化（一）：以分科为基础的分层教育的确立 · 136

一 变革科举、推广学校 · 137

二 "中学""西学"纷争下分级分科教育的推进 · 151

三 "普及"与"提高"："国家政权建设"主导下的各级教育 · 163

第四章 学科的制度化（二）：研究机构的建立和发展 · 190

一 "国家政权建设"与教育学术 · 192

二 如何使学术教育成为建国的力量 · 208

三 学科规划之"国际化"与"本土化" · 218

第五章 学科知识走向公众：知识传播的媒介 · 232

一 "有一学即有一报" · 233

二 白话报章与知识的"演义" · 246

三 以声音、图像为媒介的知识传播 · 262

第六章 重塑过去："学科史"的书写 · 296

一 "他学"催生的"新史学" · 297

二 "专史"：新的历史书写样式 · 303

三 "有"还是"无"："学科史"书写的难局 · 315

结　语　"学归于一"：近代中国学科知识成长的意义 · 349
　一　立足于中西古今的视野 · 350
　二　确立"整体性"的观念 · 360
　三　守护"历史的维度" · 374

序

回头想来,当初接受本书写作任务时,于可能遇到的难题并没有多加考虑,这也导致计划的时间一再延后。关注近代学科知识在中国的成长,已有不少年头,但所讨论的还只是很有限的部分。这是因为问题牵涉的范围甚广,通常对此的考察要么聚焦某一分科,要么专就某一方面的问题立说,现在要拓展去处理面上的问题,难度不小。事实上,与之有关的"科学史""概念史"及其他各种"专史",在"乐道文库"已有专书介绍,这样又面临取舍的难题。好处不是没有,可以据此反省过往研究的得失,进一步审视以往重视不够的面相,以便对"学科知识史"涉及的基本问题做较为系统的梳理。

当初约稿时,主编罗志田教授提出的是"什么是知识史"这一主题。这更难驾驭。围绕"学科知识史"展开,可以将范围大致限定于近代中国,并减少一些歧义。学科、知识及学科知识,其内涵并不是那么明晰,不只相关概念,还包括涉及的各分科知识,大体皆是"援西入中"的产物,经历中学与西学(包括东学)漫长的会通之旅,才逐步清晰起来,成就的则是明显烙上本土印痕的分科知识。此亦表明,学科知识的成长,无论中外,都是特定历史时空的产物,西方分科知识的传入只是问题的一面,什么因素主导中国对此的接引,是值得重视的另一面,并不存在单纯的"知识移植"(knowledge implantation),需高度重视"本土的作用"或"传统的发明"。换言之,讨论近代学科知识对中国的渗透,当认识到所谓"西方知识"是历史性范畴;中国所接纳的"西方知识",从一开始就加入了"中国"元素。

学科及学科知识之所以难以把握,在于其处于不断变动中。有一点是清楚的,它是昭示近代世界区分于古代世界的重要环节,从某种意义上说,理解近代世界诞生的重要概念"现代性",便是由各分科知识提供阐释的。问题的复杂在于,如哈贝马斯(Jürgen Habermas)强调的,"未完成性"乃"现代性"的基本特征,不仅其历史进程经常会发生偏离,其过程也尚未"终结"。查尔斯·泰勒(Charles Taylor)也提示我们注意:"从一开始,现代社会科学的第一大问题就一直是现代性本身。"其对"多种多样的现代性"的阐释,更是言明不应把现代性看成"单一的进程"。无论如何,近代学科知识在中国的成长,对于理解近代以来的中国历史,自有其重要性。近代中国以"变"著称,而奠定晚清以降历史基调且影响至今的,重要一环即是以分科为标志的近代学科知识的成长。这期间争论的重大问题,无论是晚清围绕"中体西用"的争论,还是民国时期发生的"科学与人生观"论战等等,都可以看到学科知识的影子,参与其中之众多学者,也试图化解中学与西学的"紧张",厘清学科与学科之间的"边界"。

自19世纪末20世纪初以来,陆续推进的"学科的制度化",影响更为昭著,不仅以分科为基础的新式教育得以落实,中央研究院1928年的成立,还意味着不少学科建立起代表国家的学术机构。直接后果是,包括物理学、经济学、哲学等一系列今日统称为自然科学、社会科学及人文学科的近代学科知识体系,逐渐为中国社会所接纳,并摈弃了以"六艺"为核心、以"四科"为基本框架的"中学"分类体系;对自然世界及现实社会的认知,也渐次脱离本土资源,转而采纳近代学科知识提供的资源。不宁唯是,相伴而生的各种"新概念",以及对近代学科知识的历史追溯,还重塑了"中国之过去"。

上述种种,大致构成我对近代学科知识成长的基本认识,也期待着对这些问题的思考,能够在本书加以阐述。照理说,回答"什么是学科知识史",需在理论及方法层面多加重视,但我的选择是以"问题"为导向,略说审视近代学科知识在中国的成长需重视哪些方面的问题,有哪些基本线索以及可资利用的史料。由于个人视野的局限性,书中也只是略陈如何去把握这些"问题",更准确的书名,或当是"学科知识史研究"。

需要说明的是,近二十年来,围绕学科知识在中国的成长,陆续发表了一些论作,如《"采西学":学科次第之论辩及其意义——略论晚清对"西学门径"的探讨》（《历史研究》2007年第3期）、《"策问"与科举体制下对"西学"的接引——以〈中外策问大观〉为中心》（《"中央研究院"近代史研究所集刊》2007年第58期）、《中国现代学科的形成：历史的维度——以晚清出版的西学汇编资料为中心》（『アジア文化交流研究』2009年第4号）、《晚清中国西学书籍的流通——略论〈万国公法〉及"公法"的"知识复制"》（《中华文史论丛》2013年第3期）、「清末西學書の編纂にみえる西洋知識の受容」（『東アジアにおける近代知の空間の形成』東方書店、2013）、"'Lack of Nation' and 'Lack of History': The Emergence of a Discourse of Weakness in Late Qing China," *Discourses of Weakness in Modern China: Historical Diagnoses of the 'Sick Man of East Asia'* (Frankfurt: Campus, 2020) 等；2019年还在社会科学文献出版社出版了《会通中西——近代中国知识转型的基调及其变奏》一书。本书自然吸收了上述论著的部分内容，不过在写法上尽力符合"乐道文库"之旨趣，能在多大程度实现预期目标，要由各位方家评断了。利用这一机会，也要再次向提供各种帮助的众多师友，谨致谢忱，尤其要感谢罗志田主编的盛情相邀，以及责任编辑王婧娅付出的辛劳。

引论　中国近代学科知识的成长：
　　　　问题与视野

　　学科知识是什么？何以要重视这一问题？

　　近些年因为较为关注近代学科知识在中国的成长，每每被问及这样的问题，但愿本书的写作，能够提供我粗浅的答案。可以简要说明的是：往大了说，这是催生近代世界诞生的大问题，人们常常提及的"现代性"，实际依托于各分科知识加以阐释，并促成过去的知识与近代知识有了明确的分界。往近了说，这是涉及近代以来中国如何接受域外新知的问题，晚清遭逢"数千年来未有之变局"，促成了"中学""西学"之会通，以及知识的转型，影响也及于今日。往小了说，这也是与每个人的成长都息息相关的问题，对于所生活的世界的认知，所凭借的即来于自小所接受的分科教育。

　　对再熟悉不过的问题仍有种种疑惑，意味着对此的审视不易确立研究的"边界"。面对"文化史由什么构成"此一问题时，彼得·伯克（Peter Burke）曾表达这样的困惑：

"如果某样东西没有固定的特质,又怎么能写出它的历史来呢?"① 在回答"什么是知识史"的问题时,伯克又总结了围绕知识史研究出现的诸多分歧,其中有长期存在的老问题,如内部与外部视角之争、连续性与变革之争、时代误植与相对主义之争,也有新涌现的问题,如胜利主义和建构主义、个体与体系及性别等。② 从中国出发思考学科知识史,牵涉的问题,也甚为复杂,一则知识传播涉及的"西学""东学""新学"等,都并非清晰的范畴;二则中国本土对学科知识的接纳,还包含"传统的发明"及"知识再生产",③ 在较为"长程的时段",并守护"历史的维度",方能厘清一些问题。

将近代中国学科知识成长所涵盖的范畴,略加分解,或可使问题得以更清晰地呈现。不妨由此说开去,略陈学科知识史的构成,及其所涉及的问题与视野。

一 问题的辨析

何以说近代世界的诞生与学科知识的成长密切相关?这是因为相较于古代世界,近代世界或现代世界实质上是

---

① 彼得·伯克《文化史的风景》,丰华琴、刘艳译,北京大学出版社,2013年,第1页。
② 彼得·伯克《什么是知识史》,章可译,北京大学出版社,2023年,第159页。
③ 霍布斯鲍姆(Eric Hobsbawm)、兰格(Terence Ranger)《传统的发明》,顾杭、庞冠群译,译林出版社,2004年,第1—17页。

由各分科知识提供解释与说明的。

从文明诞生起,"正当性"与"合法性"问题就构成文明成长的决定性因素,马克斯·韦伯(Max Weber)归纳出传统型、法理型、超凡魅力型三种"权力类型",检讨的即是合法性的来源,肯定了"自然法"发挥的影响,并将其与"神启的、既定的和传统的法律"区别开来。① 哈贝马斯则勾画出不同时期合法性论证的不同基础:早期文明中,统治家族借助于原始神话证明自身的正当性;伴随古代文明帝国的发展,不仅统治者本人,整个政治秩序的正当性都需要通过以宇宙论为基础的各种学说来完成;到了现代,特别是现代科学产生以来,由于能够更精确区分理论论证和实践论证,合法性论证也有了新的资源。② 对于传统知识与现代知识的重要区别,彼得·德鲁克(Peter Drucker)也做了这样的归纳:前者是一般性的、统合性的,后者都经过细分,体现为"高度学科化的知识",正是这一转变"赋予了知识创造一个新社会的巨大力量","这是从古至今人类智慧史上的巨大变化"。③

将学科知识的成长归于近代以来中国接受域外新知的问题,也容易理解。伴随近代世界的诞生,由新事物、新技术推进的文化交流已不同于往昔,展现为全球性的文化

---

① 马克斯·韦伯《经济与社会》第一卷,阎克文译,上海人民出版社,2009年,第128、322—323页。
② 哈贝马斯《交往与社会进化》,张博树译,重庆出版社,1989年,第189—190页。
③ 彼得·德鲁克《知识社会》,赵巍译,机械工业出版社,2021年,第42—43页。

迁移现象。"科学革命"与第一次全球经济的发展差不多同时发生,即被视作并非偶然的,表明商业活动,尤其是航海大发现引起的认知世界的"态度转变",发挥了重要影响。① 学科知识在中国的成长,也是卷入这一潮流的产物,同样体现为由"商战"向"学战"的转变,进而开启了"中学"与"西学"的会通之旅。晚清以降的读书人,在会通中西学问上也做出了种种努力,期望能实现"中外无异学"。

所谓学无新旧、无中西,通常归之于王国维的发明,实际上,自中西接触以来,以此立言者不乏其人。孙宝瑄1897年在日记中就表示,居今之世而言学问,"无所谓中学也,西学也;新学也,旧学也;今学也,古学也"。② 这也意味着,中西之间自明末清初以来展开的文化交流,经历诸多曲折之后,在"学"这一层面大致实现了中学、西学之会通。随着时间的推移,所谓"学",不再是"西学",也不是所谓"新学",而成为"近代知识"的代名词,涵盖"诸学科"。到王国维那里,则是将有用无用之争、中学西学之争和古今新旧之争,均归于"学之义不明"。③ 据此,也可以做出这样的评断:以分科为标志的近代学科知识在

---

① 柯浩德(Harold J. Cook)《交换之物:大航海时代的商业与科学革命》,徐晓东译,中信出版社,2022年,第537页。参见彭慕兰(Kenneth Pomeranz)、史蒂文·托皮克(Steven Topik)《贸易打造的世界——1400年至今的社会、文化与世界经济》,黄中宪、吴莉苇译,上海人民出版社,2018年。
② 中华书局编辑部编《孙宝瑄日记》上册,1897年3月17日,中华书局,2015年,第88页。
③ 王国维《〈国学丛刊〉序》,《国学丛刊》第1册,1911年春,第1页。

中国的成长,奠定了近代中国"变"的基调。

于个人来说,则是每个人在成长过程中都在分享这一结果。当近代知识落地生根,步入"学科的制度化",以学校替代科举,也意味着有了新的育人机制。

1905 年废除科举,终结延续一千三百余年的考试制度,自是影响深远的巨变。1904 年颁布的《奏定学堂章程》("癸卯学制"),同样是划时代的文献。这是近代中国第一个由中央政府颁布并督导施行的全国性法定学制系统,要求"京外各学堂俱照新章,以归画一"。重点在于,新式教育确立的小学、中学、大学三级架构,所习内容已落实为以分科为标志的"专门之学"。不同层级之教育,都围绕分科知识展开,差别只是修读的科目与知识的程度;进入大学以后,每个人也会贴上属于什么院系、什么学科的标签。1928 年正式成立的中央研究院,还意味着不少学科建立起代表国家的学术机构。近代学科知识在中国的成长,由此获得了制度性的保障,其影响也延续至今。

那么,考察近代学科知识在中国的成长,应确立怎样的问题与视野呢?彼得·伯克曾阐明,西方的"知识史"研究,"是从其他类的历史研究中逐步发展出来的",其一是书籍史,重心从对书籍买卖的经济史研究,转变为对阅读的社会史研究和对信息传播的文化史研究;其二是科学史,由于受三个方面的挑战,科学史转向更为广阔的知识史。第一,人们开始意识到,现代意义上的"科学"这一术语,其实是一个 19 世纪的概念,以此去研究更早时代的知识创制行为，会导致"时代误植"；第二，学术界对大众文化的研究兴趣与日俱增，推动研究者把目光聚焦于手工艺、医疗等实践性知识；第三，"全球史"兴起后，人们需要去认识和讨论那些非西方文化的智识成就。这些成就不一定完全符合西方的"科学"范型，但它们毫无疑问是对知识的贡献。① 结合此前伯克出版的《知识社会史：从古登堡到狄德罗》（2000）、《知识社会史：从〈百科全书〉到维基百科》（2013），可以看出，其是从知识与社会的关系，切入相关问题的，"知识社会学"的兴起与复兴，构成主要的思想资源；进一步还检讨了"什么是知识"的问题。② 在"知识社会史"基础上发展起来的"知识史"，成为重要的研究领域，引起众多学者关注，是较晚近的事，与"知识社会"的来临息息相关。已经有很多迹象表明，"知识史"研究方兴未艾，势必如"文化史"兴起那样对史学研究产生深远影响。彼得·伯克就有这样的判断："科学史和相对较新的知识史"构成文化史的邻近学科，"它们见证了诸如'博物学文化'或'知识文化'等概念的兴起"。而且，"知识文化"的观念已经成为中心思想，表明"知识史在扩大自己的领域，其发展已经超出了思想史和科学史的

---

① 彼得·伯克《什么是知识史》，第 8—9 页。
② 彼得·伯克《知识社会史（上卷）：从古登堡到狄德罗》，陈志宏、王婉旎译，浙江大学出版社，2016 年，第 1—18 页；《知识社会史（下卷）：从〈百科全书〉到维基百科》，汪一帆、赵博囡译，浙江大学出版社，2016 年，第 5—8 页。

范畴"。①

结合伯克在《什么是知识史》一书附录的年表"Timeline: Studies of Knowledge, a Select Chronology",以及以"知识史"命名的网站所汇集的"主题",大致可了解有关"知识史"的系谱,以及主要关心的问题。前者从培根(Francis Bacon)1605 年完成的《学术的进展》(*Advancement of Learning*),一直追踪到 2014 年詹姆斯·特纳(James Turner)出版的《现代人文学科被遗忘的源头:语文学》(*Philology: The Forgotten Origins of the Modern Humanities*);② 后者的主题汇总,列出"知识流通"(Circulation of Knowledge)、"殖民与后殖民"(Colonial and Postcolonial)、"知识与记忆"(Knowledge and Memory)、"迁移与知识"(Migration and Knowledge)、"翻译与传播"(Translation and Dissemination)等,最后落在"什么是知识史"(What is History of Knowledge?)上。③

近些年出版的论著也显示,知识史的成长及所关注的问题,有迹可循。薛凤(Dagmar Schäfer)、柯安哲(Angela N. H. Creager)所编《科学史新论:范式更新与视角转换》,收录了 1990 年至 2015 年间发表的论文,显示出科学史与知识史的会通,尤其是詹姆斯·西科德(James A. Secord)提

---

① 彼得·伯克《什么是文化史(第三版)》,蔡玉辉译,北京大学出版社,2020 年,第 177—178 页。
② Peter Burke, "Timeline: Studies of Knowledge, a Select Chronology," *What is History of Knowledge?* Polity Press, Cambridge, 2015, pp. 145–147.
③ 参见 https://historyofknowledge.net/。此外,多国还建立起相关研究中心。

出的"知识在流转"(Knowledge in Transit),就触及知识在全球性的流动。① 2018年出版的《知识的流通:知识史的探索》一书,同样关注于全球范围内的知识流通,并且将主题聚焦于知识的传播、流通以及知识传播的媒介、场所等。② 无独有偶,彼得·伯克在2020年创刊的《知识史杂志》(*Journal for the History of Knowledge*)上,进一步阐明知识史关注的重点应考虑以往研究中较少涉及的面相,如知识流通中存在的种种障碍,知识传播中产生的误解与转换,以及聚焦于"无知"(ignorance or *Nicht-Wissen*)对书写知识史的意义。最后还展望了知识史未来可能的两条路径,或者如过去两个世纪以来科学史的成长那样,拥有相关的中心、期刊等;或者如文化史那样,渗透到经济、社会、政治等类型的历史中,这样一来,"知识"也如同"文化"那样,无所不包。他也坚称:"知识史需融入通史、总体史中。"③

不必讳言,知识史研究主要关注的对象是什么?与科学史、文化史的区别何在?如何区分知识与非知识(或"无知")?这些问题远没有形成共识。换言之,如何避免

---

① James A. Secord, "Knowledge in Transit," *ISIS*, Vol. 95, No. 4, December 2004, pp.654-672.中译文收入薛凤、柯安哲编《科学史新论:范式更新与视角转换》,吴秀杰译,浙江大学出版社,2019年,第347—384页。
② Johan Östling, Erling Sandmo, David Larsson Heidenblad, Anna Nilsson Hammar and Kari Nordberg, eds., *Circulation of Knowledge: Exploration in the History of Knowledge*, Lund: Nordic Academic Press, 2018.
③ Peter Burke, "Response," *Journal for the History of Knowledge*, Vol.1, No.1, 15 Juli 2020, pp.1-7.该文附录之参考文献,也提示了有关知识史研究的代表性论著。

知识史无所不包，如何厘清其边界，并且在全球史的架构中探索全球知识的多样化，书写复数化的知识史，都是推进知识史研究需要应对的问题。尽管知识史研究会走向何方，尚是未知之数，但诚如彼得·伯克所言："无论知识史研究在未来几十年里会产生哪些新潮流，我们这个'知识社会'里的人们对于知识史本身的兴趣仍将不断增大。"①实际上，知识史之所以值得期待，是因为对于"知识"及其成长的认知，存在着中外古今之别，围绕此进行研究，在不同的国度、不同的文化中，有着不同的问题与视野。

从时间跨度来说，中国学科知识的成长，实际涉及16—20世纪的历史，尽管其成长的时段主要是晚清及民国时期，却有必要追踪明末清初耶稣会士的来华，以寻求问题的起点。不仅如此，其间所发生的知识传播，也有着不同的路径，"西学""东学""新学"之区分，绝非无关宏旨，昭示晚清以降对近代知识的接纳，既有其基调，也有其变奏，明显可区分出不同的线索：其一是依托于知识的"国别性"进行辨析，"中学""西学"不仅有明确的分野，进而要辩论"道器"与"体用"；其二则是立足"学"之"普遍性"展开论辩，强调知识的"现代性"特征。其起点是别立"中西"，归途却是"学无中西"，最终还化解了"道出于二"之紧张，接受"学归于一"。

无论怎样，审视近代学科知识在中国的成长，重点要

---

① 彼得·伯克《什么是知识史》，第186页。

处理的是中西问题。尽管不存在所谓"知识移植",但近代知识的传播肇端于"西学东渐",也是把握问题的基本线索。这牵涉两类相互联系的问题:其一,西方以分科为标志的近代知识如何传入;其二,中国本土基于怎样的考量加以接引。就前者来说,自当关注"西学"("东学")传入中国涉及的基本路径及译介的相关著述;各学科专门术语的翻译及标准术语的厘定等问题。就后者来说,则关乎"分科知识"成长的制度和社会环境,包括以分科为基础的分层教育的确立、相关研究机构的建立和发展、学科知识走向公众、学科史的书写等问题。

这两方面的问题,大致构成本书的基本内容。我的想法是,通过展示中国学科知识成长涉及的不同面相,提示需要确立的视野、值得重视的问题,以及大致涵盖的基本史实与相关史料,也算是勉强回答了"什么是学科知识史"。

"古人之史,将以究天人之际,遍取一切,稍有关系,莫不著录。至于近世不然,盖诸学皆有专门,其间各有历史。"[①] 1906年严复在对古今之学问做出区分时,特别提及成长于近世的"专门"之学。"专门"之意,指的便是以分科为标志的近代知识,其不仅催生了近代世界的诞生,至今仍主导着人们对于所生活世界的认知。晚清士人慨叹于遇到"数千年来未有之强敌",很大程度上也是受到"学"

---

① 严复《与夏曾佑书》(3),约1906年8月10日,孙应祥、皮后锋编《〈严复集〉补编》,福建人民出版社,2004年,第264页。

的冲击。张之洞所谓"世运之明晦，人才之盛衰，其表在政，其里在学"①，稍加引申，完全可推断，所谓"政"（或"艺""器"），皆不过是产生阶段性影响的表象，至今仍在持续发挥作用的则是"学"。伴随"学科的制度化"，近代历史的基本图景也因此发生"巨变"；基于"有一学必有一学之史"展开的"学科史"书写，还重新塑造了"中国之过去"。②

无论以怎样的维度看问题，不可否认的是，近代学科知识的"援西入中"，对于理解近代以来的中国历史，提供了重要的线索。由于其构成全球性的文化迁移现象，意味着具体到不同的国度、不同的学科，在成长的线索上大相径庭，相应地，秉持中国视野开展全球知识史的研究，也是题中之义。不过，本书所能关照的，主要还是学科知识在中国如何成长起来的问题。为了便于问题的展开，对于影响中国近代学科知识成长的"西方""日本"及本土因素，有必要预先加以申论。

---

① 张之洞《劝学篇·自序》，苑书义等主编《张之洞全集》第 12 册，河北人民出版社，1998 年，第 9705 页。
② 相关研究成果无法在此展现，大致而言，最初是从事科学史研究的学者介入较深，随后语言学者对于各学科术语的成长有更多关注。将其作为奠定近代中国历史基调的突出问题，近些年也得到研究者重视，最新的成果参见桑兵、关晓红主编"近代中国的知识与制度转型"丛书（上海人民出版社，2021 年）。笔者曾汇集多位研究者的成果，2018—2019 年由社会科学文献出版社陆续出版了"学科、知识与近代中国"研究书系，其中包括《重审中国的"近代"：在思想与社会之间》（孙江）、《一名之立 旬月踟蹰：严复译词研究》（沈国威）、《东往东来：近代中日之间的语词概念》（陈力卫）、《创造近代中国的"世界知识"》（潘光哲）、《真实与建构：中国近代史及科技史新探》（阿梅龙）、《会通中西：近代中国知识转型的基调及其变奏》（章清）。

二 "未完成性":成长中的学科知识

本书将近代中国学科知识的成长归为"西学东渐"的产物,却又需要提醒,所谓"西学",并不能与近代学科知识等同起来。涉及中西交流的课题,不仅有必要强调并不存在"已知"的西方背景①,同时要充分认识到西方以"科学"为标志的学科知识,同样要经受历史变化和地理变化的影响,其特质会随着时间的改变而不同,也会因国家相异具有"多样性"。② 何况中西交流催生的有关知识的"传播"与"接纳",还涉及对话的双方如何抉择的问题。这是切入近代中国学科知识成长的讨论当有的自觉。

"古代人是怎样理解世界的?人们最初又是通过什么范畴来体验自然的?"③ 一部描绘西方科学史的著作,开篇就提出这样的问题。此亦道出,人类的经验世界从来都不是相同的,需基于特定的历史时空去把握学科知识的成长。考察欧洲学科知识的成长,通常会上溯到希腊人奠定的"七种自由艺术"(seven liberal arts),这被视作"把知识塑

---

① 本杰明·史华兹(Benjamin I. Schwartz)善意警告过那种把西方看作"已知"这一过于自负的假设。见《寻求富强:严复与西方》,叶凤美译,江苏人民出版社,1989年,第1—2页。
② 托尼·比彻(Tony Becher)、保罗·特罗勒尔(Paul R. Trowler)《学术部落与学术领地:知识探索与学科文化》,唐跃勤等译,北京大学出版社,2018年,第50—53页。
③ 安东尼·M. 阿里奥托(Anthony M. Alioto)《西方科学史》(第2版),鲁旭东等译,商务印书馆,2019年,第5页。

造成学科的构想"。① 后来伊西多（Isidorus Hispalensis）在《词源学》（*De originibus*）中将此分为"三科"（trivium，文法、修辞学、辩证法）和"四艺"（quadrivium，几何、算术、天文、音乐）。前者涉及的"完全是推理的一般形式"，旨在教导"有关心智本身的东西"；后者则是"与事物有关的知识门类"，以"促进对外在现实以及主宰这些现实的法则的理解"。② 但其如何发展成为近代知识，并从笼统的"自然研究"催生不同的分科，却不易呈现清晰的图景。今天对此的解释，愈发重视知识传播的影响，注意到欧洲有关哲学、数学、科学、医学和法律的知识，约公元1100年后经由意大利和西西里传入，并主要通过西班牙的阿拉伯学者和译者之手。这些状况激发了大学的出现，随之"七艺"在排序上发生变化，自然科学也进入视野。③ 不仅如此，"学科"（discipline）一词也被用于医学、法律和神学等职业，这意味着"将教育与特定的经济、政治和教会的活动目的联系起来"。④

由此也牵连出一系列有待辨析的问题：古代和中世纪的科学传统起到哪些作用？是否对科学的进程和形态产生持久的影响？西方科学史学界对此就有长期争辩，或偏重

---

① 乔·莫兰（Joe Moran）《跨学科：人文学科的诞生、危机与未来》，陈后亮、宁艺阳译，南京大学出版社，2023年，第5页。
② 爱弥尔·涂尔干（Emile Durkheim）《教育思想的演进》，李康译，上海人民出版社，2006年，第52—58页。
③ 詹姆斯·阿克斯特尔（James Axtell）《生产智慧：现代大学的兴起》，何本国译，生活·读书·新知三联书店，2022年，第2、24页。
④ 乔·莫兰《跨学科：人文学科的诞生、危机与未来》，第6页。

历史的延续性，或着眼于历史的断裂，明显区分为持不同立场的"中世纪主义者"（medievalists）与"早期近代主义者"（early modernists）。① 其中的核心问题是如何辨析一向视作二元对立的"科学"与"宗教"，较有代表性的看法是，在科学理论还没有发展以前人们就相信科学可能成立的信念，"是不知不觉地从中世纪神学中导引出来的"，并表现出对"事物本身"浓厚的兴趣。② 或者将此归诸科学有助于"自然神论"——"通过研究上帝创造的世界来了解上帝的一种方法"。③ 科学社会学的奠基人默顿（Robert K. Merton）试图说明："新教伦理已渗透到了科学领域中，并在科学家对待科学工作的态度上打上了不可磨灭的烙印。"④ 当然也不乏"冲突论"者，将科学的起源描绘为"科学与教条主义的神学之间的斗争"。⑤ 对此也有不一样的解读，彼得·哈里森（Peter Harrison）就指出："科学"与"宗教"都是相对晚近的概念，有各自的领地，无论认为它们之间是冲突、和谐还是无甚相关，都是"使用了不当的现代范畴"，陷入"时代误置"，而且"从根本

---

① 戴维·林德伯格（David C. Lindberg）《西方科学的起源》，王珺译，中国对外翻译出版公司，2001 年，第 367—368 页。
② 怀特海（Alfred North Whitehead）《科学与近代世界》，何钦译，商务印书馆，1989 年，第 13 页。
③ 彼得·J. 鲍勒（Peter J. Bowler）、伊万·R. 莫鲁斯（Iwan R. Morus）《现代科学史》，朱玉、曹月译，中国画报出版社，2020 年，第 408 页。
④ 默顿《科学社会学：理论与经验研究》上，鲁旭东、林聚任译，商务印书馆，2003 年，第 312—313 页。
⑤ 安德鲁·迪克森·怀特（Andrew Dickson White）《导言》，《基督教世界科学与神学论战史》上册，鲁旭东译，广西师范大学出版社，2006 年，第 5 页。

上误解了西方古代对宇宙的复杂理解"。①

可以明确的是,学科知识于西方世界同样是社会转型的产物,天主教神学传统中对"自然研究"的肯定,新教兴起后对"政教分离"或"政教分立"的推动,皆与之密切相关。亚历山大·柯瓦雷(Alexandre Koyré)揭示了人类思想在16、17世纪经历了一场深刻革命,和谐整体宇宙(cosmos)解体,取而代之的是一个无限定的(indefinite)甚或无限的(infinite)的宇宙,"价值世界同事实世界完全分离开来"。这一精神变迁,彻底改变了人们的思维框架和模式,"近代科学和哲学既是其根源又是其成果"。② 一本讲述16—17世纪科学革命如何得以确立的专书,则着重阐明理性对于科学的引导,指出"日心学说"的演进,"确立了人的理性的至高无上的地位",这也带来革命性转变,"把世界连同它的主宰者带入了一个全新的时代"。③ 伴随全球史的兴起,则更为重视商业、交换全球化所带动的知识与文化传播,认为科学的兴起或不能简单归于"解放思想",而是在"与世界密切接触从而对世界产生浓厚兴趣的过程中诞生的"。④

较有共识的是,对于"科学"及各分科知识成长的考察,须恪守"历史的维度",避免"后见之明"。应尽量弄

---

① 彼得·哈里森《科学与宗教的领地》,张卜天译,商务印书馆,2016年,第7、87页。
② 亚历山大·柯瓦雷《前言》,《从封闭世界到无限宇宙》,张卜天译,商务印书馆,2016年,第ⅰ—ⅲ页。
③ 吴以义《从哥白尼到牛顿:日新学说的确立》,上海人民出版社,2013年,第468页。
④ 柯浩德《交换之物:大航海时代的商业与科学革命》,第2页。

明白当时形成的理论与采用的方法，避免用今天的眼光，附会历史的发展。彼得·伯克提示了"以今度古"（presentmindedness）带来的危险，或许提出的问题难以避免当下的立场，但难点是如何避免对这些问题给出同样是"以今度古"的回答。① 如作为近代知识象征的"科学"一词，直到19世纪初期才获得现代含义，在16和17世纪并不存在一个"单一而连贯的对等物"。甚至以"科学革命"为现代性（乃至现代科学）之源泉，也受到挑战，近代早期是否存在可以命名为"科学革命"的统一事业，就难以判定。② 保罗·罗西（Paolo Rossi）为此还提示：现代科学并非建立在现代人所想象的大学校园或实验室，这些地方当时并未置身于这一洪流之中，与"科学"有关的机构尚不存在，"自然哲学家"的象牙塔也尚未建成，"所有在科学诞生时期工作、思考、提出理论和做实验的人，都生活在一个与我们截然不同的世界里"。③

故此，对于"科学"及相关知识的检讨，不仅需限定在特定语境中，还当关心"知识与社会或文化中其他存在因素的关系"，"哲学、宗教、科学尤其会受到以前存在的知识与信仰的限制"。④ 于非西方世界来说，由于形成了一

---

① 彼得·伯克《文化史的风景》，第1—2页。
② 凯瑟琳·帕克（Katharine Park）、洛兰·达斯顿（Lorraine Daston）《剑桥科学史》第三卷《现代早期科学》，吴国盛主译，大象出版社，2020年，第2、10—11页。
③ 保罗·罗西《现代科学的诞生》，张卜天译，商务印书馆，2023年，第1、10页。
④ 默顿《科学社会学：理论与经验研究》上，第7、25页。

套自身的信仰与对事物的认知模式,对科学、宗教、哲学等的接引,还不免存在"名""实"是否相符的问题,自然更有必要结合本土的知识、社会与文化传统,审视科学及相关知识是如何成长起来的。

尚需考虑的是,科学的进展不是同时取得的,而是各自在不同时期取得的。科学的分类细化和研究专门化确实是科学成功发展的关键要素,但这是通过长时间的努力才最终定型的。① 一般认为,"带头的是天文学,继而是十六世纪的物理学,化学在十八世纪得到发展",生物学"直到十九世纪才取得进展"。② 也有从不同的角度加以辨析的,如对物理学的成长,研究者就认为到18世纪甚至19世纪初才进入其发展的决定性阶段。这明显更为重视当时曾被当作"自然哲学"同义词而加以把握的物理学,如何从"自然史领域"脱离出来。还试图结合其他分科知识的成长进行审视,指出这一时期林耐(Carl von Linné)完成的分类学手稿《自然系统》(*Systema Naturae*),已导致知识分类问题凸显,既推动动植物知识系统化,还促成化学成为一门独立学科。③ 当然,将大航海时代的商业与科学革命结合在一起思考,则更为强调"医学和自然史研究是近代

---

① 彼得·J. 鲍勒、伊万·R. 莫鲁斯《现代科学史》,第379页。
② 亚·沃尔夫(Abraham Wolf)《十六、十七世纪科学、技术和哲学史》上册,周昌忠等译,商务印书馆,1997年,第1、10页。
③ Iwo Amelung, "Naming Physics: The Strife to Delineate a Field of Modern Science in Late Imperial China," Michael Lackner, Natascha Vittinghoff eds., *Mapping Meanings: Translating Western Knowledge into Late Imperial China*, Leiden: Brill, 2004, pp. 381-422.

早期兴起的重要科学",不仅欧洲如此,还关联到世界各地的许多人。①

此亦表明如何确认一门学科的成长,依据观念还是制度,抑或交往与实践,见仁见智,科学史研究通常区分为"内史"与"外史",也与此息息相关。一般较为重视制度因素,前述默顿的研究就指明,科学会在不同的社会结构中发展,但必须追问的是:"哪些结构为它最充分的发展提供了制度环境呢?"② 沃勒斯坦(Immanuel Wallerstein, 1930—2019)对"学科的制度化"也高度重视,指出19世纪后半叶主要有三种方法促成学科的制度化:大学以这些学科名称设立学系(或至少设立教授职位),成立国家学者机构(后来更成立国际学者机构),图书馆亦开始以这些学科作为书籍分类的系统。以此来看,包括人类学、经济学、历史学、政治学和社会学等今天习以为常的学科,不少在19世纪以前是没有的,约在19世纪后半叶甚至20世纪初,这些学科才完成"制度化"。③ 这里提示的时间节点,道出知识生产的中心并非一直集中于大学,相较于文艺复兴,启蒙运动时期的知识生产者就大多在大学之外,18世纪末以后,大学的重要性才愈发凸显。④ 故此,对于学科知识的生产,除关注于制度性建制,也当考虑其他方式,

---

① 柯浩德《交换之物:大航海时代的商业与科学革命》,第536页。
② 默顿《科学社会学:理论与经验研究》上,第364—365页。
③ 华勒斯坦《超越年鉴学派?》,华勒斯坦等《学科·知识·权力》,刘健芝等译,生活·读书·新知三联书店,1999年,第213—214页。
④ 杰勒德·德兰迪(Gerard Delanty)《知识社会中的大学》,黄建如译,北京大学出版社,2019年,第31—35页。

尤其是知识走向公众所借助的"媒介",伴随新事物、新技术在近代的成长,知识传播有了多重渠道。

同样要看到的是,对西方知识演化史的梳理,福柯(Michel Foucault)在《词与物》中呈现的却是另外的景象,对18世纪末形成并仍作为知识的实证基础的整个现代知识提出了反思。福柯追踪至古典时代的"自然史"领域,进一步则审视古典时期所没有的生命科学、语文学、政治经济学等如何被纳入知识系谱中,最后落在对人文学科的检讨上,指出在现代知识系谱中,"人是其中的一个近期构思","就像古典思想的基础在18世纪转折点上所经历的那样",且人文科学也是非连续性的产物。① 结合前面的讨论可看出,福柯揭示了学科、知识和话语体系之间存在的关联性,但又是基于"断裂性"来思考西方知识的演进。当福柯在此基础上进一步阐述作为方法论的"知识考古学",更是提出关乎"连续性"的"这些先决形式、所有这些未被问题化和被理所当然利用的综合都应该被束之高阁",因为"它们不是与生俱来的,它们永远是建构的结果,关键要知道建构的规则并对建构的辩解进行检验"。② 如论者阐明的,这意味着福柯创造了一系列新的概念代替那些旧有的语言和文本分析概念,同时也代替了这些旧概念所体现的学说。③

---

① 米歇尔·福柯《词与物——人文科学的考古学(修订译本)》,莫为民译,上海三联书店,2016年,第368—369、391—392页。
② 米歇尔·福柯《知识考古学》,董树宝译,生活·读书·新知三联书店,2012年,第30页。
③ 汪民安《福柯的界线》,河南大学出版社,2018年,第145页。

福柯的思想是颠覆性的，但也只是那个年代质疑"现代性"并催生"后现代"理论的一个缩影。不可否认，现代性的成长与历史进程密切相关，而且"与作为一种有目的的、全球性的历史运动的现代化相关"。从表面上看，这似乎是一个技术问题，但很快变成"关涉现代性本身的界定及其含义的一系列的历史与哲学问题"，引发种种不同的看法。实际上，最早明确使用"现代性"一词的马克斯·韦伯对此已有所质疑，越往后，将"现代性等于科学、理性和进步的整个观念"，受到越来越多的学者不同程度的质疑，尤其是所确立的"时间性"，一种（前现代）"此前"和（后现代）"此后"的时间观念，更是被拒斥。① 艾森斯塔特（Shmuel N. Eisenstadt）对现代性的反思，即着眼于其所揭橥的"多元现代性"。② 沃勒斯坦则提出"否思社会科学"的问题，指出19世纪社会科学最持久（也最具误导性）的基础，"挡住了知识前进的脚步"。③

指明"西方"并非已知的范畴，近代知识的成长有一个持续的过程，对此的认识也并非一成不变，不只可避免对于西方"本质主义"的认知，似乎原本有清晰的西方知识体系，只是援引到中国才发生变异，更是希望说明来华

---

① 西蒙·冈思（Simon Gunn）《历史学与文化理论》，韩炯译，北京大学出版社，2012年，第121—133页。
② S. N. 艾森斯塔特《反思现代性》，旷新年、王爱松译，生活·读书·新知三联书店，2006年。参见多明尼克·萨赫森迈尔（Dominic Sachsenmaier）等编著《多元现代性的反思：欧洲、中国及其他的阐释》，郭少棠、王为理译，商务印书馆，2017年。
③ 伊曼纽尔·沃勒斯坦《否思社会科学——19世纪范式的局限》，刘琦岩、叶萌芽译，生活·读书·新知三联书店，2008年，第4页。

西人对近代知识的引入，同样有诸多"不确定性"，受制于种种因素。一部揭示全球化历史的著作就指明，西化在各地生根，同时导致各种"混合"，"西化以不同的方式因地因时地控制并引领这些混合"。① 何伟亚（James L. Hevia）也阐述了这样的看法：欧美帝国的构建既是一个破坏过程，也是一个建构过程，它颠覆了过去认知世界的方式，并制造出一些新的东西来取而代之。在全球范围推进的知识传播与生产、教育与知识工程，往往成为施加影响的"间接形式"。换言之，"帝国主义从来都不仅仅是枪炮和商品，它还是一个文化过程"。②

无论如何，在讨论近代知识对中国的渗透时，当认识到所谓"西方知识"或"西方学科"都处于不断变动中，既不是一目了然，更不会一成不变，难以作为"已知"的前提。更复杂的是，在全球性的知识流转过程中，担当此一工作的来华西人基于"策略性"的考虑，援引的西方知识往往还迎合了中国本土对知识的认知。这样的"西方"，实际亦加入了"中国"元素。随着对东西文化交流更为深入的研究，也挖掘出不少涉及知识双向传播的例证。如有关《几何原本》进入中国的叙事，一度单单强调利玛窦（Matteo Ricci）如何向徐光启传授西方科学，如今已变成一项"互惠式进程的研究"，认识到这一进程"不光影响了

---

① 塞尔日·格鲁金斯基（Serge Gruzinski）《世界的四个部分：一部全球化历史》，李征译，东方出版社，2022年，第Ⅳ—Ⅴ页。
② 何伟亚《英国的课业：19世纪中国的帝国主义教程》，刘天路、邓红风译，社会科学文献出版社，2007年，第3、14、22—23页。

不同的欧洲群体，也同样影响了中国和其他东亚国家的行动主体"。① 更具普遍意义的是，来自新世界的各种知识被传到欧洲，还成就了逆向的知识传播。留下《印度草药与药理对话录》的奥尔塔（Garcia de Orta）就由衷表示："今天，得益于葡萄牙人，我们一天学到的东西比罗马人在一百年里学到的东西还要多。"②

如果从知识传播的效果来看，则日本这一渠道对中国的影响，甚至超过西方。中国对近代知识的接纳，甲午之后发生了由"西学"向"东学"之转向，而且采集的内容主要落实在制度层面，则其影响的程度与范围，皆非"西学"可相提并论。不过，在此之前，耶稣会士、新教传教士及晚清士人有关西学的著作，也在日本大量翻刻，成为日本儒者了解西学的主要资源。在这个意义上，无论是东西之间，还是东亚内部之间，单向度的知识传播，或都有必要结合知识的"环流"加以把握。围绕西学、东学不同的传播路径，以及所影响的主要方面，下一章会做具体的说明。

三　中国视野：本土因素的作用

目光转向中国，近代学科知识的成长线索大致可结合

---

① 薛凤、柯安哲《科学史的新对话：理论与视角》，薛凤、柯安哲编《科学史新论：范式更新与视角转换》，第3页。
② 塞尔日·格鲁金斯基《世界的四个部分：一部全球化历史》，第305页。

"西学"(包括"东学")的传入进行把握,但必须说明的是,此一过程并不存在单纯的"知识移植",反倒是高度选择的结果。作为"传播者",所谓"援西",不免受其身份的影响;为化解所造成的紧张,迎合"本土"也是因应之道。"接引者"呢,基于本土的立场想象域外新知,以寻求某种心理上的平衡,难以避免。故此,"本土"何谓?"传统"如何?也值得追问。本土形成的对于"知识"的理解,同样发挥了重要影响;在"传统"中变,也是理解近代中国学科知识成长需要重视的视野。最终形成的各分科知识,即包含着本土成分。格尔茨(Clifford Geertz)对文化相对主义、多元主义及"地方性知识"的阐释①,也影响到对知识如何"流转"的关切,更注重考察知识在全球性流动中发生于本土的交换过程,强调"流转"意味着"改造",知识在不同地区和不同文化中有着不同的境遇。②

而且,接引西学的所谓"传统",并非一成不变。对于清季的学术发展,王国维主要以所谓"三变"来把握:"国初之学大,乾嘉之学精,道咸以降之学新。"进一步还阐明:"道咸以降之学,乃二派(前述'国初''乾嘉')之合而稍偏至者,其开创者仍当于二派中求之焉。"③ 这一洞

---

① 克利福德·格尔茨《文化的解释》,韩莉译,译林出版社,2014年;《地方性知识:阐释人类学论文集》,王海龙、张家谊译,中央编译出版社,2004年。
② James A. Secord, "Knowledge in Transit," *ISIS*, Vol.95, No.4, December 2004, pp.654-672.中译文收入薛凤、柯安哲编《科学史新论:范式更新与视角转换》,第347—384页。
③ 王国维《沈乙庵先生七十寿序》,《观堂集林》下册,上海书店出版社,1992年影印本,卷二十三,第26页。

见,提示了清代三百年学术发展的基本线索,还道明应着眼于"变"理解"本土"的思想学术状况。征诸《四库全书》的编纂工作,就不难看出对于"经世致用"的重视。该书《凡例》强调"圣贤之学,主于明体以达用,凡不可见诸实事者,皆属卮言",希望"读者知致远经方,务求为有用之学"。[1] 身为总纂官的纪昀,也将圣贤事业,定位于"依乎中庸,以实心励实行,以实学求实用"。[2]

不过,对于清学具体是如何"变"的,仍不免见仁见智。梁启超与钱穆,同样从清代学术内部的流变考察晚清思想,就大异其趣。梁氏之《清代学术概论》将清代学术思潮比作"文艺复兴",是"对于宋明理学之一大反动",充分肯定清季考证学取得的成就。《中国近三百年学术史》承袭前书之立场,指明以乾嘉学派为中坚之清代学者,"一反明人空疏之习",取得的治学成就,足为后人借鉴,全书超过一半的篇幅用于总结"清代学者整理旧学之总成绩"。这或许是"趋新"的梁启超特有的观察,其中包含的"成见",其后来也有所反省。自视与梁的观点相左颇多,钱穆也撰有《中国近三百年学术史》,同样重视传统学术的内在发展,钱明显表现出抑汉学而崇宋学的立场,"不知宋学,则亦不能知汉学,更无以平汉宋之是非"。对梁启超颇为嘉勉的乾嘉考据学,他也直陈不过是"相率逃于故纸丛碎

---

[1] 《凡例》,《四库全书总目》卷首,中华书局,1965年,第18页。
[2] 纪昀《姑妄听之二》,《阅微草堂笔记》卷十六,华文出版社,2018年,第437页。

中","皆足以坏学术、毁风俗而贼人才"。①

与此相关，梁启超与钱穆针对西学的影响，也各有不同的看法。梁肯定耶稣会士带来的西学，在"学问研究方法上，生一种外来的变化"，"其初惟治天算者宗之，后则渐应用于他学"。进而指明清学分裂的主要原因，乃极幼稚之"西学"知识与清初启蒙期所谓"经世之学"相结合，别树一派，向正统派公然举叛旗。②钱穆对西学造成的影响，多少有些漠视。书中所描绘的陈澧、朱次琦、朱一新和王闿运等大儒，几乎完全生活在传统的精神世界里，鲜少西学影响的印痕。更说明问题的是，该书之"中国近三百年学术史附表"，"西学东渐"也只有寥寥几条内容。不过，钱穆后来又撰有《清儒学案》一书，原稿沉于长江，留下的《序》倒是对道咸同光之际西学东渐的影响有所论述，肯定"西学东渐，其力之深广博大，较之晚汉以来之佛学，何啻千百过之"。③

多少是接受了梁启超对清学的评断，今天的研究者也阐明，1890年后的10年是中国思想发展重要的分水岭：儒家经世致用的思想传统趋于告终，而今天仍在摸索中的思想新方向被提了出来。④ 以经世致用思想为中西沟通之

---

① 钱穆《自序》，《中国近三百年学术史》上册，中华书局，1984年，第1、3页。
② 梁启超《清代学术概论》，朱维铮校注《梁启超论清学史二种》，复旦大学出版社，1985年，第23、59页。
③ 钱穆《〈清儒学案〉序》，《图书集刊》第3期，1942年11月，第79页。
④ 张灏《梁启超与中国思想的过渡（1890—1907）》，崔志海、葛夫平译，江苏人民出版社，1997年，第211页。

津梁，是重要的提示，结合晚清"经世之学"的成长，或可看出传统如何变，又如何影响到对西学的接纳。

刘广京称魏源所撰《皇朝经世文编叙》"不啻为晚清经世运动之宣言"，道出以贺长龄之名编纂的《皇朝经世文编》具有的示范性。① 该书成于道光六年（1826），次年刊行，计分八纲六十五目，强调"既经世以表全编，则学术乃其纲领"，"时务莫切于当代，万事莫备于六官"。② 这也影响到后续出版的各种经世文编资料。多达20余种"经世文编"相与赓续，同样是传统在变的写照，表明对"经世"之理解，代有不同，据此可检验各种"续编""新编"如何因应风气之转移，调整内容。麦仲华1898年所辑《皇朝经世文新编》，在编辑体例上就有明显突破，按照通论、君德、官制、法律、学校、国用、农政、矿政、工艺、商政、币制、税则、邮运、兵政、交涉、外史、会党、民政、教宗、学术、杂纂等21门编排，明显增加了许多新的事务，"多通达时务之言，其于化陋邦而为新国有旨哉"。③ 可以说，不同版本的"经世文编"也成为接纳西学知识的写照。

"经世文编"并不能完全作为本土知识的代表，贯彻"体国经野"之历代政书同样是取法的对象。张謇1901年

---

① 刘广京《魏源之哲学与经世思想》，《近世中国经世思想研讨会论文集》，"中研院"近代史研究所，1984年，第364页。
②《皇朝经世文编五例》，贺长龄辑《皇朝经世文编》，上海，广百宋斋，1891年，第1页。
③ 梁启超《叙》，麦仲华辑《皇朝经世文新编》，上海，大同译书局，1898年，第1—2页。参见近代中國研究委員會编『經世文編總目錄』，東京，近代中國研究委員會，1956。

为《中外政治策论汇编》一书作序就指明，是书之编，所分门类十六，"大致与魏氏源之《经世文编》相近，皆《文献通考》之支流，而取法于《周官》之区分门类"。① 可见沟通中西的，经世文编之外，还包括各种"政书"。1897年出版的《时务通考》，也明示该书秉承《文献通考》之意图，接续《皇朝通考》而来。② 同年出版的《万国分类时务大成》，更不避讳是以"旧瓶装新酒"：虽专采取泰西各国书籍，"然体裁则取法我中华艺林典则各种分类旧章"。③ 1902年出版的《西学三通》，"汇摭西书数千部"，篇幅已达508卷之巨，全书区分为西政通典、西史通志、西艺通考，也显示出对"三通"之继承。④ 此外，针对西学进行分类时，《七略》《四库总目》体现的图书分类方式也为时人所借鉴。

尤值重视的是清季产生广泛影响的"四科之学"。在"六艺"及"孔门四科"基础上发展起来的"四科之学"，乃晚清士人把握学问之枢机。曾国藩颇主此说，阐明"为学之术有四"，曰义理、考据、辞章、经济：

> 义理者，在孔门为德行之科，今世目为宋学者也。考据者，在孔门为文学之科，今世目为汉学者也。辞

---

① 张謇《〈中外政治策论汇编〉序》，鸿宝斋士人编《中外政治策论汇编》，上海，鸿宝书局，1901年，第2页。
② 杞庐主人《序》，《时务通考》，上海，点石斋，1897年，第1—2页。
③ 钱颐仙选辑《万国分类时务大成》，上海，袖海山房，1897年，第1页。
④ 谢若潮《西学三通·叙》，袁宗濂、晏志清编《西学三通》，上海，文盛堂，1902年，第1页。

章者，在孔门为言语之科，从古艺文及今世制义、诗赋皆是也。经济者，在孔门为政事之科，前代典礼、政书及当世掌故皆是也。①

晚清持此说者，大有人在，并通过书院这一渠道影响到更多学子。陈澧掌教菊坡精舍期间，以此开示门人："凡为士人，必于四科之学，择其一科而为之，将来乃成人材。"② 康有为在长兴讲学，于为学之途径，也宣称"事理本末，切于人道，皆学者所不能遗"。而其"总该兼揽，分为学目"，指的也是义理、经世、考据、词章之学。③ 不过，正是此一时期，"四科之学"也在调整中，那些直接感受到西学冲击的士人，便试图将西学纳入"四科之学"中。皮锡瑞就言及重新认识"四科之学"的必要性：

> 今时事日棘，学者宜考求中外形势、风俗政事，通晓各国文字语言与公法交涉之学。此在圣门为言语科，不得以为西学而斥之也。政事一科，尤经世有用之学……今国势积弱，民穷财尽，正应亟讲富强……此在圣门为政事科，不得以为西学而斥之也。④

---

① 曾国藩《劝学篇示直隶士子》，《曾国藩全集·诗文》，岳麓书社，1986年，第442页。
② 陈澧《与菊坡精舍门人论学》，《东塾续集》卷一，文海出版公司，1971年，第26页。
③ 康有为《长兴学记》，姜义华、张荣华编校《康有为全集》第1集，中国人民大学出版社，2007年，第342、345页。
④ 《皮鹿门学长南学会第七次讲义》，《湘报》第37号，1898年4月18日，第146—147页。

上述种种皆构成本土思想学术的基本形态，亦是中西沟通的基础。可以说，对为学之道的认识，降至晚清仍然是本于此，尽管宋儒开启的"道问学"，已逐渐在转变"尊德性"的路线，然而，"通经致用"仍系最基本的目标，"道问学"固然已成为主要价值，"尊德性"的空气仍然笼罩清代学术。① 最明显的，对西人"格致之学"的接纳，往往将其纳入格致诚正、修齐治平的架构中，作为初级工夫。研究者也阐明：在19世纪末以前，对"西方的反应"大多仍发生在中国传统思想框架内，"自强运动"所体现的"富国强兵"思想，主要由传统学说提供资源。②

"中学"与"西学"正是在这样的背景下展开对话，进行沟通。可稍加总结的是，尽管近代学科知识在中国的成长，其触发点源自西方，但西方本身并非"已知"的对象，其学科知识的成长，同样是历史时空的产物。从中国本土来看，无论"经世致用"思想，还是"四科之学"，对于接引西学都产生了重要影响。事实上，"西学源出中学"说，以及"中体西用"论等见解的流行，也表明"本土"因素影响着对西学的接纳。故此，考察近代学科知识在中国的成长，也需要确立合适的问题与视野，并充分认识到，近代学科知识涉及的诸学科，成长线索并不同步，其图景是

---

① 余英时《清代思想史的一个新解释》，《历史与思想》，联经出版事业公司，1976年，第121—156页。
② 费正清、刘广京编《剑桥中国晚清史（1800—1911年）》下卷，中国社会科学院历史研究所编译室译，中国社会科学出版社，1993年，第185页。

逐渐清晰起来的；一门学科知识的成长牵涉的范围也颇为广泛，涵盖从学科术语到学科史书写等一系列复杂问题。接下来本书拟先聚焦知识传播的路径与变奏，进一步再揭示近代学科知识在中国的成长涉及的基本面相，从多个方面回答"什么是学科知识史"。

第一章 西学、东学、新学：知识传播的路径与变奏

近代中国学科知识的成长，乃"西学东渐"的产物。围绕此，多年前研究者就提出"未来的学者们需要探索的问题"，指明"只有对这些问题做出回答，我们才能较准确地估量传教士的非宗教性著作所产生的影响"。第一个问题是，传入中国的西学知识是否清晰？第二个问题是，西学传播的具体内容究为何物？第三个问题是，谁接受了西学新知？其读者范围究竟有多大？① 这些实际构成把握"西学东渐"最基本的问题，之所以提出来，言外之意不难揣度——"西学东渐"的图景远谈不上清晰。

聚焦学科知识在中国的成长，有助于使问题更为集中。由于近代知识的成长构成全球性的现象，首先有必要从知识传播的路径与变奏加以梳理，为后续问题的展开提供相应的背景。以西学、东学、新学作为把握知识传播的关键

---

① 费正清、刘广京编《剑桥中国晚清史（1800—1911年）》上卷，中国社会科学院历史研究所编译室译，中国社会科学出版社，1985年，第625—626页。

词，则旨在说明知识传播经历了不同的阶段，晚清对域外新知的接纳也多有转折。"西学""东学"都烙有"国别性"的印痕，过渡到"新学"，自凸显了近代知识"普遍性""现代性"的特质。结合这一转变，有裨于把握近代学科知识在中国成长的基本线索。

一 "西学"传播：选择与迎合？

关注西学在中国的传播，不只需明了并不存在"已知"的西方，还要结合知识传播的线索，把握其选择机制，及其如何与"本土"结合。以"西学"来说，稍加区分也是必要的，其所对应的既有欧西正在成长中的，也有通过各种渠道在中国译介的，还有基于"本土"立场加以"想象"与"附会"的。不能将此简单等同起来，视作一个清晰的对象，应尽力辨析知识传播中的选择与接受机制，如何影响到"西学"的色彩。

耶稣会士开启的"西学东渐"，表明所谓西学，并非清晰的图景。对西学进行选择性介绍，并且迎合中国本土对"知识"的看法，构成此一时期西学传播的基调。谢和耐（Jacques Gernet）便力图对传教士传播知识之"策略"及中国士人接受知识的"立场"加以区分。[①] 与之相关，围

[①] 谢和耐《中国与基督教——中西文化的首次撞击》（增补本），耿昇译，上海古籍出版社，2003年，第13页；《17世纪基督徒与中国人世界观之比较》，同上书，"附录"，第305—324页。

绕明清之际中西文化的撞击，不乏这样的追问：耶稣会士所传播的西学知识，是否能代表斯时的西方文化？提出这样的问题，一则是对耶稣会士身份的质疑，一则是因为此一时期传入的西学知识，与后世流行的看法不乏差异。结合前述西方世界长期以来围绕科学与宗教的论辩，以及天主教神学传统中对"自然研究"的认知，可解释其中之缘由。阿奎那（Thomas Aquinas）的名言"恩典不是消除自然，而是使之完美"，被视作跨越了自然与恩典之间的鸿沟。① 其宣称，关于神与人类灵魂的知识，有一个自然领域，即使是非基督徒，也可以采取纯自然的路径，获得神的知识。② 这无疑是对"自然研究"之鼓励，并影响着天主教的发展。1534年在巴黎创立的耶稣会，其创始人依纳爵·罗耀拉（Ignatius Loyola）便宣称理当"在万物中寻求及找到天主"。耶稣会士的"陶成"，也遵循学习神学需要文理和自然科学的预备期，强调文学（修辞学和文法）、语言（古拉丁、希腊及希伯来文、传教区的语言）、逻辑、伦理学、形上学、自然科学（物理、数学）等科目的学习，能给神学铺路并有助于实际应用。③

中西沟通由耶稣会士揭其端绪，也不免烙上相应的痕

---

① 沃尔特·厄尔曼（Walter Ullmann）《中世纪政治思想史》，夏洞奇译，译林出版社，2011年，第178页。
② 奥尔森（Roger Olson）《基督教神学思想史》，吴瑞诚、徐成德译，北京大学出版社，2003年，第355—374页。
③ 钟鸣旦《"格物穷理"：17世纪西方耶稣会士与中国学者间的讨论》，魏若望编《南怀仁——鲁汶国际学术研讨会论文集》，社会科学文献出版社，2001年，第454—479页。

迹——"教"与"学"之结合。以"学不归原天帝，终非学也"为出发点，自会影响到知识传播的色彩。① 尽管如此，由于耶稣会士对"学"本身高度重视，不仅传递了为学各有分科的观念，还致力于在各分科知识中辨析其次第，以及学习步骤，尤其指明"穷理学为百学之门"。

艾儒略（Jules Aleni）的《职方外纪》和《西学凡》，具体论及欧洲各国在学制上的安排，成为分科知识传入中国之滥觞。《职方外纪》除介绍欧罗巴诸国大学、中学、小学之建制外，指明大学所分之四科，乃基于特定的研究领域："一曰医科，主疗病疾；一曰治科，主习政事；一曰教科，主守教法；一曰道科，主兴教化。皆学数年而后成。"②《西学凡》按照"六科"介绍当时欧洲各国的状况，道出"其科目考取，虽国各有法，小异大同，要之尽于六科"。由于存在理解上的屏障，难以在中文里找到合适的对应词，只能用"音译"的方式标注这些学科的名称：

> 一为文科，谓之勒铎理加，一为理科，谓之斐录所费亚，一为医科，谓之默第济纳，一为法科，谓之勒义斯，一为教科，谓之加诺搦斯，一为道科，谓之陡禄日亚。③

---

① 利玛窦《利玛窦跋》，朱维铮主编《利玛窦中文著译集》，复旦大学出版社，2001年，第182—183页。
② 谢方《〈职方外纪〉校释》，中华书局，1986年，第69—70页。
③ 艾儒略《西学凡》，《天学初函》（一），台湾学生书局，1965年，第27—51页。

傅汎际（François Furtado）与李之藻合译之《名理探》，还显示纯粹论学的文字如何传达分科观念。该书这样界定"爱知学"："爱知学者，西云斐录琐费亚，乃穷理诸学之总名。"① 这里所言，正是今日赋予哲学"爱智"之别名；"总名"之称，尤富意味，指的是斯时对"哲学"的认知——以此来指称任何一种探索。在此基础上，还传递了学有分科，且进学有次第的看法。南怀仁（Ferdinand Verbiest）将《名理探》后半部分加上其他著作合为《穷理学》一书进呈康熙皇帝时，传达了这样的看法："穷理学为百学之根也，且古今各学之名公凡论，诸学之粹精纯贵，皆谓穷理学为百学之宗。"如"历学"即为"穷理学中之一支也"，"从未学历者，必先熟悉穷理之总学"。② 以"穷理学为百学之门"，为的是在知识领域确立基础架构，与对"天主"的定位异曲同工。

耶稣会士对"爱智学"及"穷理学"的阐述，表明当时所理解的"学"，处于没有完全分离的情形。根据相关研究，直到19世纪，在确定学科之间的关系时，大都沿用了亚里士多德（Aristotle）的观点，"哲学整合并超越更为专业化的知识形式"，融合了许多不同的学科，却又是"非学科化"（undiscipline）的知识。在康德（Immanuel Kant）的著作中，"哲学处于中心地位的看法得到了最持久的辩

---

① 傅汎际译义、李之藻达辞《名理探》，生活·读书·新知三联书店，1959年，第7页。
② 南怀仁《进呈穷理学书奏》，徐宗泽编著《明清间耶稣会士译著提要》，上海，中华书局，1949年，第191—192页。

护"。科学兴起后,"科学"一词往往与"哲学"互换使用,所指向的也是"所有形式的知识,而并非仅指它的特定分支"。① 这也是检讨学科知识传入中国需特别重视的:耶稣会士所援之"西",是 15、16 世纪欧洲形成的对知识的看法,知识仍被视为一个整体,"科学"也没有分化成众多门类。分科观念逐渐在成长中,并定位于特定的研究领域。

问题的复杂在于,耶稣会士之"援西入中"本有"迎合"中国之一面;其译介工作往往有中国士人参与其中,故此也需厘清传教士的"策略"及中国士人的"立场"。高一志(Alfonso Vagnoni)分别撰有《修身西学》《治平西学》《齐家西学》,单从书名便可看出对儒家学说之"迎合"。再以耶稣会士阐述的"格物穷理"来看,也很容易联想到宋儒确立的"格致诚正修齐治平"那套"工夫"。出现这样的结果,既出于传教士迎合中国本土的需要,亦包含中国士人基于本土的想象。

徐光启、李之藻、杨廷筠等士人接受"天学"时,最初也是以一种拟同的态度将此纳入圣学体系,以证明接受、学习西洋科学是正当的。② 李之藻主要援据"格致诚正修齐治平"的架构来接引西学,对于"教"还有所保留,但已注意到西来之学,"其分有门,其修有渐,其诣有归",甚至还试图去发现"格物穷理之大原本"。③ 徐光启赋予

---

① 乔·莫兰《跨学科:人文学科的诞生、危机与未来》,第 9—13 页。
② 孙尚扬、钟鸣旦《一八四〇年前的中国基督教》,学苑出版社,2004 年,第 206 页。
③ 李之藻《刻〈天学初函〉题辞》,《天学初函》(一),第 1 页。

"几何"在诸学中特殊地位,"能精此书者,无一事不可精;好学此书者,无一事不可学"。① 杨廷筠认为欧西各国,"其学有次第,其入有深浅,最初有文学,次有穷理之学",试图辨析西学之次第,指明"天学"占据重要地位,然后才是"格物穷理"等"学":

> 其最重者为天学,名陡琭日亚……其次为人学,名斐琭所费亚,皆格物穷理之事。其书之多,与天学仿佛。其次则宪典,其次则历法、度数,其次则医理,其次则纪事。大多非说理即纪事,取其有益民生,可资日用。②

转向新教传教士19世纪所开展的"援西入中",同样可以看出,尽管西方对各学科的认知已逐渐成熟,但将此介绍到中国,同样面临如何抉择的问题。

此间发生的关键性转变,也需重视,那就是"出版物"的生产已发生革命性转变。马礼逊(Robert Morrison)所代表的新教传教士,将西方印刷术引入中国,改变了中国已有千年传统的图书生产方式,还促成中文报章的出现。③ 报章成为传递新知的重要窗口,决定了西学传播的程度较

---

① 徐光启《〈几何原本〉杂议》,《天学初函》(四),第1941—1944页。
② 杨廷筠述《代疑篇》,《天主教东传文献》,台湾学生书局,1965年,第541—546页。
③ 苏精《马礼逊与中文印刷出版》,台湾学生书局,2000年;《铸以代刻:十九世纪中文印刷变局》,中华书局,2018年。

之以往不可同日而语；标举"广西国之学于中国"的"广学会"及《万国公报》，也被证明是推动西学传播一种"强有力的酵素"。① 因此，检讨这一时期的西学东渐，尤其需要重视西书出版机构及报章发挥的作用。

当时被称作"新闻纸"的媒介，是传教士带入中国新的出版形式。结合较早出版的《遐迩贯珍》《六合丛谈》《中西闻见录》等报章，不难看出各分科知识的介绍，一开始颇费周折，同样遭遇如何寻找恰当的中文名称来表述的问题。

1853年创刊于香港的《遐迩贯珍》，只是以"技艺之事"笼统说明泰西各国独特之处，"于天文地理、图绘医药，与夫一切技艺之事，罔不手敏心灵，悉臻巧妙"。② 1857年在上海出版的《六合丛谈》，则突出西人之学，"穷极毫芒，精研物理"，言及的包含"化学""察地之学""鸟兽草木之学""测天之学""电气之学"等，然而该如何命名，尚未有规范的学科名称。③ 1872年出版的《中西闻见录》，同样指出"西国之天学、地学、化学、重学、医学、格致之学及万国公法、律例文辞，一切花草树木，飞禽走兽、鱼鳖昆虫之学，年复一年，极深研几"。④ 据此可看出，这些报章皆阐明西方各国在"学"这一环节具有独创

---

① 参见费正清、刘广京编《剑桥中国晚清史（1800—1911年）》下卷，第5章"思想的变化和维新运动，1890—1898年"（张灏著），第313—323页。
② 《新旧约书为天示论》，《遐迩贯珍》第3卷第2号，1855年2月，第4页。
③ 伟烈亚力（Alexander Wylie）《〈六合丛谈〉小引》，《六合丛谈》第1卷第1号，1857年1月26日，第1—2页。
④ 《〈中西闻见录〉序》，《中西闻见录》第1号，1872年8月，第1页。

性，但如何命名分科知识，并确立各学科的边界，尚无共识。

教会系统主持的西书出版机构，在传播近代知识方面同样扮演着重要角色。19世纪60年代之前，主要有宁波华花圣经书房、上海墨海书馆；19世纪60年代以后，广学会、美华书馆、益智书会、博济医局、上海土山湾印书馆等成为主要出版机构。华花圣经书房1844—1860年出版的各种书籍杂志不下210种，美华书馆1861—1869年间共出版365种书刊，传教性书刊299种，非传教性书刊约66种。① 土山湾印书馆是这一时期来华的新耶稣会士推进"江南科学计划"的重要助力，是天主教最大的出版机构。该馆的出版物，包含不同的类型，且涉及多种语言，难以确切统计。

以今日之立场，大致能厘清这些出版物的学科归属，但当日未必有这样的认识。结合益智书会、广学会的出版活动及留下的书目，不难看出这一点。益智书会（School and Textbook Series Committee）是1877年在上海举行的来华传教士第一次大会上成立的。由于推进新学过程中涉及的学制、教科书及译名等问题亟待解决，遂由七名传教士组成"学校与教科书委员会"，并议决编写初级和高级两套教科书。到1890年，益智书会出版和审定合乎学校用的书籍共98种，其中最具规模、最有影响的是傅兰雅（John

---

① 苏精《铸以代刻：十九世纪中文印刷变局》，第383、480页。

Fryer)编写的《格致须知》和《格物图说》两套丛书。①

广学会的前身为1887年韦廉臣(Alexander Williamson)在上海组织的同文书会(Society for the Diffusion of Christian and General Knowledge among the Chinese),1894年该会中文名称改为广学会(1905年英文名称改为Christian Literature Society for China)。② 同文书会之设,为的是"摆印善书,散播天下",主要按照两个方向组织出版:"一载天文地理及一切格致,足扩学人之智识","一载人物花木及一切政事,以牖童稚妇女之聪明"。③ 其所出版的书籍,1890年约20种,至1900年,约176种;自1901年至1911年,约增加新书194种,总数约400种。尽管新书种数似乎有限,但重印数量较多。自1899年至1911年,共约重印26万册,每年约重印2万册。④

上述机构所辑书目表明,对学问的安置已按照不同的类型来处理。《益智书会书目》1894年出版,涉及的包括:(1) Mathematics(数学), (2) Natural Sciences(自然科

---

① 此外,傅兰雅还编译了《西艺新知》正续两集、《西药大成》10卷16册等。参见王扬宗《傅兰雅与近代中国的科学启蒙》,科学出版社,2000年,第51—70、103页;熊月之《西学东渐与晚清社会(修订版)》,中国人民大学出版社,2011年,第376—381页。
② "Seventh Annual Report of the Society for Diffusion of Christian and General Knowledge among the Chinese," October 31, 1894, Shanghai: Printed at Noronha & Sons, 1894, p. 6; "Eighteenth Annual Report of Christian Literature Society for China," September 30, 1905, Shanghai: Printed at the Shanghai Mercury Office, 1905, p. xi.
③ 韦廉臣《同文书会实录》,《万国公报》第14册,1890年3月,第2—3页。
④ 王树槐《清季的广学会》,《"中央研究院"近代史研究所集刊》第4期上册,1973年5月,第193—228页。

学），(3) History（历史），(4) Geography, Maps, &c.（地理、地图），(5) Religion and Philosophy（宗教与哲学），(6) Readers（读物），(7) Miscellaneous Works（综合性著作），(8) Addendum（补遗）。① 1901 年出版的《广学类编》(*Handy Cyclopedia*)，计分 12 类：史事类、地理类、文学类、格致类、算学类、商务类、医药类、权度类、婚礼类、家务类、营造类、游猎类。② 另一份《广学会译著新书总目》，除列出《大同报》《教会公报》《女铎报》之外，其他译著分为天文、地理、史类、传记、医学、体学、通考、政学、理财、律法、格致、算学、植物学、蒙学、小说、杂著、道学、质学、性理等类。③ 据此可看出，上述书目呈现的，仍未有清晰的学科分类，只有部分指向分科之学。

"西学"逐渐贴上分科的标签，只是问题的一面，希望在此基础上系统性呈现某一领域的知识，以便于中国从整体上把握西学，是值得重视的另一面。这方面，最具影响力的是艾约瑟（Joseph Edkins）的工作。1880 年艾氏司译总税署，授命于总税务司赫德（Robert Hart），将"泰西新出学塾适用诸书"译成中文，历时五载，成西方启蒙读

---

① Educational Association of China, *Descriptive Catalogue and Price List of the Books, Wall Charts, Maps, &c.*, Shanghai: American Presbyterian Mission Press, 1894, pp. 1-34.
② 唐兰孟辑《广学类编》，上海，广学会，1901 年。
③ 广学会编《广学会译著新书总目》第 1 号，《近代译书目》，北京图书馆出版社，2003 年，第 667—714 页。编者注明该书目为清末铅印本，恐不确。其中提及的《女铎报》创刊于 1912 年，断断续续出版至 1951 年停刊（后易名《女铎》）；《教会公报》1912 年由《中西教会报》改名而来，1917 年停刊；《大同报》创刊于 1904 年，1914 年停刊。据此可判断该书目当出版于 1912—1914 年间。

物15种。随后艾氏又专门写了《西学略述》,合为"西学启蒙十六种",1886年印行。① 与《格致须知》等类似,该书也是配合学校所用教科书规划的,旨在介绍西方业已流行的各种分科知识,《万国公报》称道其为"西法南针",乃"初学不可不读之书"。②

不过,知识传播的选择机制并非单向度的,来华西人固有其考虑,但是否能为本土所接受,又另当别论。江南制造总局翻译馆的工作,就展示出这一点。该馆是创办于1865年的江南制造局的附属机构,1868年正式开馆。这是认识到"翻译一事,系制造之根本",如"彼此文义扞格不通,故虽日习其器,究不明夫用器与制器之所以然"。③ 翻译馆既由官方出面组织,则如何选择,也由不得主导翻译工作的傅兰雅做主。

傅兰雅规划译述工作时,颇为顾及"所译各书若何分类,若何选择",甚至期望按照"大类编书"的方式进行,然而却受制于中国方面对"紧用之书"的期望。李鸿章、沈葆桢1875年奏称,欲明西法"博大潜奥之理","舍翻书读书无善策",指出上海机器局进行的翻译工作,"最要为算学、化学、汽机、火药、炮法等编,固属关系制造,即如行船、防海、练军、采煤、开矿之类,亦皆有裨实用"。④ 由

---

① 艾约瑟《叙》,《西学略述》,北京,总税务司署,1886年,第1页。
② 艾约瑟《〈西学略述〉自识》,《万国公报》第5册,1889年6月,第3—4页。
③ 魏允恭等纂修《江南制造局记》卷二《公牍》,上海,文宝书局,1905年,第31页。
④ 李鸿章、沈葆桢《上海机器局报销折》,顾廷龙、戴逸主编《李鸿章全集》第6册《奏议六》,安徽教育出版社,2008年,第413页。

此,"急用"也主导了翻译工作的展开,所选择的书籍,"不论其书与他书配否",其结果是,"有数书如植物学、动物学、名人传等尚未译出。另有他书虽不甚关格致,然于水陆、兵勇、武备等事有关,故较他先为讲求"。① 为此傅兰雅还不无怨言:

> 初意分别各种学问,辑为丛书百种。其后译刻日繁,淆杂纷歧,而电学一类尚无一译成者,欲编次西学丛书竟不可得。②

要落实对西学的系统性介绍,牵涉域外和本土双重因素,自不容易实现。在此过程中,对将各分科知识定位于特定的研究领域,倒值得重视。1882 年丁韪良(W. A. P. Martin)写成《西学考略》一书,主要围绕西方各国课程介绍"学之大旨",以回应"中西学术互异而立法各有所长"的看法。不过,书中既言"西学以格化为重",又表示"西学以算术为要端,而与格致诸学并进","植物动物等学亦为要端"。③ 这显示出安置分科知识遇到的困难,很难以重要与否来评定,只能以关涉的领域来界定。1898 年傅兰

---

① 傅兰雅《江南制造总局翻译西书事略》,《格致汇编》第 3 年第 5 卷,1880 年 6 月,第 12 页。
② 此段信息,郭嵩焘在日记中以"傅兰雅言"的形式记录下来。离任中国驻英公使之职的郭嵩焘,邀请傅兰雅一起乘船返回中国。一路上,二人有不少交流。郭嵩焘《伦敦与巴黎日记》,1879 年 2 月 27 日,钟叔河主编"走向世界丛书",岳麓书社,1984 年,第 922 页。
③ 丁韪良《西学考略》,北京,同文馆,1882 年,"自序";第 11—13、16 页。

雅所著《理学须知》，对各分科知识的辨析有了新的尝试。该书开篇写道："凡考格致，均不外事物真理，故理学以真实为要。"第六章"略论格致之理"，又区分出六门学问：算学、博物、化学、活学、心灵学、会学。"凡此六学，足令万物所有之事，包括其内，故能通晓各学，则地球所有之事，几能全明。"① 将各学落实于"事物真理"，以其涉及的领域界定，是论"学"环节的重要转向，有裨于突破西学的"国别性"限制。

来华西人"援西入中"展示的片断，表明对于西学的译介，不仅受制于传播者自身的立场，还受到本土因素的制约，也并非单一的因素主导。笼统的西学贴上"分科知识"的标签，是逐渐实现的。各分科知识也并非一开始就有清晰的定位，仍需要在历史演进中才能较好把握。对照"东学""新学"的浮现，更能认识到这一点。

二 "东学"：日本因素的影响

考察"西学东渐"，不仅需要对传入中国的"西学"谨慎对待，还要重视与此相关的另一面。通常所谓"西学"，

---

① 傅兰雅《理学须知》，上海，格致书室，1898年，第1、40—42页。论者已指明："从其内容看，此书乃是对英国哲学家约翰·穆勒（傅氏译为米勒）的名著《逻辑体系》（$A\ System\ of\ Logic$）一书虽极简略然而完整的概述。"该书共分六章，"基本是按照穆勒《逻辑体系》的顺序结构分章介绍其内容的"。陈启伟《再谈王韬和格致书院对西方哲学的介绍》，《西方哲学研究——陈启伟三十年哲学文存》，商务印书馆，2015年，第742—745页。

并非完全来自欧美,还包括辗转自日本的"东学"。任达(Douglas R. Reynolds)曾指出:"中国在1898至1910这12年间,思想和体制的转化都取得令人注目的成就。但在整个过程中,如果没有日本在每一步都作为中国的样本和积极参与者,这些成就便无从取得。"① 这方面积累的研究,也明示日本影响之广:有的着眼于中译日本书籍揭示其中的变化;② 围绕语言层面的探讨,也有诸多成果。③ 梁启超等人的"东学背景",则构成揭示日本影响于晚清的重要案例。④ 凡此种种,皆表明日本这一渠道对中国学科知识的成长所产生的影响,并不逊于西方。

当然,"东学"的形成,同样有自身的源流以及中国因素的作用。从18世纪开始,日本就通过荷兰这一渠道接受西学,形成所谓"兰学",而且,主要还是以汉文翻译介绍

---

① 任达《新政革命与日本——中国,1898—1912》,李仲贤译,江苏人民出版社,1998年,第7页。
② 谭汝谦统计出,1868—1895年日文中译书总共只有11种,而1896—1911年的15年间,共达988种。谭汝谦《中国译日本书综合目录》,香港中文大学出版社,1980年。
③ 这方面的研究可举证的是沈國威『近代日中語彙交流史:新漢語の生成と受容』、笠間書院、1994(2008年改订新版);鈴木真美・劉建輝編『东アジアにおける近代諸概念の成立』、国际日本文化研究センター—、2005;狹間直樹・石川禎浩主编『近代東アジアにおける翻訳概念の展開』、京都大學人文科學研究所、2013(中文版《近代东亚翻译概念的发生与传播》,袁广泉等译,北京,社会科学文献出版社,2015年);马西尼(Federico Masini)《现代汉语辞汇的形成——十九世纪汉语外来词研究》,黄河清译,汉语大词典山版社,1997年。
④ 狹間直樹『共同研究梁啓超:西洋近代思想受容と明治日本』、みすず書房、1999;中文版《梁启超・明治日本・西方:日本京都大学人文科学研究所共同研究报告》,社会科学文献出版社,2001年。尚可参见 Joshua A. Fogel ed., *The Role of Japan in Liang Qichao's Introduction of Modern Western Civilization to China*, University of California Berkeley, 2004.

西方各种知识,如今日视为医学的《解体新书》、本草学的《六物新志》以及物理学的《气海观澜》等,都是汉文体。进入19世纪中叶以后,中国在鸦片战争中的失败以及佩里(Matthew Calbraith Perry)舰队叩关,日本士人的危机意识日益加深,故更加积极主动汲取西洋知识。① 尤富意味的是,在中国介绍的包括耶稣会士所著《职方外纪》《坤舆图说》等,新教传教士的《博物新编》《大美联邦志略》《万国公法》等著作,以及魏源的《海国图志》、徐继畬的《瀛寰志略》等,都陆续介绍到日本,大量翻刻出版,成为日本士人了解西学的重要资源。明治维新之后,随着日本全面西化的推进,中国作为日本曾经的西学知识传播者,才逐渐转而成为通过日本这一渠道的知识接受者。②

"日本能决然舍去数千年之衣冠以从西衣冠,我国不能舍去二百年之衣冠以从西人,度量相越,岂不远哉!"③ 宋恕1895年这番话,道出了晚清部分读书人的心声。晚清士人强烈感受到前所未有的大变局已然降临,主要受到日本的冲击。有了"亚洲"意识的晚清士人,也有"借镜于人国,自同洲之国始"的看法。④ 1902年出版的《五洲述

---

① 参见沟口雄三《中国的冲击》,王瑞根译,孙歌校,生活·读书·新知三联书店,2011年,第235—236页;渡边浩《东亚的王权与思想》,区建英译,上海古籍出版社,2016年,第136页。
② 章清、陈力卫《序》,《近代日本汉文文献丛刊》第1辑,上海古籍出版社,2022年,第5页。
③ 宋恕《致钱念劬书》,1895年7月25日,胡珠生编《宋恕集》上册,中华书局,1993年,第535—536页。
④ 《亚细亚洲总序》,袁宗濂、晏志清辑《西学三通·西史通志》,卷三,第1页。

略》,即遵循"于欧洲诸强国及亚洲之日本,美洲之美利坚,采录较详,著其所以兴也,其余弱小之国,不过类及"。① 商务印书馆1904年出版的《最新国文教科书》,第五课"日本",甚至传递出这样的认识:"观于日本,吾国人可以兴也。"② 不仅如此,日本的影响逐渐显现后,晚清士人还借此反观此前的阙失,表明"西学东渐"的路径,存在阶段性差异。

"东学"这一名称的出现,也是富于意味的,映照出晚清"采西学"已发生方向性转变。1898年康有为在一份奏折中指出:"日本与我同文也,其变法至今三十年,凡欧美政治、文学、武备新识之佳书,咸译矣。"而且,"译日本之书,为我文字者十之八,其成事至少,其费日无多也"。为此康也主张在京师设立译书局,"妙选通人主之,听其延辟通学,专选日本政治书之佳者,先分科程并译之,不岁月后,日本佳书可大略皆译也"。③ 张之洞《劝学篇》也道出:"西书甚繁,凡西学不切要者,东人已删节而酌改之。中东情势风俗相近,易仿行,事半功倍,无过于此。"④

梁启超流亡日本后,对近代知识更是有了新的看法。他注意到:"日本自维新三十年来,广求智识于寰宇,其所

---

① 萧庸士辑《五洲述略》,上海,紫藤书馆,1902年,"凡例",第1页。
② 《最新国文教科书》(初等小学堂课本)第9册,上海,商务印书馆,1904年,第4—5页。
③ 康有为《请广译日本书派游学折》,姜义华、张荣华编校《康有为全集》第4集,第67—68页。
④ 张之洞《劝学篇·游学第二》,苑书义等主编《张之洞全集》第12册,第9738页。

译所著有用之书，不下数千种，而尤详于政治学、资生学（即理财学，日本谓之经济学）、智学（日本谓之哲学）、群学（日本谓之社会学）等，皆开民智强国基之急务也。"而在中国，治西学者固微，且译出各书，皆"偏重于兵学艺学，而政治资生等本原之学，几无一书焉"。① 梁还指明："今我国士大夫学东文能读书者既渐多矣，顾恨不得其途径。"如某科当先，某科当后，以及一科之中，某书当先，某书当后，"能有识抉择者盖寡焉"。反观日本，却形成了较为成熟的看法，重点发展伦理、国语及汉文、外国语、历史、地理、博物、物理及化学、法制、经济等十类，"以上诸学，皆凡学者所必由之路，尽人皆当从事者也。除国语汉文一科，我国学者可勿从事外，其余各门皆不可缺者也"。② 正是日本提供的经验，使梁启超对近代知识的认知有了较大改观，了解到"知识分科"的意义，以及应该如何进行选择。

晚清出版的各种汇编新知、旨在提示"西学门径"的资料，也展示出其中的转变。最初出版的西学汇编资料，来自日本的论著还较为稀少，梁启超1896年出版的《西学书目表》，只辑录了两部日本著作，冈本监辅的《万国史记》（上海排印本）与冈千仞的《米利坚志》（日本排印本）。之后出版的汇编资料，"西学"之外，就有了"东学"之名，西学书也转变为东西学书。出版于1897年之《东西

---

① 梁启超《论学日本文之益》，《清议报》第10册，1899年4月1日，第3页。
② 梁启超《东籍月旦》，《新民丛报》第9号，1902年6月6日，第3页。

学书录总叙》，是较早以"东西学"命名的著述。① 1899年徐维则辑成的《东西学书录》，则论及译日本书之重要性："日本步武泰西，通俗教育，其书美备。近今各省学堂林立，多授幼学，宜尽译日本小学校诸书，任其购择，一洗旧习。获效既速，教法大同。"还指出："日本讲求西学，年精一年，聘其通中西文明专门学者，翻译诸书，厥资较廉，各省书局盍创行之。"② 该书后由顾燮光增补，改名《增版东西学书录》，也辑录了更多来自日本的著述。③ 各种以"新学"为名编就的资料，也主要取法日本，最具代表性的是1903年出版的《新学大丛书》。该书《例言》交代了编纂工作是如何展开的："本编搜集中东名著，取其有关目前经国之旨者编辑成书，书中取材皆系极新之稿本，与从前他种编类书绝不犯复。"④ 俞樾为该书所写《序》，不仅对该书赞誉有加，还肯定取法日本的重要性：

> 日本地居五岛，蕞尔微区，而自明治维新三十余年来，讲求西法，辑译成书，以资考验，故今日得于文明之列，而中国地大物博反不如也。⑤

---

① 沈桐生述，缪绍瑜、张之梁校《东西学书录总叙》，上海，读者用书斋，1897年。
② 徐维则《例目》，徐维则辑《东西学书录》，署"光绪二十五年三月局印"，第1—2页。
③ 徐维则辑、顾燮光补《增版东西学书录》，署"光绪二十八年十二月印行"。
④ 《例言》，明夷编《新学大丛书》，上海，积山乔记书局，1903年，第1页。
⑤ 俞樾《序》，明夷编《新学大丛书》，第1页。

……的汇编资料还有特别意义。"留东学……于杂志中"。顾燮光就有这样的认识：……编》《浙江潮》《江苏》《湖北学生界》……借译书别具会心，故所译以政治学为多"。① 这……明"东学"区别于"西学"，既涉及内容，还体现在传播方式上。如以"百科全书"的方式介绍新知，通过日本这一渠道才真正实现。以日本刊行的数种百科全书为底本编译而成的《编译普通教育百科全书》（又称《普通百科全书》），总计100册②，1903年出版后，颇受欢迎，许多被选用为教科书，被视作"汉译日本书最高成绩的代表"。③

与译书联系在一起的，则是接受了大量日译词。汪有龄曾述及1905年清政府派遣五大臣考察欧洲政治时发生之趣事，五大臣"历聘各国，考察政治，最录法典，欲资借镜"，却遭遇意想不到的难题，"欧文佶屈，涵谊渊奥，移译成词，鲜克曲达"，导致秉笔者"覃精焦虑，踟蹰迟回，寥寥数条，累月不决"。幸好随行的陆宗舆携有《日本六法全书》，"凡法律名辞咸在焉"，"持与欧文对照，疑义昭晰"，"随手录注，数日脱稿，则知名辞所系于学理之洞彻者巨矣"。④ 仅由此例，可知悉"日语借词"对于晚清接纳

---

① 顾燮光《自序》，《译书经眼录》，杭州，金佳石好楼，1935年，第1页。
② 范迪吉等译《编译普通教育百科全书》，上海，会文学社，1903年。参见石川祯浩《日中近代的编译百科全书》，狭间直树、石川祯浩主编《近代东亚翻译概念的发生与传播》，第290—330页。
③ 实藤惠秀《中国人留学日本史》，谭汝谦、林启彦译，生活·读书·新知三联书店，1998年，第229页。
④ 汪有龄《序》，李祖荫编《法律辞典》，北京朝阳大学，1927年，第1—2页。

新知产生的影响。1907年编纂的《法律经济辞典》,迟至图解决"日语借词"造成的问题。陈介为该书撰写的《序》就指出:"吾国士人研究政法者,多取法于日本",编译了不少新书,以惠国人,"所借者,名词冠冕,含精深,译者既未敢擅易,读者遂难免误解,差之毫厘,谬以千里。"① 杨树达为此也表示:日本以前袭我,今则袭欧,"吾国语言蒙彼影响,实则间接接受欧洲新知之一环(详见第二章)。按照陈力卫的研究,很多学科名称,以及与政治、法律、经济相关的学科术语,大量利用了"二字词"的词创制,厘定初步完成,到世纪之交,"大量的二字词伴随着日本书中译和中文媒体的报道开始回流中国"。④

尤其突出的是,晚清新式教育酝酿、规划之际,日本未侵入。但日本之所以能强,究竟不能不加以注意,渐新的就有人到日本去考察。

[光绪]二十四年的学堂章程,日本教育的努力这一渠道更是发挥了重要影响。陶行知《中国建设新学制的历史》勾勒出这一进程:

① 陈介《序》,清水澄著,郭开文、张春涛译《法律经济辞典》,上海,群益书社,1914年,第1—2页。
② 杨树达《高等国文法》,上海,商务印书馆,1930年,第11页。
③ 陈力卫《东往东来:近代中日之间的语词概念》第14、474页。
④ 沈国威《汉语近代二字词研究——语言接触与汉语的近代化》,华东师范大学出版社,2019年,第145页。

也是一种自然的趋势。后来加以庚子失败的激刺,更觉得兴学为救国要图,不容稍缓。但拟订学制,自然又参考各国的成法。日本学制,因那时国情及文字关系,最易仿行,故光绪二十八年的学制,特受日本学制的影响。张百熙的奏章,虽说他曾参考各国的学制,但除日本的外,他对于那时各国的学制所说的话,简直是没有根据。二十九年学制,对于日本学制,更加抄得完备,虽修改七次,终少独立精神。①

这是晚清朝野上下主动选择的结果。缪荃孙、罗振玉、吴汝纶等,都曾受各级官员的派遣,东渡日本考察教育。各级官员之所以有此举动,也是试图解决办学遇到的具体困难。1902年张之洞与担任管学大臣的张百熙沟通时就表示:"湖北前设学堂、书院,虽略仿西法,因风气未开,不能无所迁就。各堂未能画一,课本亦未成书,是以碍难奉复。拟俟赴东考察之员回鄂,详酌一妥章,再行奉达请教。"②缪荃孙赴日前,张之洞也反复叮嘱:"考学校者,固当考其规制之所存,尤当观其精神之所寄。""求学于他国,固当先取吾国所当效法者,尤当先取吾国近今所能效法者"。③

---

① 陶知行《中国建设新学制的历史》,《新教育》第4卷第2期,1922年1月,第241页。
② 张之洞《致京张冶秋尚书》,1902年3月9日,苑书义等主编《张之洞全集》第7册,第8873—8874页。
③ 缪荃孙《自序》,《日游汇编》,钟叔河主编"走向世界丛书",岳麓书社,2016年,第5—6页。时任直隶总督的袁世凯也多次派遣人员赴日考察学制。王景禧《日游笔记》,钟叔河主编"走向世界丛书",岳麓书社,2016年。

关注的重点,除日本各学科所用教科书,在致张百熙电文中,张洞还特地交代,"自应由尊处派妥实绅士数员分往访询",其途不妨稍宽,日本的经验值得参考,"唯外省编书候咨送到书,在此之始,办事,其途不妨稍宽。

在此之前张之洞已致电罗振玉,委其率众赴日,在教科书方面多下功夫。"此教育根基,关系极重,着手极难,非亲往日本以目击为定不可,似非专待购来图书所能模仿"。①张之选择多,是因为罗对于振兴教育,早已形成了自己的看法。罗振玉1901年发起创办于上海的《教育世界》,对于"编书籍"就做了这样的说明:"学堂既立,学科既分,则课书必须预备。"②"学部中宣谕编辑局,订定格式,招天下之士,令编译小书、中学等课书。"③在日本考察学务期间,罗进一步阐述了对此的见解,"宜合朝野之力,时时取东西各国新出之书,随时译出,逐渐将日本改良,以资应用"。④此时,罗所规划的,还是以"东西各国"教科书为蓝本,稍后言及此,就强调"悉以日本教科书为蓝本"。⑤

① 张之洞《致京张冶秋尚书》,1902年3月23日,苑书义等主编《张之洞全集》第8册,第8751—8752页。
② 张之洞《致上海罗叔蕴》,1901年11月10日,苑书义等主编《张之洞全集》第8册,第8642页。
③ 罗振玉《教育私议》,《教育世界》第1号,1901年5月,第3—4页。
④ 罗振玉《教育刍议八则》,《教育世界》第21号,1902年3月,第1—2页。
⑤ 罗振玉《学制私议》,《教育世界》第24号,1902年4月,第1—3页。罗元鲲1901年在日记中也言及:"此杂志中所译各学教科书,多采自日本。考各种教科书,有可通用者(如动,植,理,化之类),有须转摆者(如读本、地理、历史之类)。兹译日本教科书为蓝本。"王世儒编《蔡元培日记》(上),1901年5月14日,北京大学出版社,2010年,第169页。

第一章 西学、东学、新学:知识传播的路径与变奏 057

推行新式教育也成为当务之急,各省就纷纷向同文馆、京师大学堂等询问书目,张百熙也于是年颁定《京师大学堂暂定各学堂应用书目》,将各学堂应用各书按照门目,酌定书目一卷,以定各省。这是开办新式教育遭遇的难题,也成为审定教科书的关键。从刊布的《京师大学堂暂定各学堂应用书目》不难看出,过渡时期的教材范围甚广,一个显著的特征就是大量采用日译课本。①
1904年《奏定学堂章程》颁布时,同样申明"官编教科书未经出版以前,各省中小学堂,呃需应用,应准各学堂各科学教员,按照教授详细节目,自编讲义"。主事者或许也清楚能"自编讲义"者自属少数,为此又说明可"选外国教科书实无流弊者,暂应急用"。②其结果也是广泛采用日本教材。如政法科之"政治学门",每门课拟选用的课本差不多都来自日本。③

何以选定的教科书大多来自日本。之前翻译的西学著述,不能选定为教科书吗?从《京师大学堂暂定各学堂应用书目》可看出,主要是算学、物理学、化学、地质及矿产学方面,选定了一些西人译述的书籍,其他科目的著作则明显偏少。如"中外史学"选择的只有《节本泰西新史揽要》(8卷,注明"英李提摩太译、周庆云节录,梦坡室较原书简明")。晚清主导学务之人,也知悉东译各书

---

① 《暂定各学堂应用书目》,北京,京师大学堂,1903年;又见《京师大学堂暂定各学堂应用书目》,武昌,湖广督署,1903年重刊,第4—24页。
② 《奏定学堂章程·学务纲要》,武昌,湖北学务处,1904年,第23—24页。
③ 《奏定学堂章程·大学堂章程》,第1、12—13页。

未必理想,故在《奏定学堂章程》中主张多选一种科学书及华人所译科学书,并不注明著者,译出流布,所译东文各书,达等则提醒:"上海……一段,与一己私意相合者,译本及宗旨,阅者宜慎择博考,免为所误。"①但实际所选取多是来自日本的教科书,甚至"修身伦理"科也选取来自日本的《中等教育伦理学》《伦理教科书》。

即便由晚清士人编写的教科书,也往往参照日本的相关著作。湖北法政编辑社 1905 年出版的《政治地理》,便是以野村浩一所著为基础,再根据山本信博《政治地理学》、辻武雄《五大洲志》、佐藤传藏《万国新地理》、辰巳小二郎《万国宪法比较》,互相参订,朴所未备,以求完善。② 该社同年出版的《西洋史》,同样是综合各书"详参互校"。③ 不仅政治、历史方面的书籍如此,商务印书馆 1904 年出版的《最新国文教科书》(初等小学堂课本),也有日本官员、学者参与校订。

不宁唯是,京师大学堂的开办,还聘请了不少日本教员。京师大学堂 1898 年 7 月由清光绪帝批准设立,戊戌维新失败后,大学堂以"萌芽早,得不废",却举步维艰。1902 年京师大学堂开始重建工作,聘请岩谷孙藏、服部宇之吉等日本官员、学者参与校订工作。④

---

① 《奏定大学堂章程·学务纲要》,第 24 页。
② 刘鸿骥编:《政治地理》,东京、湖北法政编辑社,1905 年。
③ 李蓺仪、梁柏年编:《西洋史》,东京、湖北法政编辑社,1905 年。
④ 蒋维乔,正命编纂《最新国文教科书》(初等小学堂课本),上海,商务印书馆,1905 年。注明日本前文部省图书审查官小长重,日本前高等师范学校教授长尾慎太郎等校订。

词,杉荣三郎、太田达人任副教习。①当时受聘京师大学师范馆担任史学教习的服部宇之吉,尤其是服部宇之吉,"权力甚大,全学堂事务,均由其他掌握,监督、提调画诺耳!"② 不过,官方对于日本教员发挥的作用倒是充分肯定的,学部1908年4月奏称:"本学堂正教员日本文学博士服部宇之吉,授课勤劬,成材甚众,来堂业已五年……洵属异常出力,咨请奏请赏给宝星。"同时也肯定杉荣三郎、岩谷孙藏任职五年期间的工作,三人均获得奖励。③

上述展现的影响晚清接纳新知的日本因素,还只是冒泥鸿爪,但已能说明19、20世纪之交日本成为中国摄取新知重要的国度。当然,通过日本渠道传人的知识,也存在泥沙混杂的情形,梁启超来检讨说:"日本每一新书出,译者动数家。新思想之输人,如火如荼矣。然皆所谓'梁启超式'的输人,无组织,无选择,本末不具,派别不明,惟以多为贵,而社会亦欢迎之。"④ 不管怎样,这

① 《京师大学堂教习执事题名录》,潘懋元、刘海峰编《中国近代教育史资料·高等教育》,上海教育出版社,1993年,第17页。
② 陈黻宸《致醉石弟书第二五》,1904年1月25日,陈德溥编《陈黻宸集》下册,中华书局,1995年,第1061页;《致醉石弟书第三》,1904年4月下旬,同上书,第1067页。
③ 《京师大学堂法政学堂日本教员五年期满请奖给满星折》,《学部官报》第52期,1908年4月25日。服部宇之吉编《大学堂经济学论讲义》,这些日本教习授课时所编讲义,杉荣三郎所编则包括《京师大学堂经济学讲义》《京师大学堂经济学论各论讲义》,也产生了广泛影响。京师大学堂万国史讲义》《京师大学堂心理学讲义》《京师大学堂经济学讲义》。
④ 梁启超《清代学术概论》,朱维铮校注《梁启超论清学史二种》,第79—80页。

什么是学科知识史

060

些影响于晚清的日本因素,为审视中国学科知识的成长提供了重要的视野。毕竟,译书也好,教育也罢,皆构成推动学科知识成长的重要环节;留日学生庞大的数量,更发挥了不小的作用。的确可以说,揭示近代中国学科知识的成长,西方的影响之外,日本这一渠道同样值得高度重视。

三 "新学":"普遍性"与"现代性"

由"西学"到"东学",是值得重视的转变,进一步催生的"新学"意识,同样可看作日本影响逐步加强的结果。"新学"的浮现,展现出晚清知识转型中颇为关键的一幕——聚焦于"学"的"普遍性"与"现代性"。具有明显地缘色彩的"西学"(包括"东学")转换为"新学",表明"西学本身也跨越中西认同的紧张,获得了一个更具普遍性的名称——新学"。① 这一转变,也意味着对近代知识的认知发生了转向,于西人来说,所致力的是淡化知识的"国别性"色彩,并赋予其"普遍性"与"现代性"的特质;晚清士人则需要摆脱"道器"之类的纠缠,使"学"与"术"不再分裂。

无论是耶稣会士,还是新教传教士,最初对"学"的

---

① 罗志田《传教士与近代中西文化竞争》,《历史研究》1996 年第 6 期,第 77—94 页。

介绍都不脱"欧西"这一地缘背景（当然也包括"教"），耶稣会士为了缓和中国士人对基督教的恐惧和不信任，还努力传播了欧洲的"神话"和"神话历史"，中西文化最初的接触实质包含中国为世界中心与耶稣会士的欧洲神话的交锋。① 新教传教士对于"学"的论辩，一开始同样凸显其"西国"背景。如《六合丛谈》就为各"学"贴上"西国"标签，突出西人取得的成就，"精益求精，超前轶古"，"启明哲未言之奥妙，辟造化未泄之奇"。② 为因应晚清士人对中西学术差异性的辨析，尤其是以"器艺"把握西学，花之安（Ernst Faber）也以"泰西"为出发点加以辩护，尽力说明"泰西非仅以器艺见长"，"器艺不过蹄涔之一勺耳，因器艺而求其学问，因学问而求其至道，有不浡然而兴者，未之有也"。③

尤为明显的是，"学"往往附载于社会发展程度加以辩护，明显区分出"西方"与"非西方"，西方的地理、历史知识，构成论学之潜在背景。慕维廉（William Muirhead）的《地理全志》，这样描述"亚西亚洲"之"学俗"："州内学俗，优绌不同。昔时为五州灵敏之最，今则大抵衰微颓败。""欧罗巴洲"之"学艺"部分则指明："州内学艺精备，为五州之最。性情缜密，善于运思，精于制器"，"越

---

① 陈明生《南怀仁来华耶稣会士的地理学著作（1584—1674）》，魏若望编《南怀仁——鲁汶国际学术研讨会论文集》，第123—136页。
② 伟烈亚力《〈六合丛谈〉小引》，《六合丛谈》第1卷第1号，1857年1月26日，第1—2页。
③ 花之安《序》，《德国学校论略》，广州，小书会真宝堂，1873年，第3页。

七百万里而通中国，殆非偶然"。① 谢卫楼（Devello Zololos Sheffield）编译的《万国通鉴》，也传递出对历史富于深意的认知，"东方国度"只一卷，没有像西方历史那样按三卷区分出"古世代""中世代""近世代"，便大有意味。固可说书写"东方国度"的历史，一向没有据此加以区分，然而，这未尝不是以此昭示"东方"与"西方"历史进程上的差距。该书也固守西方各国走在历史前列的立场，尤其指明"此道与各等学业大有关系"，于"天文、地理、原形、地质等学，远胜于奉外教之各国也"，"平心比拟，则西方各国，实有数事愈于东方焉"。②

"世代"划分之外，更突出的是强化对历史的二元认识，"文明"与"教化"渐渐构成划分历史的准则，东方与西方被分别加以安置。李提摩太（Timothy Richard）为《泰西新史揽要》一书所写《译本序》，以"古世""近代"为尺度，道出中国处于落后位置，指出"中国古世善体天心"，"一日万几，无不求止于至善，是以巍然高出于亚洲为最久之大国，而声名之所洋溢且远及于他洲，猗欤盛哉！"然而，"近代以来良法美意忽焉中敚，创为闭关自守

---

① 慕维廉《地理全志》卷一，王西清、卢梯青编《西学大成》寅编《地学一》，上海，醉六堂书坊，1895年，第5、13页。该书的版本及流行情况，参见邹振环《慕维廉与中文版西方地理学百科全书〈地理全志〉》，《复旦大学学报》2000年第3期，第51—59页；杨丽娟《慕维廉〈地理全志〉与西方地质学在中国的早期传播》，《自然科学史研究》2016年第35卷第1期，第48—60页。
② 谢卫楼编译《万国通鉴》卷四下，上海，美华书馆，1882年，《附论耶稣教之风化》，第63—69页。

之说，绝不愿与他国相往来"，沿至今日，"竟不能敌一蕞尔之日本"。① 林乐知等编译的《全地五大洲女俗通考》，自称为"万国古今教化之论衡"，区分"教化"为三等："最下者为未教化人，其次为有教化人，最上则为文明教化人。"书中也清楚展示出"西方"与"非西方"的差异，"东方诸国中，在上古之世，不乏开化先进之国，乃积久渐衰"，而"西方诸国，在中古之世，何等鄙陋，远不及东方诸国之开化，乃能一旦崛起自强，超越东方诸国之上，而得为全世界之主人翁"。②

在此过程中，对"学"的"普遍性"论述也差不多同步展开，立足"天下一家"的情怀，以"普遍性"定位学术。丁韪良所译《万国公法》，单是"万国"与"公法"之谓，便在传递此系"诸国通行者，非一国所得私也"。③ 傅兰雅也明确表示，"学术一道，不在一国一邦"，还以"新法""新事"指称"西国所有有益于中国之学"，并乐见"在十八省中所有新法新事已见流通且显沛然莫御之势"。④ 李提摩太1888年完成的《新学八章》，更赋予"学"之"现代"特性，指出无论中西，所谓"学"都经历了多次转变，"古学之法逊于新学之法多矣"。该文还以横、竖、普、

---

① 李提摩太《译本序》，李提摩太译、蔡尔康述《泰西新史揽要》，上海，广学会，1895年，第1页。
② 《〈全地五大洲女俗通考〉林序》，林乐知等编译《全地五大洲女俗通考》卷首，上海，华美书局，1903年，第1—2页。
③ 丁韪良《凡例》，《万国公法》，北京，崇实馆，1864年，第1—2页。
④ 傅兰雅《江南制造总局翻译西书事略》，《格致汇编》第3年第5卷，1880年6月，第9页。

专归纳"新学",言明"新学"已突破"国别性"的樊笼向"普遍性"转变:

> 何谓横?我国所重之要学,学之;即各国所重之要学,亦学之。此横学也。何谓竖?一国要学中有当损益者知之,即自古至今,历代之因何而损、因何而益者,益必知之。此竖学也。何谓普?斯人所需之要学,无不兼包并举,可以详古人之所略,并可以补今之不足。上天所造之物,无不精思审处,不使有扞格之难通,并不使有纤毫之未达。此普学也。何谓专?专精一学而能因事比类,出其新解至理于所学之中,莫不惊其奇而说其异。此专学也。是则新学之大纲也。①

1896年广学会出版的林乐知所译《文学兴国策》,则明确区分了"旧学"与"新学"。书中特别提及签署《马关条约》时,李鸿章与伊藤博文晤面时发出的感叹:"阁下在贵国所兴之事,大著功效,鄙人亦久愿在敝国仿行之,惜一言新学,即有言不能尽之难处。"为此也突出"新学"之意义:"中国之人,实已知旧学之不足,与新学之当兴矣。日本崇尚新学,其兴也浡焉;中国拘守旧学,其滞也久矣。

---

① 李提摩太《〈新学〉序》,《万国公报》第2册,1889年3月,第14—15页。后另出单行本,并改名《七国新学备要》,收入林乐知、李提摩太、李佳白合著,蔡尔康编《新学汇编》卷二,上海,广学会,1898年。文字略有差异。

诚使当世主持学校之人，均奉是编以为圭臬，当愈晓然于旧学之不足，与新学之可兴矣。"①

彰显"新学"具有超乎国界的"普遍"意义，又有区别于"古学""旧学"的"现代"特性，意味着中西学术之差异，被置换为程度上的差异，代表着不同的发展阶段。将中西学问纳入相同的时间序列中审察，更推动这样的差异转变为古今之别。

晚清读书人对"西学"之接纳，最初同样守护于中西之"分别"，"西学源出中国"说、"中体西用"论，都在突出中国的独特性。对于辨析中西之异同，晚清各方人士也颇为津津乐道。上海格致书院1886年开始举行季考，次年春季课艺的题目即为"格致之学中西异同论"。名列第一的彭瑞熙（湖南长沙府善化县学附生），强调"中国之格致，兼道与艺言之也。西人之格致，专以艺言，而亦未尝非道也"。认为权衡轻重，有识者必当知，"纲常法度礼乐教化，终为治天下之本"，中国也有格致之学，且包容更广，兼通道艺。② 1889年春季特课是李鸿章所出追溯中西格致之"源流"问题，让应策者辨析中西格致之异同。名列第一的蒋同寅（江苏太仓州宝山县附生）也指出："古昔大儒以格致为开物之资，故形上为道，而务求其本。西人以格致为

---

① 林乐知《〈文学兴国策〉序》，森有礼著、林乐知译《文学兴国策》，上海，广学会，1896年，第3页。原书为Arinori Mori, *Education in Japan*, New York: D. Appleton and Company, 1873。
② 彭瑞熙答卷，王韬编《格致书院课艺》（丁亥），上海，图书集成印书局，1898年，第1—3页。

开物之源，故形下为器，而但求其末。如欲本末兼赅，则当以中学为纲，而以西学为目，二者兼资而并用之，庶几无逐末之讥欤。"① 格致之外，要求应试士子在学校、农政、工艺等方面辨析中西之"异同"，也是晚清乡会试中经常出现的题目，引导士子守护本土的立场。

尤有甚者，秉持一向对"学"的认知，以道与器、学与术区别中西，也影响着晚清对西学的接纳。傅兰雅在江南制造总局主持翻译西书，就感叹于横亘其中之种种限制：一方面，"虽视西人为夷狄之邦，亦乐学其有益于中国之事"，但另一方面，"惟必依本国之法以学，否则弃而不取"。② 这也显示出，在中西学术沟通之际，晚清士人尽管渐渐突破"天不变，道亦不变"的樊笼，认识到法度纲纪同样"因时而变"，却明显将道与器、学与术加以区分。当然，也只有如此，才能为接纳西学留下位置。

梁启超曾言道："吾国向以学术二字相连属为一名辞"，唯《汉书·霍光传》"称光不学无术，学与术对举始此"，而"泰西学问大盛，学者始将学与术之分野，厘然画出"。③ 将"学与术相离"归结为影响晚清接纳近代知识的关键，称得上见道之论。这是因为中国读书人言"学"一向强调当"无所偏倚"，即便分出所谓道与器之类，也看重

---

① 蒋同寅答卷，王韬编《格致书院课艺》（己丑），第1页。
② 傅兰雅《江南制造总局翻译西书事略》，《格致汇编》第3年第5卷，1880年6月，第9—10页。
③ 沧江（梁启超）《学与术》，《国风报》第2年第15号，1911年6月26日，第1—4页。

二者之相合。而道与器、学与术难以"合一",也常常被视作问题之症结。每逢激烈变动时代,有关话题就会浮出水面,如龚自珍即将其感受到的问题,归结为"君与师之统不分,士与民之薮不分,学与术之治不分",理想的状态,自然是道、学、治,"一而已也"。①康有为也阐述了这样的见解:"古者道与器合,治与教合,士与民合。"②

将中西学术定位于道与器、学与术的差异,确乎成为化解接纳西学知识重重压力的良方。然而,如此别立中西,意味着仍固守"学"的"国别性",唯有了解到中西之差异在某些方面实际是"无"和"有"的问题;"西学"涉及的内容,有超越"国别性"的内容,具有"普遍性"意义,实质上是一种"新学",或才能够真正摆脱道与器、学与术之纠结,致力于中西学问之会通,实现"国无异学"。

花之安译述之《德国学校论略》,就令晚清士人颇受刺激,因此书展示了"其国之制,无地无学,无事非学,无人不学",尤其体现在"有一事必有一专学以教之,虽欲不精,不可得矣"。③颜永京翻译《肄业要览》一书,也是因为该书显示泰西诸国何以"浸昌浸炽,臻于富强",并且

---

① 龚自珍《对策》,《龚自珍全集》,上海人民出版社,1975年,第115页;《乙丙之际箸议第六》,同上书,第4页。
② 康有为《教学通义》,姜义华、张荣华编校《康有为全集》第1集,第40页。
③ 李善兰《〈德国学校论略〉序》,《德国学校论略》,第2—3页。黄遵宪对此也有积极评价,其原本对日本之教育已是"叹其善",读了该书则有了答案——"盖教法皆得之泰西"。黄遵宪《日本杂事诗》,钟叔河主编《走向世界丛书》,岳麓书社,1985年,第646页。

"确中时弊"——"我中土学问之弊"。颜将此书介绍给士人,也是"恨吾华人曾未之见也",相信可以"饷我无穷"。① 汤震述及"彼西人之挟以陵轹我者",甚至溯源于艾儒略《西学凡》所述其建学之法:

> 一艺之成,得专其利,得世其业,悬大利以为学鹄,故其才日异而月不同,不似中国仅仅动之以锥刀之末而又相与讳其名也。②

所谓"有一事必有一专学",对于晚清基于分科知识接纳西学,大有触动。晚清读书人最初便是在此环节感受到西方较之中国不无可取之处,那就是学与术,或学与治,不再"分裂",而且,中国所缺之"学",正是各分科知识。

薛福成就言及:泰西诸国,颇异于中土。士或娴工程,或精会计,或谙法律,或究牧矿,"皆倚厥专长,各尽所用,不相搀也,不相挠也"。同时,"士之所研,则有算学、化学、电学、光学、声学、天学、地学,及一切格致之学;而一学之中,又往往分为数十百种,至累世莫殚其业焉"。反观中国,却缺乏这样的认识,特别是取士专用时文试帖小楷后,更造成治术与学术之分裂,"若谓工其艺者,即无所不

---

① 颜永京《〈肄业要览〉序》,史本守《肄业要览》,武昌,质学会,1897年重刊本,第1页。该书原为斯宾塞(Herbert Spencer)1861年在英国出版的 *Education: Intellectual, Moral and Physical*(今译作《论教育》)。颜所译为该书第一部分"What Knowledge is of Most Worth?"。
② 汤震《书院》,《危言》卷一,1891年刊本,第19页。

能；究其极，乃一无所能"。① 江标更是道出"西学之有用，其显者昭昭若揭矣"，举凡天文、地理、格致、化学、史学、律学、兵学，均能"辨精细于毫茫，窥端倪于造化"，"用以拓地开疆，御灾捍患，国因以富，兵因以强"。至于"声、光、动、植、矿、电之学以及农桑、制造、商贾、贸易等事"，"苟能工一技，擅一长，或数世而专其官，或数年而专其利"，亦"家给人足，温饱无忧"。② 尽管薛福成、江标等仍是基于"用"赞赏西学，未能完全摆脱"学"与"事"之纠缠，但他们对各学赞赏有加，也是溢于言表的。

"西学"转换为各分科知识，对于超越"器""艺"层次把握西学，发挥了不小的影响。在分科知识架构下，尽管也有次第之别，却无明显的高下之分，不仅其"国别性"大为降低，还作为"新知"被接纳。这也意味着，按照分科知识理解"学"，有助于"学"从"技""艺""器""末"等环节被拯救出来。同样是区分"学"与"术"，在严复那里就有了不同的考量，翻译亚当·斯密（Adam Smith）的《原富》时，严坚持将 economics 译为"计学"，而不取"理财"，原因正在于"学与术异"："学者考自然之理，立必然之例；术者据既知之理，求可成之功。学主知，术主行。计学，学也；理财，术也。"③

---

① 薛福成《治术学术在专精说》，《庸庵海外文编》卷三，无锡薛氏传经楼，1895年家刻本，第22—24页。
② 江标《变学论》，求是斋辑《皇朝经世文编五集》卷十三，上海，宜今室，1902年，第12页。
③ 亚当·斯密《原富》下册，严复译，商务印书馆，1981年，第348页。

实际上，近代学科知识在晚清的成长，昭示的正是将斯时纷争不已的体与用、道与器的争辩提升到新的层面，最终的结果则是"学"替代了"道"与"体"。一方面，再如过去那样区分"教""学""政"的见解已难以立说，逐渐归于"学"，另一方面，"学"具有超越"国别性"的特质也得到肯定。李鸿章 1895 年在给李提摩太的信中就指出："国家政治必原于学，而学必期于有用，此则中外实无二际。"① 严复更是直接从"学"出发，阐明中国当务之急是采择原本所无之分科之学。1898 年在通艺学堂演说《西学门径功用》，严复强调考求学问，须知学问之事，其用皆二——"专门之用"与"公家之用"。所谓"专门之用"，"以考专门之物者也"，如天学、地学、人学、动植之学，"非天学无以真知宇之大，非地学无以真知宙之长"；所谓"公家之用"，则是"举以炼心制事是也"，"群学之目，如政治，如刑名，如理财，如史学，皆治事者所当有事者也"。② 以"专门之用"与"公家之用"划分"学"，未必确当，严复对此的认识也是逐渐深化的。③ 翻译《原富》一书时，严复又有"专科之学"的提法，指出"自有此书

---

① 李鸿章《复英国广学会李提摩太》，1895 年 7 月 16 日，顾廷龙、戴逸主编《李鸿章全集》第 36 册《信函八》，第 81 页。
② 严复《西学门径功用》，王栻主编《严复集》第 1 册，中华书局，1979 年，第 92—95 页。
③ 翻译《天演论》时，赫胥黎（Thomas Henry Huxley）提到的"天文、物理、化学"就变成了"名数质力"，以其为"最精"之学，纲举目张，而"身心、性命、道德、治平之业，尚不过略窥大意，而未足以拔云雾睹青天也"。此所显示的是，严复最初对分科知识的理解，包含基于本土的想象，而且，"显然还没有为这些学科准备好译名"。沈国威《严复与科学》，凤凰出版社，2017 年，第 70—73 页。

而后世知食货为专科之学。此所以见推宗匠，而为新学之开山也"。① 还道出：泰西学校，向分三等，"高等所治，大抵精深专门之业，次者亦然"。② 此亦显示出，严复对"学"之思考完全摆脱"道器""体用"的纠缠，主要体现在以"专门之学""专科之学"把握西学。

差不多同时，梁启超也撰文指明"天地间独一无二之大势力，何在乎？曰智慧而已矣，学术而已矣"。文章提到数学、天文学、理化学、动物学、医学、地理学等学科之建立，以及取得的卓越成就，指明当今已是学术势力左右的世界，"凡我等今日所衣所食、所用所乘、所闻所见，一切利用前民之事物，安有不自学术来者耶"。③ 1903年陆懋勋为李杕所译《西学关键》一书撰写的《序言》，也从"教""道""政""艺"的分辨中凸显"学"的意义："中国以二千余年讲格致之义理，蕲合乎道而用未昌；西人以二百余年讲格致之物理，蕲合乎艺而效大著。"两相对照，西人"庶政百事，造端于学"，中国自是"相形见绌，至今而极。兵战则靡，商战则绌"。为此，陆也肯定"诏开学堂定学科由普通而专门"的意义，"西学之层累曲折，宜无不历涉，以大其成而致其用"。④

对分科知识的接纳，不仅有助于化解道与器、学与术

---

① 严复《译事例言》，亚当·斯密《原富》上册，第8页。
② 亚当·斯密《原富》下册，第618—619页。
③ 梁启超《论学术之势力左右世界》，《新民丛报》第1号，1902年2月8日，第82—90页。
④ 陆懋勋《序言》，勃利物撰、马雅叄增补、李杕译《西学关键》，上海，鸿宝斋，1903年，第1—3页。

的紧张，也推动"学无新旧""无中西"成为论辩"学"新的出发点。而真正的改变是西学转化为新学，"尊新"成为趋势所在。江标在湖南学政任上曾以"尊新"为题课士湖南学子，唐才常就将攻讦的目标指向那些"动诋西学与西教为缘"的"守旧家"，指出"欲开两千年来之民智，必自尊新始；欲新智学以存于鹰瞵虎视之秋，必自融中西隔膜之见始"。① 同样是回答"尊新"的一篇命题之作，更是直指"道"同样"无中外""无殊同"：

> 海上通商，开辟一大变，中国道不行也。道在天地，无中外，无殊同，地偏者俗异，俗异者教异，教异者势必极，势极而后必一反于道天也。②

各种以"新学"名义出版的丛书，也颇为引人瞩目。较早有1897年出版的《中西新学大全》，感叹于"处今日而言学术，行将大变矣"，所言"新学"，明显偏重"格致之学"，包括天学、算学、地学、兵学、史学、化学、矿学、医学、电学、汽学、光学、声学、重学等。③ 广学会1898年所编《新学汇编》一书，盛赞光绪下诏"废弃时文，振兴新学"，遂将广学会出版的书籍以及《万国公报》

---

① 唐才常《尊新》，江标编《沅湘通艺录》卷三，岳麓书社，2011年，第92页。
② 涂儒翯《尊新》，江标编《沅湘通艺录》卷三，第94页。
③ 求志斋主人《〈中西新学大全〉序》，求志斋主人辑《中西新学大全》，上海，鸿文书局，1897年，第1页。

《中西教会报》刊载的文章，汇集一起。① 1901年出版的《皇朝新学类纂》，所分十类，均以"学"命名，号称"凡有关于世事而为今日之急务者，无不删繁而节取之，厘然井肰，有条不紊"。② 1902年出版之《新学备纂》，检讨了此前之译书事业，"独详兵学、化学、算学、医学诸门，他皆略焉"。编者试图说明，在新学竞争的环境下，译述面临新的问题："新世界新学界，一周岁之间，开新理者万，著新书者万。欧美列国日以新学相竞争，而吾国所译述者，万不及一焉。"该书分为26门，致力于"举诸科学所应习者合为一编"。③ 1903年出版的《新学大丛书》，更是有较大突破，总挈政法、理财、兵事、文学、哲学、格致、教育、商业、农学、工艺十大纲，列目七十二，对分科知识已需要按"纲"与"目"加以审视。④

由"西学"到"新学"，突出的是学之"普遍性"与"现代性"。在时人眼中，进入20世纪后中西之竞争也转换为"学"，"二十世纪之始，正学界武装妒战时代，非学界文德大同时代"，当欣喜于"吾中国通海以后，政界之精神形表日见颓落，学界之精神形表日有进步"。⑤《新世界学

---

① 林乐知、李提摩太、李佳白合著，蔡尔康编《新学汇编》，上海，广学会，1898年。
② 吴宗琂《序》，广益书屋主人编《皇朝新学类纂》，上海广益书室，1901年，第1页。
③ 渐斋主人《序》，渐斋主人编《新学备纂》，天津，开文书局，1902年，第1页。
④ 明夷编《新学大丛书》，上海，积山乔记书局，1903年，目录页。
⑤ 赵祖德《〈新学书目提要〉跋》，通雅斋同人辑《新学书目提要》卷一，上海，通雅书局，1903年，第119页。

报》1903年刊登的一篇文字还道出:"今日至切近至重大之问题",是扫除影响学界发展之阻力,"非执此阻力之根性,而一一摧败之,其必不能使全社会之文明,皆受学界之应响,而见之实行也"。① 由此亦可见,当晚清士人意识到遭遇三千年、五千年或数千年之变局,对学术的认知也在调整。章太炎曾有言:"视天之郁苍苍,立学术者无所因。各因地齐、政俗、材性发舒,而名一家。"发出这样的感叹,乃是因为其已感受到由"地齐""材性"决定学问方向的时代已经过去,"今之为术者,多观省社会、因其政俗,而明一指"。② 这也是对"学"的认识逐渐摆脱"政""教"纠缠之明证;同时,道与器、学与术也不再分离,重新"合一"。

中西学术之会通,或不能简单理解为已实现"政教分离"并且逐步确立近代分科知识的西方,与仍然固守"立国之道,曰政,曰教,曰学术,曰风俗"的中国之间展开。③ 不可否认,西方世界经过颇为艰辛之"除魅",才实现"政教分离"。经历这样的转折,"学"才定位于对未知世界的探索;各分科知识之得以成立,是因为它回答了这个世界某一领域未知的问题。所谓"现代"及"现代性",

---

① 逸名《论中国学界势力之微弱》,《新世界学报》第14号(癸卯第5期),1903年4月12日,第91—109页。
② 章太炎《原学第一》,《章太炎全集》(三),上海人民出版社,1984年,第133—134页。
③ 陆凤石鉴定、雷瑨编辑《中外策问大观》卷二,砚耕山庄,1903年,第10页。

也是立足于此进行论辩。这一点，严复在1895年发表的《救亡决论》中，已清楚点明："一理之明，一法之立，必验之物物事事而皆然，而后定之为不易。"尤其还阐明所谓"学"，乃"道通为一之事也"，"西洋今日，业无论兵、农、工、商，治无论家、国、天下，蔑一事焉不资于学"。本于此，纠缠于晚清士人的"西学"与"西教"当如何分别的问题，在严复那里得到明确的解读："西学之与西教，二者判然绝不相合。'教'者所以事天神，致民以不可知者也。致民以不可知，故无是非之可争，亦无异同之足验，信斯奉之而已矣。"同时，"西学"与"中学"存在的区别，严复也表达了其见解："取西学之规矩法戒，以绳吾学，则凡中国之所有，举不得以学名。吾所有者，以彼法观之，特阅历知解积而存焉。"①

严复特殊的学术背景，意味着其针对西方的审视，构成反观晚清士人的一面镜子。一则严复对"西教"与"西学"有更为清晰的辨析，二则困扰时人的中西学问差异的问题，他也给出了不一样的答案。不管怎样，晚清"西学中源"说、"中体西用"论的流行，意味着近代中国学科知识的成长，不免陷于"中学"与"西学"如何抉择的紧张之中；"中学"与"西学"之分与合，如何实现会通，便成为近代知识成长之枢机所在。影响所及，"西学""东学""新学"也构成把握此中的关键，既奠定了晚清知识转型的

---

① 严复《救亡决论》，《直报》1895年5月1—8日，此据王栻主编《严复集》第1册，第40—54页。

基调，还凸显出近代学科知识在中国的成长经历种种曲折。"学"从"器""技""艺""术"中被拯救出来，逐步消解了其"国别性"，不再是"西学"，甚至也不是所谓"新学"，而成为"近代知识"的代名词，并且是以"诸学科"呈现出来的。

可以说，正是认识到"东海西海，心同理同"，开启了晚清对西学之接纳。而近代学科知识的"援西入中"，也大致可以区分出两条不同的线索：其一是依托"国别性"展开论述，故要别立"中西"，辩论"体用"；其二则是立足于"普遍性"展开论辩，赋予知识的"现代性"特征。其起点是别立"中西"，归途却是"学无中西"。

第二章 新知与新语：各学科专门术语的译介

近代知识的传播与接纳，是全球性的普遍现象，相伴而生的是"新名词"与"新概念"。考察近代学科知识在中国的成长，需要重视的一面也正是各学科专门术语的译介及标准术语词汇的确立。这是因为追踪某一分科知识的成长，首先有必要审视其基本概念的浮现；学科术语的规范化，往往也是该学科得以确立的标志。不宁唯是，新名词、新概念的浮现，实际成为"巨变"的标志，于西方世界来说构成近代世界诞生的征象，于近代中国也成为"转型"的象征，堪称"重塑"了中国社会与中国历史。①

这也引发众多学者的重视，并发展出各具特色的理论与方法。科塞雷克（Reinhart Koselleck）的"鞍型期"理论指明，借助于被考察的"概念"，可以重构社会历史色彩

---

① 章清《"文明"与"社会"奠定的历史基调——略论晚清以降"新名词"的浮现对"中国历史"的重塑》，孙江主编《亚洲概念史研究》第 2 卷，商务印书馆，2018 年，第 175—212 页。

缤纷的截面并以此呈现整个社会历史。① 昆廷·斯金纳（Quentin Skinner）则示范了"历史语境主义"处理欧洲早期出现的术语的方式，以理解语言承载的意义。② 不可否认，从德国发展出来的概念史以及在英美得到更多关注的观念史，双方在很多问题上缺乏共识，学界也不断有检讨的声音。但从语言现象出发的研究，仍被广泛运用。"概念史的特殊优势在于能够显示历史分析与我们目前的相关性。"前述彼得·哈里森对"科学"与"宗教"的辨析，就力图在当时的"语义场"中确定概念的含义，并追溯这些含义随时间的变化。③ 抛开各种标签，更可了解语言现象在多个维度受到关注。彼得·伯克考察中世纪向近代早期的转变就表示，其倾向于把拉丁语称为一种"寻找共同体的语言"，"17世纪是试图创造通用语言的时代，以便让来自世界各地的人能够明白无误地进行交流"。④ 格尔茨（Clifford Geertz）则通过对"文化"的解释，说明其主张的"文化概念"实质上是一个"符号学"（semiotic）概念。

---

① 方维规《"鞍型期"与概念史——兼论东亚转型期概念研究》，《历史的概念向量》，生活·读书·新知三联书店，2021年，第23—52页。
② 昆廷·斯金纳《近代政治思想的基础》上卷，奚瑞森、亚方译，商务印书馆，2002年，第3页。参与其中的波考克（J. G. A. Pocock）为此还表示："斯金纳的方法迫使我们不但要再现作者的意图，还要再现他的语言，要把它当作生活在一个'语言世界'（universe of langue）里加以对待，是这个'语言世界'赋予了他所采用的'言说'（parole）以意义。"波考克《德行、商业和历史：18世纪政治思想与历史论辑》，冯克利译，生活·读书·新知三联书店，2012年，第9页。
③ 彼得·哈里森《科学与宗教的领地》，第272页。
④ 彼得·伯克《语言的文化史：近代早期欧洲的语言和共同体》，李霄翔等译，北京大学出版社，2020年，第77、105页。

他赞同马克斯·韦伯提出的"人是悬在由他自己所编织的意义之网中的动物",言明"所谓文化就是这样一些由人自己编织的意义之网"。其所坚持的"文化概念",是历史上留下来并以符号形式表达的前后相袭的概念系统,"借此人们交流、保存和发展对生命的知识和态度"。①

聚焦伴随近代学科知识成长出现的学科术语,也需要从多个角度切入,并不能简单以"新知"与"新语"加以说明,文化之间的会通,原本难以避免"文化冲突";翻译也包含创造的过程,并不存在简单的对应关系。"西学""东学"不同阶段各领风骚,还意味着伴随日本的影响日益凸显,"日语借词"被广泛采纳,学科术语占比也颇高。②这里无法就各分科涉及的学科术语进行全面检讨,只能简要说明对近代学科知识的接纳,此亦是显著标志。而且,"知识""政治"与"文化",皆是审视学科术语的译介应当关注的面相。与"知识"相关的主要涉及对新事物的介绍;与"政治"相关的则关乎新的政治治理方式的引入;与"文化"相关的则意味着重新描绘中国社会与中国历史。晚清民国时期对于新名词、新概念的接纳之所以充满曲折,也是因为此一过程不仅存在"知识"的屏障,往往还受到"政治"

---

① 克利福德·格尔茨《文化的解释》,韩莉译,译林出版社,2014年,第4—5、109页。
② 围绕"学科术语"的研究难以一一列举,作为分科名称的术语就不乏研究,如沈国威《译名"化学"的诞生》,《自然科学史研究》2000年第1期,第55—71页;陈启伟《"哲学"译名考》,《哲学译丛》2001年第3期,第60—68页。甚至用专书讨论"逻辑"一词,见 Joachim Kurtz, *The Discovery of Chinese Logic*, Leiden · Boston: Brill, 2011。

"文化"等因素的制约,很容易由"知识"问题,演化为"政治"问题,进而还上升到"文化"的高度进行反思。①

一 理解新知识:催生学科术语的基本因素

新名词与新概念的浮现,是普遍的语言与文化现象,究其实质,是通过双方或多方交流引发的知识迁移,当翻译活动频频展开,也促成新名词、新概念的"大爆炸"。1913年上海美华书馆出版的一本小册子,就直接将"新名词"与"新观念"联系在一起。② 不过,此一过程并非在语言之间寻求"对等"关系那样单纯,对异域的认识往往受制于"知识"的屏障,"音译词"的出现,就展现出这一特质。佛经翻译广泛采用音译的方式,甚至通过造字、造词配合拟音,是为显例。研究者对1266个反映外来事物或概念的"外来词"进行分析,即说明其"创造方式"首先体现在"语音"上。③

明清之际来华耶稣会士开启的中西文化交流,也昭示如何表述西方正在成长中的"分科"知识,遭遇不小困难。

---

① 章清《知识·政治·文化:晚清接纳"新概念"之多重屏障》,方维规主编《思想与方法:近代中国的文化政治与知识建构》,北京大学出版社,2015年,第115—135页。
② Ada Haven Mateer, *New Term for New Ideas: A Study of the Chinese Newspaper*, Shanghai: American Presbyterian Mission Press, 1913.
③ 高名凯、刘正埮《现代汉语外来词研究》,文字改革出版社,1958年,第139、145页。

前面提及的《职方外纪》中对大学"四科"之描述，所谓"医科""治科""教科""道科"，类似于佛经翻译中所取"格义"之法。《西学凡》对"六科"的说明，则采取了"音译"的方式，不仅将"理学"（或"理科"）表述为"斐禄所费亚"（Philosophia，今译作"哲学"），在将"理学"分为五家，阐明其修习次第时，还以"音译"的方式介绍所学课程：第一年学"落日加"（Logica，今译"逻辑学"），乃"明辩之道"；第二年学"费西加"（Physica，今译"物理学"），为"察性理之道"；第三年学"默达费西加"（Metaphysica，今译"形而上学"），"总论诸有形并及无形之宗理"；第四年"总理三年之学，又加细论几何之学，与修齐治平之学"，前者为第四家"马得马第加"（Mathematica，今译"数学"），后者为第五家"厄第家"（Ethica，今译"伦理学"）。① 这样的办法也被广泛采纳。毕方济（François Sambiasi）口授、徐光启笔录的《灵言蠡勺》，对相关问题的说明也用到"音译词"："亚尼玛（译言灵魂，亦言灵性）之学，于费禄苏非亚（译言格物穷理之学）中，最为益，最为尊。"②

"自东方译事兴，而新名词之出现于学界者日益多。"③ 降至晚清，伴随新知的介绍，在译书活动中也促成各种新名词与新概念的发明。林乐知阐述了这样的看法："在未教

---

① 艾儒略《西学凡》，《天学初函》（一），第31—51页。
② 毕方济《灵言蠡勺引》，毕方济口授、徐光启笔录《灵言蠡勺》，《天学初函》（二），第1127页。
③ 酰癸《新名词释义》，《浙江潮》第2期，1903年3月18日，第1页。

化之国,欲译有文明教化国人所著之书,万万不能。以其自有之言语,与其思想,皆太单简也。"具体到堪称文化"开辟最早"之中国,译书"仍不免有窒碍者","适遇中国字繁富之一部分,或能敷用,偶有中国人素所未有之思想,其部分内之字必大缺乏,无从移译"。于是有数法解决之:"一以相近之声,模写其音;一以相近之意,仿照其字;一以相近之义,撰合其文。"总之,译书活动中"新名词不能不撰",且当乐观其成:

> 中国今日于译书之中,苦名词之枯窘而借日本所已译者用之,正如英文借德文、法文之比例。且日本之文原祖中国,其译书则先于中国。彼等已几费酌度,而后定此新名词,劳逸之分,亦已悬殊,何乐而不为乎?①

创立新名词也成为介绍各分科知识首先要解决的问题。最早的译书者,由于能借鉴的成例有限,往往各自创立术语,导致译名多不一致。为方便读者,也采取了在书后附录译名对照表的办法。合信(Benjamin Hobson)1858年编纂的《医学英华字释》,收录了其翻译的《西医五种》确立的专门术语,是最早的专门术语译名表。② 1872年卢公

---

① 林乐知著、范祎述《新名词之辨惑》,《万国公报》第184册,1904年5月,第23—24页。
② 围绕《医学英华字释》的讨论,参见孙琢《近代医学术语的创立——以合信及其〈医学英华字释〉为中心》,《自然科学史研究》2010年第29卷第4期,第456—474页。

明（Justus Doolittle）编成《英华萃林韵府》一书，其中第三部分也汇集了来华西人提供的专门术语译名表，有助于这些译名的传承与延续。① 益智书会编写教科书之始，就对术语译名之翻译与统一颇为关注，并确立了分工，科技、工艺制造类由傅兰雅负责，地理名词由林乐知编辑，伟烈亚力负责提供专有名词表，麦嘉缔（D. Macartee）则负责搜集日文有关译著中的名词术语。不过，进展并不顺利，计划也一再流产。《协定化学名目》和《术语辞汇》是益智书会统一科技术语的两项主要成果，前者 1899 年完成，1901 年正式出版，后者 1902 年已编就，1904 年刊行。②

结合具体的翻译实践，更能理解创立新名并解决统一术语的问题，何以不可回避。傅兰雅总结江南制造总局的翻译活动，首先介绍了"译书用名之事"：一是沿用"华文已有之名"；二是"设立新名"；三是"作中西名目字汇"。"设立新名"，是缘于中文难以找到合适的名称，办法有三：

> 一、以平常字外加偏旁而为新名，仍读其本音，如镁、钾、砷、矽等；或以字典内不常用之字释以新义而为新名，如铂、钾、钴、锌等是也。
>
> 二、用数字解释其物，即以此解释为新名，而字数以少为妙，如养气、轻气、火轮船、风雨表等是也。

---

① 卢公明《英华萃林韵府》（*Vocabulary and Hand-book of the Chinese Language*），福州、上海，1872—1873 年。
② 王扬宗《清末益智书会统一科技术语工作述评》，《中国科技史料》1991 年第 2 期，第 9—19 页。

三、用华字写其西名，以官音为主，而西字各音亦代以常用相同之华字，凡前译书人已用惯者则袭之，华人可一见而知为西名。所已设之新名，不过暂为试用，若后能察得中国已有古名，或见所设者不妥，则可更易。

之所以要编写《中西名目字汇》，多少是受到益智书会的影响，主要有这样的考虑："凡译书时所设新名，无论为事物、人地等名，皆宜随时录于华英小薄后，刊书时可附书末，以便阅者核察"，"以后译书者有所核察，可免混名之弊"。① 为此，翻译馆还编写出版了《金石中西名目表》（1883）、《化学材料中西名目表》（1885）、《西药大成药品中西名目表》（1887）、《汽机中西名目表》（1889）等资料。

各翻译机构规范术语的工作，晚清读书人也颇为赞赏，视作介绍"专门之学"必需的工作。梁启超曾表示："泰西专门之学，各有专门之字，条理繁多，非久于其业者，不能尽通而无谬误也。况于以中译西，方音混舛，尤不可凭，毫厘千里，知难免矣。"他也肯定翻译馆出版的上述诸书，"西字译音，二者并列，最便查检。所定名目，亦切当简易，后有续译者可踵而行之也"。② 徐维则同样注意到：

---

① 傅兰雅《江南制造总局翻译西书事略》，《格致汇编》第 3 年夏季卷，1880 年 6 月，第 12 页。这样的命名原则未必理想，1890 年傅兰雅在新教传教士全国大会上宣读的文章，修正了上述原则，指出应"尽可能译意，而不是译音"。王扬宗《傅兰雅与近代中国的科学启蒙》，第 67 页。
② 梁启超《读西学书法》，《质学丛书初集》第二函，武昌，质学会，1897 年，第 3 页。

"西国专门之学,必有专字,条理极繁,东人译西文,亦必先有定名。中国所译,如制局之化学书与广州及同文馆同出一书而译文异,所定之名亦异,骤涉其藩,易滋迷误。"他也建议翻译馆,"先撰各学名目表,中西东文并列,嗣后官译私著悉依定称"。①

以翻译享誉的严复,也提供了"新名词不能不撰"之显例。吴汝纶这样评说严复的翻译工作:"今西书虽多新学,顾吾之士以其时文、公牍、说部之词译而传之,有识者方鄙夷而不之顾,民智之渝何由?此无他,文不足焉故也。文如几道,可与言译书矣。"②将译书之关键归之于"文",只看到问题的一面。于严复来说,更重要的是理解相关知识,找到恰当的对应词或创出合适的新词加以介绍。谈到《天演论》的翻译,他就直言"顾其事有甚难者":"新理踵出,名目纷繁,索之中文,渺不可得,即有牵合,终嫌参差。译者遇此,独有自具衡量,即义定名。"不仅指陈"一名之立,旬月踌躇",还说明其"定名"建立在对"义"的理解上。③对于时人指其翻译的书籍太过"艰深",他也坚称"原书之难,实且过之","理本奥衍,与不佞文

---

① 徐维则《例目》,徐维则辑《东西学书录》,署"光绪二十五年三月局印",第1页。
② 吴汝纶《吴汝纶序》,赫胥黎《天演论》,严复译,商务印书馆,1981年,第vii页。
③ 严复《译例言》,赫胥黎《天演论》,第vii页。严复最为忧心的是翻译是否"达旨"。该书"真幻"篇,严加上的按语,就指出此篇"所诠观物之理,最为精微。初学于名理未熟,每苦难于猝喻","鄙人谫陋,才不副识,恐前后所翻,不足达作者深旨,转贻理障之讥"。同上书,第69页。

字固无涉也"。① 读到《昌言报》刊登的斯宾塞《进说》数段，严不免有感而发，"再四读，不能通其意"，"读其书者，非于天地人、动植、性理、形气、名数诸学尝所从事，必不知其为何语也"。②

严复也曾使用不少"音译词"，表明翻译工作不仅与语言的能力有关，更与对"外来词"的理解相关。翻译孟德斯鸠（Montesquieu）《法意》时，其中一段文字就出现了音译词"沁涅特"（senate）。这是缘于此语可对应众多释义，可谓"政府""内阁""元老院""上议院"，但"诸译无一吻合者"。在该书所加按语中，严复也多次言及该书之"难译"，"其文义往往有难明者，无惑乎学者之莫通其旨也"。③ 类似的例子所在多有，翻译《原富》时，严复还以"歌颇鲁勒宪"音译"corporation"。选择音译，是因为严清楚感受到中西在这方面存在明显差异：欧西社会，"同为一业、一事、一学者，多相为联"，而且，"众而成联，则必经议院国王所册立，有应得之权，应收之利，应有之责，应行之事。四者缺一，不成为联"。中国与之相关的所谓会、行、帮、党，"有大不同者"。④ 严复面对的是"社会"如何构成的问题，原书呈现的是西方架构下的社会分层

---

① 严复《译凡例》，约翰·穆勒（John Stuart Mill）《群己权界论》，严复译，北京，商务印书馆，1981年，第134页。
② 严复《论译才之难》，《国闻报》1898年9月1日，第2版。
③ 孟德斯鸠《孟德斯鸠法意》上册，严复译，商务印书馆，1981年，第13、17、78页。
④ 亚当·斯密《原富》上册，第115页。

（体现在与国家分权的社会组织），而中国之帮、之会，完全不是一回事，难以选做译词。

选择音译词，未必理想，不过，对此持支持立场的也大有人在。孙诒让1907年提出"译教科书宜统一名词"，明确表示："新学大兴，译述外国教科书，繁如烟海。凡中国文所有之名词，自宜概用中文；惟外国人名、地名，则宜用西文译音"，"各科学中国向未发明者，亦多用译音"。孙也清楚，"由音得字"，意味着"无文义可寻"，往往导致"人习其音，舛异百出"。因此，在没有更好办法的情况下，"应请大部审正音纽，垂为定名，而附注异同于下方，勒成一书，颁行天下，俾各校悉用定名教授，庶可斠若划一，以省纷互"。① 更具影响力的，来自章士钊对"义译、音译之得失"的检讨。章分析了"义译"存在的诸多弊端，又强调"以音译名"，则"凡义译之弊，此皆无有"：

> 语其害，则人或觉其生硬不可读外，可谓无之。且此不过苦人以取不习，终不得谓之为害。此种苦处，习之既久，将遂安之。佛经名义之不滥者，译音之法，乃确为一绝大之保障。至今涅槃、般若等字，未闻有人苦其难读者。②

---

① 孙诒让《学务枝议》，孙延钊《孙衣言、孙诒让父子年谱》，上海社会科学院出版社，2003年，第479页。
② 章士钊《论翻译名义》，《国风报》第1年第29号，1910年10月21日，第1—10页。

如同益智书会编写教科书需要解决术语之统一，晚清推行新式教育，同样需要应对此一问题。张百熙筹办京师大学堂时，言及教材编写，就谈到统一名词问题："中国译书近三十年，如外洋地理名物之类，往往不能审为一定之音，书作一定之字。拟由京师译局定一凡例，列为定表，颁行各省，以后无论何处译出之书，即用表中所定名称，以归划一，免淆耳目。"① 1909年学部还专门成立编订名词馆，聘严复担任总纂一职，"编订各种学科中外名词对照表"，希望对照表编成后，"所有教科及参考各书，无论官编民辑，其中所用名词有与所颁对照表歧异者，均应一律遵改，以昭画一"。② 严复于此项工作之意义，自是了然于胸，"今夫名词者，译事之权舆也，而亦为之归属"。③

编订名词馆所取得的成效，学部也曾予以说明。④ 尽管已编就辨学、心理学（含伦理学）、算学、形学等中英名词对照表，及外国地名、植物名词中英对照表，但编订名词馆最终并没有公布"各学科的中外名词对照表"。严复后来将审定的结果交由赫美玲（K. Hemeling）处理，后者

---

① 张百熙《奏筹办大学堂大概情形折》，北京大学、中国第一历史档案馆编《京师大学堂档案选编》，北京大学出版社，2011年，第107页。
② 《奏本部开办编订名词馆并遴派总纂折》，《学部官报》第105期，1909年11月13日，第1页。
③ 严复《〈普通百科新大辞典〉序》，黄摩西编撰《普通百科新大辞典》第1册，上海，国学扶轮社，1911年，第3—5页。
④ 《奏陈第二年下届筹办预备立宪成绩折》，《学部官报》第121期，1910年5月29日，第1页。

在所编《官话》词典中,以"部定词"的方式呈现出来。①到 1915 年,又有人士建议复设名词馆,延续前清未曾完成的工作,使译者"得有遵循"。②

学科术语的定名遭遇诸多困难,说明此并非容易处理的问题。这既是因为学科知识的成长有一个过程,与之相关的新名词与新概念难以稳定下来;而尚需重视的是,一些新词不易归到某些学科,成为专属"学科术语",又说明新知与新语的结合另有玄机,分科知识与学科术语并非一一对应关系,不乏学科术语难以归于某一学科中。史学颇为典型,接下来讨论的政治、文化方面的术语,亦是如此。

针对某一学科的术语展开调查,通常依托于各种字典、辞书,然而,与"历史"相关的术语,却呈现出别样的情形。在各种字书、词典中,往往难以发现标明为"历史类"的新词。这种异相大可玩味,显示出新名词之入史另有枢机,表明逐渐成形的分科知识成为书写历史新的资源,不仅"新史学"的成长受此主导,其学科术语也受此影响。各种字书、词典中鲜少标明"历史类"的新词,并不能说明历史方面的新词不多,反倒说明由于与"他学"紧密结合,各学科术语广泛用于历史书写。

---

① K. Hemeling, *English-Chinese Dictionary of the Standard Chinese Spoken Language*(官话) *and Handbook for Translators*, Shanghai: Statistical Department of the Inspectorate General of Customs, 1917. 编订名词馆的工作及"部定词"的命运,参见沈国威《一名之立 旬月踟蹰——严复译词研究》,第 6 章"严复与科学名词审定",第 175—209 页。
② 寓仁《名词馆宜复设》,《教育周报》第 98 期,1915 年 6 月 20 日,第 30 页。

1903年出版的《新尔雅》，列出这样一些类目：释政、释法、释计、释教育、释群、释名、释几何、释天、释地、释格致、释化、释生理、释动物、释植物。虽未专门列出"历史"方面的名词，却有不少与之相关。在"释政""释法""释教育""释群"等篇章中，就列出不少与"国家""社会"相关的新名词，实际成为书写历史的主要语词。①黄摩西所编《普通百科新大辞典》，希望"搜辑一切学语、调查种种专门学书籍为基础，中外兼赅，百科并蓄"，对于历史方面的语词较少搜集也有所说明：

> 吾国原有词类，即历史一门，浩如恒沙，且学界诸君，旧学必多根底，否则类是种种，取之即是，毋烦河头卖水也。故本书于本国学术词类，仅采大纲，家派源流，同条共贯，不一一另立。②

从该书标识为"史"的语词来看，主要是人名、地名之类，也包括历史上的一些事件；用以揭示社会发展状态的只有"近世"一词，很少"新词"。但不难发现的是，书写历史的许多新名词往往收在别的学科中，如"主权"收于"宪法"类，"社会"收在"社会学"；还列出"通用

---

① 汪荣宝、叶澜编纂《新尔雅》，上海，明权社，1903年。
② 黄摩西编《普通百科新大辞典》，"凡例"，第2页。根据最新的研究，该书实际是以日本富山房1908年出版的《国民百科辞典》为底本翻译的，添加的内容很有限。陈力卫《通过翻译，接轨世界：中国第一本百科辞典的诞生》，《南国学术》2023年第2期，第195—213页。

第二章　新知与新语：各学科专门术语的译介　091

门",收有"公理""共和政体""改良""改革""国体""国家""义务""权利"等。因此,史学著作中频频出现的新词,未必归入史学,恰说明"新史学"往往借助于"他学"的术语书写历史(详见第六章)。

因为接纳新知识引入新名词,这对"趋新"的学者来说不是问题;原本对"新知"表示质疑的,则不免对新名词难以接受。由此,以"知识"的名义抗拒新名词,也成为题中之义。在讲求"文章之道"的中国,这样的理由也易于被接受。

前已提及,1683 年南怀仁曾向康熙进呈有 60 卷之多的《穷理学》,希望能刊刻颁布,结果却是"议不准行"。《康熙起居注》记载了对此的反应:

> 上曰:"此书内文辞甚悖谬不通。"明珠等奏曰:"其所云人之知识记忆皆系于头脑等语,于理实为舛谬。"上曰:"部覆本不必发南怀仁,所撰书著发还。"①

以"知识"的理由抗拒新名词,晚清时则更为突出。由于这一时期报章成为传播西学的主要媒介,在时人的认知中,明显将新名词与"报章文体"纠缠在一起:

> 数十年来,吾国文章,承受倭风最甚。向者侯官

---

① 中国第一历史档案馆整理《康熙起居注》第 2 册,中华书局,1984 年,第 1104 页。

严复译书，务为高古，图腾、宗法、拓都、么匿，其词雅驯，几如读周、秦古书。新会梁启超主上海《时务报》，著《变法通义》，初尚有意为文，其后遂昌言以太、脑筋、中心、起点。《湘报》继起，浏阳唐才常、谭嗣同和之。古文家相顾惶恐，观长沙王先谦与陈宝箴书可见矣。（见《虚受堂书札》中）及留日学生兴，《游学译编》，依文而译，而梁氏《新民丛报》，考生奉为秘册，务为新语，以动主司。①

这里指明新名词流行的主要征象是伴随报章兴起的"报章文字"，内中提及的王先谦1898年夏秋之际致书湖南巡抚陈宝箴，也是将问题置于这样的背景，甚而要求停止刊行《湘报》。信中写道：

> 自时务馆开，遂至文不成体，如脑筋、起点、压、爱、热、涨、抵、阻诸力，及支那、黄种、四万万人等字，纷纶满纸，尘起污人。我公夙精古文之学，当不谓然。今奉旨改试策论，适当厘正文体，讲求义法之时，若报馆刊载之文，仍复泥沙眯目，人将以为我公好尚在兹，观听淆乱，于立教劝学之道，未免

---

① 柴萼《新名词》，《梵天庐丛录》册十四，上海，中华书局，1926年，卷二十七，第33—35页。在分析了诸多例证后，作者也承认，此亦"大势所趋，不可挽救，学者非用新词，几不能开口动笔，不待妄人主张白话，而中国语文已大变矣。梁氏作俑，其罪讵可逭哉"。

相妨。①

王先谦还有不少同道。《翼教丛编》之刊行，显示出对此的批驳有不少知音。叶德辉表达了差不多同样的意思："自梁启超、徐勤、欧榘甲主持《时务报》《知新报》，而异学之诐词、西文之俚语，与夫支那、震旦、热力、压力、阻力、爱力、抵力、涨力等字，触目鳞比，而东南数省之文风，日趋于诡僻，不得谓之词章。"② 而且，叶也认为"西学"其实了无新意："其传于中土最早者，如《天学初函》中之西学，凡《天主实义》《七克》《畸人十篇》等书，皆经中人润色，而其旨总不逾于释氏。《西学凡》及南怀仁《坤舆图说》，后皆附景教碑，是彼族亦自知其学之所自来，亟思借以自重。"③

以"知识"的理由抗拒新名词、新概念，有可以理解的一面，但对新知识、新思想的接纳，却难以阻挡。梁启超对于新名词的流行，算得上重要的推动者，"吾近好以日本语句入文，见者已诧，赞其新异"。④ 他也将此视作难以阻挡的进步："文字为发明道器第一要件"，"社会之变迁日繁，其新现象、新名词必日出，或从积累而得，或从交换

---

① 王先谦《葵园四种》，岳麓书社，1986年，第864—869页。
② 叶德辉《〈长兴学记〉驳义》，苏舆编《翼教丛编》卷四，上海书店出版社，2002年，第103—104页。
③ 叶德辉《明教》，苏舆编《翼教丛编》卷三，第67页。
④ 梁启超《夏威夷游记》，《饮冰室合集》第7册，中华书局，1989年，"专集之二十二"，第190页。

而来"，而"言文合，则言增而文与之俱增。一新名物、新意境出，而即有一新文字以应之。新新相引，而日进焉"。① 如黄遵宪所言，《新民丛报》发行后，"此半年中中国四五十家之报，无一非助公之舌战，拾公之牙慧者，乃至新译之名词，杜撰之语言，大吏之奏折，试官之题目，亦剿袭而用之"。② 这方面《新民丛报》确实颇为用心，为此还"相约同学数辈，稗贩群书，为新释名"，这是因为：

> 社会由简趋繁，学问之分科愈精，名词之出生愈伙。学者有志向学，往往一开卷辄遇满纸不经见之字面，骤视焉，莫索其解，或以意揣度，而差之毫厘，谬以千里。③

王国维1905年撰写的《论新学语之输入》，更是将此一现象归于接受新知带来的变化，"西洋之学术，骎骎而入中国，则言语之不足用，固自然之势也"，而"言语者，思想之代表也，故新思想之输入，即新言语输入之意味也"。对于形成的"好奇者滥用之，泥古者唾弃之"两种趋向，王的意见是"两者皆非也"，"夫普通之文字中，固无事于新奇之语也，至于讲一学，治一艺，则非增新语不可。而

---

① 梁启超《新民说十·论进步》，《新民丛报》第10号，1902年6月20日，第4页。
② 《水苍雁红馆主人来简》（壬寅十一月），《新民丛报》第24号，1903年1月13日，第45—46页。
③ 《新释名叙》，《新民丛报》第3年第1号，1904年6月28日，第119—120页。

日本之学者,既先我而定之矣,则沿而用之,何不可之有"。总之,"处今日而讲学,已有不能不增新语之势,而人既造之,我沿用之,其势无便于此者矣"。① 高凤谦也取较为开通之立场,"今之所谓新名词,大抵出于翻译,或径用东邻之成语,其扞格不通者,诚不可胜数",尽管如此,却不能因噎废食,弃之不用,"后起之事物既为古之所无,势不能无以名之;此正新名词之所由起,固不必来自外国而始得谓之新也"。既如此,又何必"计较于区区之名词"。②

二 新型政治治理方式主导的"政治话语"

"新名词"成为现代汉语新词,乃自然的语言现象,问题之所以不单纯,是因为此涉及的并非只是与"科学""技术"等新知相关的"新语"。伴随近代意义上的"国家意识"的浮现,催生的与"政治"相关的新概念,也所在多有,紧扣晚清发生的从"天下"到"国家"的转型。毋庸讳言,列文森(Joseph R. Levenson)确立的近代中国思想史的研究基调,已受到越来越多的挑战,但"民族国家

---

① 王国维《论新学语之输入》,《教育世界》第96号,1905年4月,第1—5页。
② 高凤谦《论保存国粹》,《教育杂志》第1年第7期,1909年8月10日,第547—548页。

认同"等相关话题仍得到持续关注。① 摈弃"天下"观念，无论是对外，还是对内，都具有潜在意义。梁启超1902年论辩"新民为今日中国第一急务"，就强调其立论之根底有二："一曰关于内治者"，"一曰关于外交者"。② 对外来说，是基于"天下万国"承认对等的政治实体（主权国家）的存在，并接受近代世界的构成乃"以国家对国家"；对内来说，则确立了国家内部新的政治边界，如何组成国家，如何安排个人与国家、个人与社会等涉及政治生活的问题，也需要重新厘清。此所意味的是，突破原有形态的新的治理方式，催生了诸多与政治相关的新概念，是否接受，也往往出于政治的考量。

所谓"新知"，原本包含政治方面的内容，寄托了政治上的关怀。举例来说，叶德辉所批驳的，如刊于《知新报》的"热力""脑筋"之类，就将知识方面的"格物之公理"，上升到政治层面，指明"治天下者亦何独不然"：

> 权势者，人主之吸力也；恩泽富贵者，人主之热力也；望恩泽富贵者，臣民之热力也。人主以热力推之臣民，斯臣民以热力迎之人主，两力相并而吸力大

---

① 约瑟夫·列文森《儒家中国及其现代命运：三部曲》，刘文楠译，香港中文大学出版社，2023年。相关问题的走向，论者做了相应的梳理，将支配这一见解的模式称为"从文化主义到民族主义的理论"（culturalism-to-nationalism thesis）。James Townsend, "Chinese Nationalism," Jonathan Unger ed., *Chinese Nationalism*, M.E. Sharpe, Armonk, 1996, pp. 1 – 30.
② 梁启超《新民说一》，《新民丛报》第1号，1902年2月8日，第1页。

生，于是而人主之权势尊，于是上下之爱力固。上无压力，下无拒力，上下并力而天下强。①

因此，晚清出现的新名词、新概念，不少与政治相关。近些年学者较为关注的，无论是"国族"还是"革命"，以及"权利""自由""封建"之类，都成为解析近代中国政治变迁的重要概念。可以说，伴随近代意义上的国家观念的成长，国家如何组织，社会扮演怎样的角色，都成为言说的中心，主要立足于个人—社会—国家思考其中包含的复杂问题。有的将国家之重心置于负责任之"国民"——"谋国者之所宜主张者，惟国民责任论而已矣"；有的则从分权角度思考问题，重视发挥与"官府"对立的"自治体"作为"公共之机关"的作用。② 这促成与"国家""社会"密切相关的新名词大量涌现，一些古老的语词也被赋予现代意义。前揭1903年出版的《新尔雅》，排列在最前面的释政、释法、释计、释教育、释群等类目，就不乏与政治相关的新名词，揭示出晚清政治、经济、社会等方面的变化。这些新概念与相关学科同步成长，同样构成学科术语。

相关政治性概念在晚清引发的问题，结合"自由""权利""国家""个人"等概念受到的关注，可大致了解其中

---

① 刘桢德《恭读上谕开经济特科书后》，《知新报》第45册，1898年3月3日，第2—5页。
② 杨度《〈中国新报〉叙》，《中国新报》第1年第1号，1907年1月2日，第1—2页；攻法子《敬告我乡人》，《浙江潮》第2期，1903年3月18日，第1—12页。

之要害。以"自由"来说，针对西语"liberty"的研究，颇为重视其政治意味，甚至认为，Liberal这个词望文生义，一眼就能看出含有政治意涵。① 在14世纪，Libertas和Libertà的概念，"被当作佛罗伦萨政治和外交中的术语"加以使用，"几乎千篇一律地被用来表达与'独立'和'自治'同样的概念"。② 这里无意将晚清流行的"自由"概念，视作西语的翻译，中文原本有"自由"一词。值得关注的是，"自由"在晚清构成思考国家与个人的政治性"话语"，成为"民权"意识提升的写照。

对此的审视，以往较为重视1864年出版的《万国公法》一书，丁韪良所译此书，已出现"民主""权利""自主"等重要观念。③ 如结合各种英华词典来看，针对Liberty（有时也针对freedom或independence）的译介，显示这一过程当更早一些。马礼逊《英华字典》(1822)将此诠释为"自主之理"④；卫三畏（Samuel Wells Williams）《英华韵府历阶》(1840)译为"自主""不能任意"⑤；麦都思（Walter H. Medhurst）《英华字典》(1847—1848)译为"自主""自主之理""任意擅专""自由得意""由得

---

① 雷蒙·威廉斯（Raymond Williams）《关键词：文化与社会的词汇》，刘建基译，生活·读书·新知三联书店，2005年，第261—264页。
② 昆廷·斯金纳《近代政治思想的基础》上卷，第21—27页。
③ 马西尼《现代汉语词汇的形成——十九世纪汉语外来词研究》，第52—54页。
④ Robert Morrison, *A Dictionary of the Chinese Language, Part 3, English and Chinese*, Macau: The East India Company's Press, 1922, p.254.
⑤ Samuel Wells Williams,《英华韵府历阶》(*An English and Chinese Vocabulary, in the Court Dialect*)，香山书院，1844年，p.165.

自己""自主之事"①;罗存德(Wilhelm Lobscheid)《英华字典》(1866—1869)则译为"自主""自由""治己之权""自操之权""自主之理"。② 可以说,约在1860年代,字典中已初步确立以"自由"对译西文之Liberty。字典之外,研究者还揭示出各种书刊对"自由"的介绍,最早出现于1880年代。1885年《字林西报》(*North-China Daily News*)文章中夹有中文"自由党"译名。1887年《申报》刊登的《论西国自由之理相爱之情》还尝试对自由进行界定。此外,1885年傅兰雅与应祖锡翻译的《佐治刍言》,1890年何启、胡礼垣撰写的《新政真诠》,都介绍了自由思想,主要以"自主"或"自主之权"来表达。③ 不过,用到"自由"一词,未必是相关意思的表达,上述《申报》文章所言"自由",就更近于"民主"。

针对"liberty"或"freedom"的翻译,核心意思是"自主"与"自由",对此的释义,是和某种"权"结合在一起的。马礼逊字典所附例句"行宽政乃以民安",即把此语所涉及的要害点出,与"政"与"民"攸关;罗存德字典附加"法中任行""国治己之权"等解释,更道出此与"治""权"的关联。"自由"在晚清受到重视,也缘于其牵

---

① Walter Henry Medhurst, *English and Chinese Dictionary*, Shanghai: Printed at the Mission Press, 1848, Vol Ⅱ, p.788.
② Wilhelm Lobscheid, *English and Chinese Dictionary with the Punti and Mandarin Pronunciation*, Hong Kong: The Daily press office, 1869, Part Ⅳ, p.1107.
③ 熊月之《中国近代民主思想史》,上海社会科学院出版社,2002年,第268页。

涉政治治理以及如何分权的问题，中西政事之差异不免触发这样的思考。

探讨中文世界对"自由"的阐述，严复是不可或缺的人物，其率先阐明，"自由"构成中西文化的基本差异，推求其故，"盖彼以自由为体，以民主为用"。① 有意思的是，严复对自由的阐述，以《群己权界论》的翻译为标志，明显可区分为两个阶段。最初对"自由"的价值高度礼赞，后期却纠缠于这一术语可能的负面意义。

1895年严复发表的《世变之亟》直言，"自由"是中国历代圣贤所"深畏"的，且从未以此为教。② 严显然清楚"自由"一词包含政治含义，针对"自由"的阐述，就偏向于"民权"的价值，试图区分"自由"与"自主"，强调"身贵自由，国贵自主"。③ 翻译《原富》所加按语还表示："吾未见其民之不自由者，其国可以自由也；其民之无权者，其国之可以有权也。""故民权者，不可毁者也。必欲毁之，其权将横用而为祸愈烈者也。毁民权者，天下之至愚也，不知量而最足闵叹者也。"④ 1902年发表的《主客平议》，严复对"自由""平等"与"民主"三者的关系也有这样的分析：

---

① 严复《原强》，《直报》1895年3月4—9日，此据王栻主编《严复集》第1册，第5—15页。约1902年严复致函熊季廉还述及，"笃旧诸公近亦稍知西学尤在小论自由，无不不主民权。"严复《与熊季廉书》（五），孙应祥、皮后锋编《〈严复集〉补编》，第232页。
② 严复《论世变之亟》，《直报》1895年2月4—5日，此据王栻主编《严复集》第1册，第1—5页。
③ 严复《原强修订稿》，王栻主编《严复集》第1册，第17页。
④ 亚当·斯密《原富》下册，第753—754页。

> 自由者,各尽其天赋之能事,而自承之功过者也。虽然彼设等差而以隶相尊者,其自由必不全。故言自由,则不可以不明平等,平等而后有自主之权;合自主之权,于以治一群之事者,谓之民主。①

然而,在将穆勒《自由论》译成中文时,严复却表达了对"自由"别样的看法。此前对"自由"的顾虑不仅没有打消,还费尽心机试图用"自繇"替代"自由":

> 由、繇二字,古相通假,今此译遇自繇字,皆作自繇。不作自由者,非以为古也。视其字依西文规例,本一玄名,非虚乃实,写作自繇,欲略示区别而已。②

严复以新词"自繇"区分中文里早已有的"自由",恰如贡斯当(Benjamin Constant)、柏林(Isaiah Berlin)论辩古代人的自由与现代人的自由不是一回事。③但严复的困惑不只是来自认知,还要关切其翻译是否"过触时讳"。在与门生熊季廉的通信中他就反复说明:"文字一道,言为心声,不可不加之意也",要避免"过为激发之音",以使

---

① 严复《主客平议》,王栻主编《严复集》第1册,第118页。
② 严复《译凡例》,约翰·穆勒《群己权界论》,第viii—ix页。
③ 邦雅曼·贡斯当《古代人的自由与现代人的自由》,阎克文、刘满贵译,商务印书馆,1999年,第23—48页;以赛·柏林《自由四论》,陈晓林译,联经出版公司,1986年,第238页。

"闻者生倦"。① 对于《群己权界论》一书,严也说明原书取名《自繇释义》。② 随后又透露,曾写出《群己权界论》长序一篇,然"身居京师,不欲过触时讳,故特删却"。③

同样的困惑也印证于梁启超身上。流亡日本后,梁发表于《清议报》和《新民丛报》的文章就充斥着"自由"与"权利"这些概念,在给康有为信中对"自由"还竭力辩护。因为康对"自由"之义"深恶而痛绝之",梁就坚称,"于天地之公理与中国之时势,皆非发明此义不为功"。不过,他也承认翻译或不无可议之处:

> "自由"二字,字面上似稍有语病,弟子欲易之以"自主",然自主又有自主之义,又欲易之以"自治"二字,似颇善矣。自治含有二义:一者不受治于他人之义,二者真能治自己之义。④

看起来是对"自由"翻译的争辩,实质透露出更多信息。应该如何阐释"自由"以减少歧义;如何处理好与

---

① 严复《与熊季廉书》(一),孙应祥、皮后锋编《〈严复集〉补编》,第229页。
② 严复《与熊季廉书》(十六),孙应祥、皮后锋编《〈严复集〉补编》,第242页。
③ 严复《与熊季廉书》(十九),孙应祥、皮后锋编《〈严复集〉补编》,第246页。对此,论者也阐明,严复之译文与原文的差距,除文化隔阂所造成的误解之外,还体现在"针对当时的政治状况,而对一些可能是过度敏感或者会刺激当权者的字眼加以调整"。黄克武《自由的所以然:严复对约翰弥尔自由主义思想的认识与批判》,上海书店出版社,2000年,第182页。
④ 梁启超《致南海夫子大人书》,1900年4月29日,丁文江、赵丰田编《梁启超年谱长编》,上海人民出版社,1983年,第234—238页。

"服从"的关系不至影响"合群";尤其是"自由"之义当配合怎样的制度安排,都一一呈现出来。晚清士人对"自由"的阐述,主要关注"个人"权利问题,还将此与"民主"等同起来。王尔敏就指出,晚清民主思想之转变,约以戊戌、庚子为界标,此前主要限于概念之介绍,以后则转变为政治运动,"甲辰以后,则因日俄战争,使民主宪政的鼓吹提倡,变为普遍的政治要求,立宪之论,盈于朝野"。① 因此,对"自由"的解读之所以引起诸多困惑,在于其触动了较为敏感的问题。

"人人不失自主之权,可扫除三纲畸轻畸重之弊。"谭嗣同《仁学》即将自由引向对三纲五伦的议论,还结合"自由"之义,对《庄子》阐述的"闻在宥天下,不闻治天下"做了发挥:"'在宥',盖'自由'之转音。旨哉言乎!人人能自由,是必为无国之民。无国则畛域化,战争息,猜忌绝,权谋弃,彼我亡,平等出;且虽有天下,若无天下矣。君主废,则贵贱平;公理明,则贫富均。"② 谭将对"自主之权"的彰显与冲决网罗联系起来,发挥的正是严复担忧的"自由"常包含的"放诞、恣睢、无忌惮"等"恶意"。

针对"个人"外在的压制立说,也成为时人阐释"自由"的重心。1901年《国民报》登载的文字,将"自由"与"不受压制"联系在一起,指明压制之道不外二端:"君

---

① 王尔敏《晚清士大夫对于近代民主政治的认识》,《晚清政治思想史论》,台北,商务印书馆,1995年,第270—271页。
② 谭嗣同《仁学》,蔡尚思、方行编《谭嗣同全集》下册,中华书局,1981年,第349—335、367页。

权之压制"与"外权之压制","脱君权之压制而一旦自由者,法国是也;脱外权之压制而一旦自由者,美国是也"。① 同年《开智录》也发文称,"今日之世界,是帝国主义最盛,而自由败灭之时代也","欲破其势,挫其锐,摧其锋,屈其气,败其威,非高摇自由自主之旗,大鼓国民独立不羁之气,必不能"。② 一篇文字甚至这样推崇俄罗斯虚无党:"虚无党何? 自由之神也,革命之急先锋也,专制政体之敌也。"③ 而对卢梭(Jean-Jacques Rousseau)的"革命化"理解,更凸显各种政治概念在社会动员中的作用。蒋智由《卢骚》一诗,借机表彰了"民约""平等""自由""革命"等话语:"世人皆欲杀,法国一卢骚。民约倡新义,君威扫旧骄。力填平等路,血灌自由苗。文字收功日,全球革命时。"④ 这些充满政治意味的话语,正构成"革命"声浪不断涌现的写照。

严复与梁启超对此的反省,也指向"自由"的政治敏感性。梁启超努力辨析"有真自由,有伪自由;有全自由,有偏自由;有文明之自由,有野蛮之自由",一方面说明"数百年来世界之大事,何一非以自由二字为之原动力",另一方面又不忘忠告,所谓"自由","无一役非为团体公

---

① 《说国民》,《国民报》第 1 卷第 2 期,1901 年 6 月 10 日,第 3 页。
② 《论帝国主义之友达及二十世纪世界之前途》,张枏、王忍之编《辛亥革命前十年间时论选集》第 1 卷(上册),生活·读书·新知三联书店,1960 年,第 53—58 页。
③ 金一《〈自由血〉绪言》,《虚无党》(镜今书局,1904 年),此据葛懋春等编《无政府主义思想资料选》上册,北京大学出版社,1984 年,第 53—54 页。
④ 蒋智由《卢骚》,《新民丛报》第 3 号,1903 年 3 月 10 日,第 4 页。

益计,而决非一私人之放恣桀骜者所可托以藏身也",岂能不担心"自由"二字,"不徒为专制党之口实,而实为中国前途之公敌也!"① 这多少类似于"革命"话语在中国之流行,梁启超鼓动起革命话语,然兴起的"革命"浪潮,却已非他想象的革命。严复则将好言"自由"者,归于"不根"之"骄嚣之风":

> 今世学者,为西人之政论易,为西人之科学难。政论有骄嚣之风,(如自由、平等、民权、压力、革命皆是。)科学多朴茂之意,且其人既不通科学,则其政论必多不根,而于天演消息之微,不能喻也。此未必不为吾国前途之害。②

正是因为"自由"构成政治性"话语",成为国家与个人之间关键性概念,也难免引发种种分歧。从上述对"自由"的阐述中,尽管各人持论多有不同,但究其实质,无非是对国家与个人如何安排存在着不同的看法。"自由""自主之权"等既成为敏感的政治话题,引起捍卫旧有政治秩序的人士的排斥,也可以想见。

张之洞《劝学篇》,接连用了几个"误"字,直指"民权之说无一益而有百害":

---

① 梁启超《新民说七·论自由》,《新民丛报》第 7 号,1902 年 5 月 8 日,第 1—8 页。
② 严复《与〈外交报〉主人书》,王栻主编《严复集》第 3 册,第 564—565 页。

考外洋民权之说所由来，其意不过曰国有议院，民间可以发公论、达众情而已。但欲民伸其情，非欲民揽其权。译者变其文曰"民权"，误矣！

近日掇拾西说者，甚至谓"人人有自主之权"，益为怪妄。此语出于彼教之书，其意言上帝予人以性灵，人人各有智虑聪明，皆可有为耳。译者竟释为"人人有自主之权"，尤大误矣！

张之洞难于接受"民权"与"自主之权"，恪守的仍是舆情上达的信条，以"民权"不过是"欲民伸其情，非欲民揽其权"；甚至从翻译角度指出，"人人有自主之权"全然误解了此语的意思。依其所见，"泰西诸国，无论君主、民主、君民共主，国必有政，政必有法，官有官律，兵有兵律，工有工律，商有商律，律师习之，法官掌之，君民皆不得违其法。政府所令，议员得而驳之；议院所定，朝廷得而散之"。故此，"谓之人人无自主之权则可，安得曰'人人自主'哉？"秉持同样的理由，张还指出 liberty 一词，只是表示"事事公道，于众有益"，"译为'公论党'可也，译为'自由'非也"。①

"自主"之说昌，直接触动"君臣"之界，也促成叶德辉写下《正界篇》加以驳斥："梁启超之为教也，宣尼与基

---

① 张之洞《劝学篇·正权第六》，苑书义等主编《张之洞全集》第 12 册，第 9722—9723 页。

督同称，则东西教宗无界；中国与夷狄大同，则内外彼我无界；以孔子纪年黜大清之统，则古今无界；以自主立说平君民之权，则上下无界。"① 同样收入《翼教丛编》的王仁俊文，则这样解释说：

> 西人之言曰，彼国行民主法，则人人有自主之权。自主之权者，各尽其所当为之事，各守其所应有之义，一国之政，悉归上下议院，民情无不上达，民主退位与齐民无异，则君权不为过重。噫！此言其利也，然不敌其弊之多也。即如美之监国，由民自举，似乎公而无私，乃选举时，贿赂公行，更一监国，则更一番人物，凡所官者，皆其党羽，欲治得乎？

王还特别提醒，当今主张"习西法，羡民主，思以其术易天下"，然而，"彼不见拿破仑之身幽荒岛乎！不见法国各树党援互相仇杀乎！不见西班牙法律刑章不能画一乎！不见巴西改为民主，迫君退位，同于篡窃乎！"②

包括"民权""自由"等政治性概念在晚清遭到排斥，突出反映在推进新式教育制定的章程中。1904年颁布的《奏定学堂章程》，在"参考西国政治法律宜看全文"条下，阐述了理解"权利""自由"的正确方式，"民权自由四字，乃外国政治法律学术中半面之词，而非政治法律之

---

① 叶德辉《正界篇》，苏舆编《翼教丛编》卷三，第89页。
② 王仁俊《实学平议》，苏舆编《翼教丛编》卷三，第56—58页。

全体也","权利必本于义务,能尽应尽之义务者,即能享应得之权利。自由必本乎法律,能守分内之法律,即受分内之自由"。针对"学堂设政法一科,恐启自由民权之渐"的担忧,《章程》还强调:"此乃不睹西书之言,实为大谬。夫西国政法之书,固绝无破坏纲纪,教人犯上作乱之事。"话虽如此,却明确规定"私学堂禁专习政治法律",理由也是因为"民权""自由","近来年少躁狂之徒,凡有妄谈民权自由种种悖谬者,皆由并不知西学西政为何事,亦未并多见西书,耳食臆揣,腾为谬说,其病由不讲西国科学,而好谈西国政治法律起"。因此,"除京师大学堂、各省城官设之高等学堂外,余均宜注重普通、实业两途。其私设学堂,概不准讲习政治法律专科"。还要求学生应严守"不在其位,不谋其政"之古训,"不准妄干国政"。①

《奏定学堂章程》围绕政法一科做出这样的安排,表明当政者对于此类观念引入教育环节高度警觉。科举废除后成立的"学部",对教科书的审查,也颇为重视这方面的内容。1906年8月创办的《学部官报》,定位于"刊发公告以辅行政之机关",要求"发交各省提学使转发各学堂一律阅看",以使"在学之人有所遵循,不至自为风气"。②第3期起专设的"审定书目"栏,随时公布学部审定的结果,教科书书中涉及政治方面的"语汇",往往被归于"混乱人

---

① 《奏定学堂章程·学务纲要》,第18—23页。
② 《奏编录官报片》,《学部官报》第4期,1906年10月28日,第57页。

心，贻误来学"遭到批驳。《初等女子小学国文教科书》一书，被指"宗旨纰缪，颇染平权、自由邪说"，"应即严行查禁，以维学术而正人心"。① 《万国历史教授细目》一书，则被要求删改敏感性的语词："以固人民之自由及平等之权利"，注明"二句删"；与"革命"相关者，要么删除，要么改"大革命"为"大乱"，"革命党"为"新党"，"革命时代"改为"旧学改革时代"。如"法兰西革命"，就分别被要求改为"法兰西变乱""法兰西政体之改革"。②

因此，晚清频频出现的"新名词""新概念"，也呈现出政治的转型，政治、法律、社会等学科提供的资源，推动晚清士人重新思考个人—社会—国家等涉及基本政治生态的问题。由于这些新概念动摇了以往政治治理的方式，推动"革命"潮流蔓延开来，也引发对此的抗拒。1904年，创刊不久的《东方杂志》就刊文将"新党"与"新名词"联系在一起："自庚子以后，译事日兴，于是吾国青年，各拾数种之新名词，以为营私文奸之具，虑事不固，率意轻举，逞其一时之兴会，弃信用而不顾。"③ 1907年《申报》的一篇文章，则直指"中国民德之堕落，未有甚于今日者"，"自新名词输入中国，学者不明其界说，仅据其名词之外延，不复察其名词之内容，由是为恶为非者，均

---

① 《咨浙抚查禁何编女子小学国文教科书文》，《学部官报》第66期，1908年9月16日，第1页。
② 《万国历史教授细目》，《学部官报》第61期，1908年7月28日，第6—9页。
③ 《今日新党之利用新名词》，《东方杂志》第1卷第11号，1904年12月31日，第75—76页。

恃新名词为护身之具，用以护过是非。而民德之坏，遂有不可胜穷者矣"。① 这还不算什么，1915 年出版的《盲人瞎马之新名词》，不只是将"新名词"与"新学"结合在一起，还将"新名词"视作梁启超等"新人物"，"共建之一大纪念物也"，甚至提升到这样的高度："新名词之为鬼为祟，害国殃民，以启亡国亡种之兆。"②

三 "文明"观念影响下的学科术语

除"知识""政治"因素之外，"文明"因素，同样构成催生新名词、新概念的语境。前述林乐知提出的"新名词不能不撰"，以及王国维所言"新思想之输入，即新言语输入"，皆指明中西沟通成为新名词涌现的关键。而且，西方所确立的以"文明""教化"认知历史的维度，援引到东方，还导致以新的话语重新认识中国历史与中国社会。因此，伴随以"文明"为中心的新名词泛滥开来，同样会激起轩然大波。这不仅是影响文风丕变之大事，也关乎重新审视各文明所处的位置。

"彼新进少年，学无根柢，辄诩诩然夸示于人曰，西法宜学，且不可不学，于是著书立说，动称起点于某处，或称设法保全黄种。"1898 年《申报》登载的一篇文字，明

---

① 汉《论新名词输入与民德堕落之关系》，《申报》1906 年 12 月 13 日，第 2 版。又见《东方杂志》第 3 卷第 12 号，1907 年 1 月 9 日，第 239—240 页。
② 彭文祖《盲人瞎马之新名词》，东京，秀光社，1915 年，第 4—5 页。

确表示对新名词之所以"甚以为不然者",一曰"君民平权",一曰"尽废旧学"。① 可见新名词之引起纷争,还纠缠着"政治"与"文化"因素。前述湖南方面对此的抗拒,便是基于"文化"的考量。《湘省学约》秉承"文所以载道",指出"近时风气大非,或剽窃子史,或阑入时事,甚且缀辑奇字怪语,不知音义,无可句读,文风几于扫地"。② 由于新名词多来自"和制汉语",更演化出抗拒"东瀛文体"的一幕。

戈公振大致勾画了其间所发生的转变,清季文字,受桐城派与八股文之影响,重法度而轻意义。自魏源、梁启超等出,绍介新知,滋为恣肆开阖之致,"留东学子所编书报,尤力求浅近,且喜用新名词,文体为之大变"。③ "东瀛文体"流行开来以后,严复也为之愤懑不已:"上海所卖新翻东文书,猥聚如粪壤。但立新名于报端,作数行告白,在可解不可解间,便得利市三倍。此支那学界近状也。"④ 然而,这一旦成为潮流,便难以阻挡,朱峙三1903年的日记就说明,包括《新民丛报》《中国魂》之类的文体,被士子视为科举利器,"今科各省中举卷,多仿此文体者"。⑤

"文明""教化"等新名词的出现,源自来华西人之援

---

① 《变法当先防流弊论》,《申报》1898年6月13日,第1版。
② 《湘省学约》,苏舆编《翼教丛编》卷五,第153页。
③ 戈公振《中国报学史》,生活·读书·新知三联书店,1955年,第131页。
④ 严复《与熊季廉书》(八),孙应祥、皮后锋编《〈严复集〉补编》,第237页。
⑤ 胡香生辑录、严昌洪编《朱峙三日记》(1893—1919),1903年1月8日,华中师范大学出版社,2011年,第103页。

西入中。最突出的是将人类历史纳入"普遍历史"(History Universal),① 不唯将历史演化定位于不同"阶段",乃至古、中、近三个时代,还强化了对历史的二元认识,"文明"与"教化"成为划分历史的准则。傅兰雅所译《佐治刍言》,对世间事物的描述,明显在古代与现代间区分出"黑暗"与"光明"来,肯定历史不断向前发展:"考各国史书,则知各国政事,已有蒸蒸日上之势,其间或行而辄止,或进而复退,不能直臻上理,然统核前后,总可谓愈进愈上矣。"② 前面提到的《泰西新史揽要》,则明确传递了"进化论"的思想。原书1889年出版于英国,正是进化论盛行的年代,李提摩太在该书译序中,援引此书传递的看法,以"古世""近代"为尺度,道出中国处于落后位置。③《全地五大洲女俗通考》还言明"世运盛衰之说,不足凭也","自古以来,论国则有盛有衰,论教化则有进无退"。④

以"文明"为核心重新认识历史,也是日本影响的结果。对明治时期的知识人来说,文明史观呈现的"文明(开化)/野蛮""进步/停滞"的二元认识,既是认识西洋

---

① 所谓"普遍历史",是将人类历史描绘为一个整体,理解为一致的发展过程。其概念的演变,可参见 Kelly Boyd edited, *Encyclopedia of Historians and Historical Writing*, London and Chicago: Fitzroy Dearborn Publishers, 1999, pp. 1244 - 1246; Harry Ritter edited, *Dictionary of Concepts in History*, New York and London: Greenwood Press, 1986, pp.440 - 445. 此对中国的影响,参见章清《"普遍历史"与中国历史之书写》,杨念群等编《新史学. 跨学科对话的图景》上册,中国人民大学出版社,2002年,第236—264页。
② 傅兰雅译、应祖锡述《佐治刍言》,上海,江南制造局,1885年,第42—43页。
③ 李提摩太《译本序》,李提摩太译、蔡尔康述《泰西新史揽要》,第1页。
④ 林乐知等编译《全地五大洲女俗通考》第6集下卷,第73页。

世界、确定日本以欧美为典范的"文明开化"的指针,也是重新认识中国的坐标轴,是"欧洲文明史教科书影响下重新书写中国历史的产物"。①冈本监辅的《万国史记》,在晚清颇具影响,该书就宣称:"文虽用汉字,其体反仿泰西史例。"还说明,西史分称三古——上古、中古、近古,可以"明古今明暗之别也";这样的"世运岁进",也是万国常态,"与地球始终者矣"。相较而言,"东洋国俗,是古非今,谈时事辄曰世运日降,论人道辄曰风俗不古,其不求进益,与西洋中古教法为弊时略相似宜矣"。这里亦是将欧洲历史视作人类历史的普遍模式,指出东洋之发展尚停留在西洋之中古时期。②

那珂通世的《支那通史》和桑原骘藏的《中等东洋史》,对于重新认识中国历史,在晚清也产生了广泛影响,尤其是前者,因用汉文写作,影响更为直接。《支那通史》以"文明"与"开化"为线索书写历史,促成历史书写成为认同这些价值的示范。该书《叙言》说明是书"叙历代治乱分合之概略,庶几初学之徒,或得由以察我邻邦开化之大势也",用到"文化"一词:"秦汉以下,二千余年,历朝政俗,殆皆一样,文化凝滞,不复进动,徒反复朝家之废兴而已。"卷一"总论"又涉及"文明":"国人自称曰中国,盖以为居天下之中也;又曰中华,或曰华夏,犹言

---

① 黄东兰《书写中国——明治时期日本支那史·东洋史教科书的中国叙述》,黄东兰主编《新史学》第4卷,中华书局,2010年,第130页。
② 《凡例》,冈本监辅著、中村正直阅《万国史记》,上海,申报馆,1879年,第1页;冈千仞《序》,第5页。

文明之邦也。此皆对夷狄之称，而非国名也。"① "开化""文化""文明"等新名词，都可归为"和制汉语"。②

晚清士人受此影响，也频频援据新名词重新认识中国历史。1903年《新世界学报》一篇讨论中国历史的文章，不仅说明"孔子者，吾中国之大政治大哲学家也"，还通过各种新名词阐述对周末历史的看法，"自由""神经""意识""主权""脑识""进步""学界""文明""发明"等语词，成为解读中国历史的"关键词"。③ 这一时期出版的历史教科书，也展现出类似的情形，广泛使用新名词。曾鲲化撰写的《中国历史》指明，此书致力于描绘"地理""教育""政治""军事""财政""学术""宗教""实业""风俗""外交""绘画肖像""谱牒系表""美术"等内容。④ 刘师培的《中国历史教科书》，说明该书着重的约有数端："一、历代政体之异同。二、种族分合之始末。三、制度改革之大纲。四、社会进化之阶级。五、学术进退之大势。"⑤ 章节目录中，也包括"政治""宗教""权利""义务""财政""工艺""美术"等新名词。夏曾佑的《中国历

---

① 那珂通世《支那通史》叙言，东京，中央堂，1890年，第6页；卷一，第1页。
② 关于"和制汉语"，参见沈国威『近代日中語彙交流史：新漢語の生成と受容』、東京、笠間書院、1994（2008年改訂新版）；陳力衛『和製漢語の形成と展開』、東京、汲古書院、2001。
③ 高步云《论周末诸大家学派与中国历史之关系》，《新世界学报》第10号（癸卯第1期），1903年2月12日，第33—34页。
④ 曾鲲化《中国历史》上，上海，东新译社，1903年，第3—4页。
⑤ 刘师培《中国历史教科书》，国学保存会，1904，收入《刘申叔遗书》下册，江苏古籍出版社，1997年，第2177页。

史教科书》，总结"古今世变之大概"，"文化""宗教""社会"之类的字眼也构成关键词。①

历史书写及历史教科书中呈现的情形，只是源自日本的新名词广泛渗透的一个缩影，意味着这些新名词成为史学的"学科术语"，其直接的后果便是对中国历史的"重塑"，由此也引发张之洞等人对"国文"地位的捍卫，抵制"东瀛文体"。

张之洞在教育环节颇为重视捍卫国文的地位，开办存古学堂时就表示："国文者，本国之文字、语言、历古相传之书籍也。即间有时势变迁不尽适用者，亦心存而传之，断不肯听而澌灭。"② 1898年张之洞与陈宝箴的《会奏妥议科举新章折》，又力主科举新章应将"报馆之琐语"，"严加屏黜，不准阑入"，"八股之格式虽变，而衡文之宗旨仍与'清真雅正'之圣训相符"。③ 在管学大臣张百熙制订各学堂章程之际，张之洞也阐明其主张："中国文章不可不讲。自高等小学至大学，皆宜专设一门。""中国之道具于经史，经史文辞古雅，浅学不解，自然不观。若不讲文章，经史不废而自废。"④ 尔后张之洞参与制订的《奏定学堂章程》，

---

① 夏曾佑《中国历史教科书》（最新中学教科书）第1册，上海，商务印书馆，1904年，第5页。
② 张之洞《创立存古学堂折》，苑书义等主编《张之洞全集》第3册，第1762—1766页。
③ 张之洞、陈宝箴《会奏妥议科举新章折》，汪叔子、张求会编《陈宝箴集》上册，中华书局，2005年，第763—770页；苑书义等主编《张之洞全集》第2册，第1304—1310页。
④ 张之洞《致京张冶秋尚书》，苑书义等主编《张之洞全集》第11册，第8743—8745页。

也传达了这样的意思："夫叙事述理,中国自有通用名词,何必拾人牙慧?"明确阐明:其一,"学堂不得废弃中国文辞,以便读古来经籍";其二,"戒袭用外国无谓名词,以存国文,端士风"。①

学部成立后对教科书的审定,政治因素之外,"日本名词""东文语气"也成为审查的重点。针对商务印书馆所出《学校管理法》指出:"书中沿日本名词,我国有不通行者,如出席、迟参之类。讹字尤多,重印时当校改。"② 由《学部官报》"审定书目"栏还可以了解到,因此一原因遭受"批驳"的所在多有。第 13 期审定的教材,两种都因为"日本因素"而遭批驳,或者指为"夹杂东文语气",或者以其"俱系日本人说法"。③ 第 17 期针对江楚编译官书局呈送的《日本历史》等书,又有这样的批复:"查《日本历史》,叙述尚少误谬,惟各学堂不能以日本史为独立科目,且该书纯沿日人语气,碍难审定。"④ 第 31 期学部又给出浙江巡抚咨送高等学堂讲义及乡土教科书的审查意见:

---

① 《奏定学堂章程·学务纲要》,第 12—15 页。《学务纲要》对于是否接纳新词,还涉及"雅驯"问题。对此,出任京师大学堂心理学教习的服部宇之吉就表示:"奏定学堂章程纲要有不许用新语之不雅驯一条,然学术欲随时而进步,学者随事而创作新语,亦势所不得免也。"服部宇之吉《凡例》,《心理学讲义》,东京,东亚书局,1905 年。
② 《学部第一次审定初等小学暂用书目》,北京,学部,1906 年,第 12 页。
③ 《北洋警察毕业生丁永铸呈三种请审定禀批》《江苏试用直隶州知州郑宪成呈译书二十二种请审定禀批》,《学部官报》第 13 期,1907 年 3 月 5 日,第 16、17 页。
④ 《咨覆江楚编译官书局呈书六种均毋庸审定文》,《学部官报》第 17 期,1907 年 4 月 13 日,第 18 页。

《教育原理心理学》浅显便于教授，惟征引间有未确，纂言间有鄙俚之处，且多沿日本人语气，似是抄译东籍而未及改正者。《西洋历史讲义》译辑东籍而成，其取材不外元良氏《万国史纲》与长泽氏《万国历史》，而空语太多，译名亦有前后违异处，自系随教未定之本。①

对新名词的警觉，不仅体现在教育环节，更是引起研究语言文字者的重视。此一时期留学日本的钱玄同，对此的看法就发生了转变。钱1905年底赴日留学，最初读到梁启超的《太平洋歌》，尽管"种种新名词填入其中"，仍赞誉有加："浑存自然，毫无堆砌之痕，真才子笔也。"② 随后读到曾鲲化的《中国历史》，钱对新名词就失去了好感，严斥其"喜用新名词，太远国风"。③ 钱玄同态度之转变，主要受章太炎影响，难以接受新名词之入"史"，"凡文字、言语、冠裳、衣服，皆一国之表旗，我国古来已尽臻美善，无以复加，今日只宜举行者"。④ 1910年3月，钱玄同协助章太炎等创办《教育今语杂志》，更是鲜明表达了这样的看

---

① 《咨覆浙抚所送高等学堂讲义改正后再呈审定，定海教科书无庸审定文》，《学部官报》第31期，1907年8月29日，第41页。
② 杨天石主编《钱玄同日记》（整理本）上，1906年2月20日，北京大学出版社，2014年，第22页。
③ 杨天石主编《钱玄同日记》（整理本）上，1906年5月4日，第41页。在其自编年谱中，对此还念念不忘："平心而论，历史教科佳者，首推夏氏，次则刘氏。若曾氏者，专务用新名词，并造图像，不率故事，实极可笑！"《钱德潜先生之年谱稿》（1887—1905），同上书，第5页。
④ 杨天石主编《钱玄同日记》（整理本）上，1909年9月30日，第180页。

法:"文字者,国民之表旗,此而废弃,是自亡其国也。"中国文字,"足以冠他国而无愧色"。①

章太炎捍卫中国语言文字方面的努力,在晚清无人能出其右。1906年章的一段演说,颇为学林看重,其中就指出语言文字、典章制度、人物事迹三端为中国特别的长处,尤其阐明:"文辞的本根,全在文字。唐代以前文人,都通小学,所以文章优美,能动感情。两宋以后,小学渐衰,一切名词术语都是乱搅乱用,也没有丝毫可以动人之处。"② 对于自己的文字,章太炎也颇为自负。曾有人评定近世文人,将其与谭嗣同、黄遵宪并列,他就大表不满。认为选文者所选不过是自己的"浅露"之作,其既未敢与谭嗣同、黄遵宪"二子比肩",也不欲与王闿运、康有为"二贤参俪"。③

对于近人文风之骤变,章太炎与钱玄同的通信中也多有批评:"文辞之坏,以林纾、梁启超为罪颟(严复、康有为尚无罪)。厌闻小学,则拼音简字诸家为祸始(王照、劳乃宣皆是)。"在章看来,"人学作文,上则高文典册,下则书札文牍而已",高文典册固非人人所有事,书札文牍则未有不用者,"然林纾小说之文,梁启超报章之格,但可用于小说报章,不能用之书札文牍,此人人所稔知也。今学子

---

① 《教育今语杂志章程》,《教育今语杂志》第1册,1910年3月10日,第2页。
② 章太炎《演说录》,《民报》第6号,1906年7月25日,第11页。
③ 章太炎《与邓实书》,《章太炎全集》(四),上海人民出版社,1985年,第169—170页。

习作文辞,岂专为作小说、撰报章,而舍书札文牍之恒用邪!"言下之意,"小说多于事外刻画,报章喜为意外盈辞,此最于文体有害"。① 在别的地方,章太炎还指明梁启超所谓"文界革命",实不过"参合倭人文体",造成严重的后果,"文不足以自华,乃以帖括之声音节凑,参合倭人文体,而以文界革命自豪。后生好之,竞相模仿,致使中夏文学扫地者,则夫己氏为之也"。②

从文化上检讨新名词,到民国时期仍在继续发酵。新文化运动以"文学革命"为先声,自会涉及对"新文体"与"新名词"的看法。梁启超被表彰为"创造新文学"之先驱,钱玄同一改此前对新名词的质疑,肯定梁"实为创造新文学之一人","输入日本新体文学,以新名词及俗语入文,视戏曲小说与论记之文平等……此皆其识力过人处。鄙意论现代文学之革新,必数梁君"。③ 胡适也赞赏梁启超不避排偶,不避长比,不避佛书的名词,不避诗词的典故,不避日本输入的新名词,也因此,"他的文章最不合'古文义法',但他的应用的魔力也最大"。④ 然而,新派阵营中并非全是叫好之声,刘半农针对钱玄同的意见就表达了不同看法:

① 章太炎《与钱玄同》(二十六),1910年10月20日,马勇整理《章太炎全集·书信集上》,上海人民出版社,2017年,第186—187页。
② 章太炎《诛政党》,汤志钧编《章太炎年谱长编》上册,中华书局,1979年,第354页。
③ 钱玄同《致陈独秀》,1917年2月25日,《新青年》第3卷第1号,1917年3月1日,第6页。
④ 胡适《五十年来中国之文学》,季羡林主编《胡适全集》第2卷,安徽教育出版社,2003年,第286页。

世界事物日繁，旧有之字与名词既不敷用，则自造新名词及输入外国名词，诚属势不可免。然新名词未必尽通（如"手续""场合"之类），亦未必吾国竟无适当代用之字（如"目的""职工"之类）。若在文字范围中，取其行文便利，而又为人人所习见，固不妨酌量采用。若在文学范围，则用笔以漂亮雅洁为主，杂入累赘费解之新名词，其讨厌必与滥用古典相同。①

新派之间已有分歧，旧派中人对此的看法，则可想而知。1914年《南社》第八集刊登的胡蕴玉所撰《中国文学史序》，论及清季第四期文学就有这样的评价："作者咸师龚魏，放言倡论，冒为经世之谈；袭貌遗神，流为偏僻之论。文学之衰，至于极地。日本文法，因以输入；始也译书撰报，以存其真；继也厌故喜新，竟摹其体。甚至公牍文报，亦效东籍之冗芜；遂至小子后生，莫识先贤之文派。"②

尤可注意康有为、林纾等人对此的批评。康1910年就提醒梁启超，"摭拾东文入文"，其罪莫大焉，将来必成攻讦之箭垛，"何不即作一文自忏而攻用东文者"。③民国成立后不久，康有为又撰文抨击新名词。令其愤懑的是，媚俗于欧

---

① 刘半农《我之文学改良观》，《新青年》第3卷第3号，1917年5月1日，第4—5页。
② 胡蕴玉《中国文学史序》，《南社》第8集，1914年3月，第14—18页。
③ 康有为《与梁启超书》，1910年8月5日，姜义华、张荣华编校《康有为全集》第9集，第151页。

美之外，甚至在"文字名词"方面，"且媚及日本矣"，"吾中国若自立不亡，则十年后必耻用日文矣；若犹用之而不耻，则十年后中国亦必亡矣"。① 康有为坚持这样的立场："吾国以一字为音，故有律有节，万国所无"，千万不可弃之，尤其不可争用"蟹行书"外，还广采日本文法名词。②

作为古文名家的林纾，则为反对新名词者借重。1909年国学扶轮社有编印《林严文钞》之举，表彰林纾、严复是面对新名词泛滥"起而正之"的典范，可"断推两先生无疑同人"。③ 从林纾那段时间的文字来看，确也对此有所检讨，直指"自东瀛流播之新名词，一涉文中，不特糅杂，直成妖异，凡治古文，切不可犯"。④ 在《古文辞类纂选本》中，他也鲜明表达了"文运之盛衰，关国运也"的看法，指出当下文运之衰，最突出的是英俊之士，"为报馆文字所误，而时时复搀入东人之新名词"。林纾倒也不是完全摒弃新名词，依其所见，"新名词何尝无出处？"如"请愿"二字出《汉书》，"顽固"二字出《南史》，"进步"二字出《陆象山文集》，等等。这些是其可以接受的，反对的是那些"刺目之字"，"一见之字里行间，便觉不韵"。⑤

---

① 康有为《中国颠危误在全法欧美而尽弃国粹说》（续），《不忍》第7册，1913年8月，第33、35页。
② 康有为《共和平议》第二卷，《不忍》第9、10册合刊，1917年12月，第49页。
③ 皡皡子《林严合钞序》，《林严文钞》，上海，国学扶轮社，1909年，第1页。
④ 刘大櫆、吴德旋、林纾《论文偶记 初月楼古文绪论 春觉斋论文》，人民出版社，1959年，第112页。原书1916年由北京都门印书局出版。
⑤ 林纾《序》，林纾评选《古文辞类纂选本》卷一，上海，商务印书馆，1921年，第1页。

围绕新名词的争辩由晚清一直延续到民国时期,这两个时段都处于激烈变动时期,大量涌现的新名词,也奠定了历史的底色。对于新文化运动的表现,胡适就有这样的批评:"现在所谓新文化运动,实在说得痛快一点,就是新名词运动。拿着几个半生不熟的名词,什么解放、改造、牺牲、奋斗、自由恋爱、共产主义、无政府主义……你递给我,我递给他。""这种事业,外面干的仍很多,尽可让他们干去,我自己是诅咒不干的,我也不希望我们北大同学加入。"①《东方杂志》检讨新文化的前途,也表达了对此的担忧:"所谓新文化,非仅撷拾一二新名,即已蒇事,其要尤在于探新文化之精蕴,以应用之于吾人之实际生活,而欲探新文化之精蕴,非有极深研几之精神,决难收最后之效果。"② 杨荫杭为此也讥讽道:"今世风俗,最重新名辞,识时务者,类能运用一二","由此观之,中华民国虽不能革其旧染之污而自新,然其所用名辞,固未尝不日日新,又日新也"。③

四 回归"知识"后的持续论辩

新名词、新概念的成长,是一个持续的过程,清季对

---

① 陈政记《胡适之先生演说词》,《北京大学日刊》第 696 号,1920 年 9 月 18 日,第 3 版。
② 慧心《新文化前途之消极的乐观》,《东方杂志》第 18 卷第 12 号,1921 年 6 月 25 日,第 3 页。
③ 杨荫杭《新名辞》,《申报》1922 年 6 月 26 日,第 20 页。

此的反省，较为集中于政治、文化的层面。进入民国以后，学科知识在制度层面的落实有显著改变，尤其是大学与研究机构的成长，使各分科知识有更为清晰的呈现。这也引发对学科术语进一步的检讨，超越"政治"与"文化"的因素，基于"知识"的立场又有所回归，那些似乎早已完成定名的学科术语，仍有不少分歧。沈曾植收到廖平1913年出版的《孔经哲学发微》，就表示："公之自得伟矣，而哲学字犹袭用东瀛名词，何也？"① 这其实是王国维早已发现的问题——"海内之士颇有以哲学为诟病者"，为此也强调："甚矣，名之不可以不正也！"② 此亦表明为哲学正名的工作并不那么容易，一直存在质疑之声。推而论之，以外来新词描绘中国社会与中国历史，是否恰当，引发越来越多的读书人关注。

变革的是贯穿清季民国的主题，影响所及，新名词与新概念可谓层出不穷。民国肇建，马相伯等人发起仿效法兰西学院（French Academy）在中国设立最高学术机构——函夏考文苑，"厘正新词"也成为规划的一项工作："新词有关于哲学、数理、政治、理化、星躔、地堨、矿石、动植、重力、机械等，有旧有者，旧译者"，有必要"校订旧译，二编纂新译"。③ 1915年创刊的《科学》杂志

---

① 沈曾植《与廖平》，许全胜整理《沈曾植书信集》，中华书局，2021年，第166页。
② 王国维《哲学辨惑》，《教育世界》第55号，1903年7月，第1页。
③ 马相伯《函夏考文苑议》，朱维铮主编《马相伯集》，复旦大学出版社，1993年，第127页。

也言及:"译述之事,定名为难。而在科学,新名尤多。名词不定,则科学无所依倚而立"。① 中国科学社为此计划设立"书籍译书部",对科学名词严加审定,以解决"杂乱无定"的问题,"使夫学术有统系,名词能划一"。② 1931年国联教育考察团到中国考察教育,也提出"科学上之专门名词,应予确认","以中文确定科学上之专门名词,实为教育部应当提倡之一种最迫切之工作"。③

学界热衷编纂各种辞书、词典,也表明很多问题延续到民国仍引起关注。1918年出版的《新名词训纂》,分为"政""学""语""物"四卷,致力于寻找从日本传入的新名词之"原出载籍者",即列出古籍书证,以证明"和制汉语"渊源有自。④ 王云五1943年所编词典,同样在"追溯新名词之来源","各举其所见之古籍篇名与辞句,并作简单释义"。指明"近来国内流行的许多新名词,国人以为传自日本者,其实多已见诸我国的古籍";被视作"初期传教士与译书者所创用",或"著作家或政治家之杜撰"的名词,追溯来源,"见于古籍者不在少数"。不过,王亦承认,这些新名词,"其意义有与古籍相若者,有因转变而大相悬

---

① 《例言》,《科学》第1卷第1期,1915年1月24日,第2页。
② 《中国科学社纪事》,《科学》第2卷第5期,1916年5月25日,第590页。后来任鸿隽总结科学社的工作也指出:"名词审定,原为本社事业之一。自民国八年以来,本社参与科学名词审查会事,则各科学名词,多出本社社员之手矣。"任鸿隽《中国科学社之过去及将来》,《科学》第8卷第1期,1923年1月20日,第7—8页。
③ 国联教育考察团《中国教育之改进》,国立编译馆译,全国经济等备委员会,1932年,第221页。
④ 周起予《新名词训纂》,上海,扫叶山房,1918年。

殊者；且古今应用不同，名同而实异者，亦比比皆是"。①

此类出版物的流行，更昭示这仍然是一个稗贩学术的时期。1923年出版的《新文化辞书》，说明该书因应这样一个"分科的时代"，有关政治、宗教、经济、法律、社会、哲学、文艺、美术、心理、伦理、教育以及自然科学方面的知识，"兼收并采，分条叙述"。② 1929年出版的《新术语辞典》，也旨在"选择在一般的读者所最常见的属于经济学、政治学、法学、社会学、社会心理、社会问题、社会思想、社会运动、哲学、文学、欧洲外交史、中国外交史等的'新术语'以及我国自己所有的流行的新术语"。③

各分科所出辞书、辞典，也在做"学科术语"的清理工作。哲学方面，蔡元培为樊炳清所编《哲学辞典》撰写的《序》道出："吾国年来研究中西哲学之风大盛，惟西洋哲学上名辞之歧义，已令人望而生畏；而国人译之，又不一其辞，所以从事哲学者往往入手即遇困难，因而挫其研究之锐气。"肯定此书"网罗西洋哲学名辞甚伙，每辞下附英德法三国文字，译名多取通行者"，"虽未敢慰悉臻妥洽，

---

① 王云五《自序》，《王云五新词典》，商务印书馆，1943年，第1—3页。
② 唐敬杲《新文化辞书叙言》，《新文化辞书》，上海，商务印书馆，1923年，第1—2页。
③ 吴念慈、柯伯年、王慎名编《新术语辞典》，上海，新文艺书店，1929年，"编辑凡例"，第1页。直接以"新名词"之名出版的辞典也有多部。如洪超超《新名词辞典》，上海，开华书记，1932年；邢墨卿编《新名词辞典》，上海，新生命书局，1934年；胡济涛、陶萍天《新名词辞典》，上海，春明书局，1949年。

然读其注释，可知原文之意义；其有西文一名而中文异译者，释文中亦备列之。其为用书者计，可谓周至"。① 教育方面，唐钺、朱经农、高觉敷合编《教育大辞书》，也试图"整理教育上所用各种术语，使有统一之解释，及正确之意义"。② 法律、政治、经济方面，稍后出版的《法律政治经济大辞典》，则传递了这样的看法：伴随社会事业，分工愈详，学术方面也"科分类别，日益浩繁"，造成"往日简少之语词，已不敷应用，各学科中尤其是法律、政治、经济三科之新名词，风起云涌，与日俱增"，故此，编纂"综括各学科名词，加以详释之辞典"，也为必须。居正为之《序》，肯定该书"条举目张，搜罗宏富，虽名之《法律政治经济大辞典》，实则包括社会科学之全部；而每一名词，均以客观之精神，作科学之解释，各还之以本来面目，此诚为现代学术界必不可少之载籍"。③

这些学科术语，该如何翻译，如何使用，此一时期也有诸多争论。前已言及章士钊1910年针对"义译、音译之得失"阐述的看法。这是引发了近十年持续争论的话题，论者结合"逻辑"一词的接受指出："毫无疑问，语义翻译仍然是现代汉语借用外来词的主要形式。尽管如此，在民国第一个十年期间，'逻辑'一词的逐渐传播，证实了至少

---

① 蔡元培《序一》，樊炳清编《哲学辞典》，上海，商务印书馆，1926年，第1—2页。
② 《凡例》，唐钺、朱经农、高觉敷主编《教育大辞书》，上海，商务印书馆，1930年，第1页。
③ 居正《序》，余正东主编《法律政治经济大辞典》，上海，长城书局，1932年，第1—2页。

在这个特例上章士钊是成功的,即他将'逻辑'的语音翻译,发展成为与其时流行的语义翻译相对的、富有魅力的新选项;要知道,当时其他学科中的汉译名称,大都是借用自日本或自日本再输入的。"① 这绝非特例,1923年钱玄同仍有改"义译"为"音译"的主张:"照原字的意义译成中国字,译得不确当固然不对,即使译得极确当,也还是不对,因为无论如何总是隔膜了一层。"为此,钱不仅更接受"不能算做翻译"的"音译",还以此阐述其所持"用罗马字母作国语字母"的主张:

> 中国人要希望与世界文化融合而不再受隔膜的苦痛,除了用罗马字母作国语字母,实在没有更适宜的办法。国语用了罗马字母拼音,则西洋字的输入,真如"水之就下",顺便无比:"论理学"自然写 Logic……"伦理学"也自然写 Ethics。②

如果说对"音译"的坚守缘于"义译"难以准确传递西语的含义,接下来围绕诸多新概念的论辩,更说明对此的反省又回归到"知识"本身。

梁启超1923年出版的《先秦政治思想史》,并不讳言,

---

① 顾有信《逻辑学:一个西方概念在中国的本土化》,郎宓榭、阿梅龙、顾有信编《新词语新概念:西学译介与晚清汉语词汇之变迁》,赵兴胜等译,济南,山东画报出版社,2012年,第176页。
② 钱玄同《林玉堂〈国语罗马字拼音与科学方法〉附记》,《晨报副刊》1923年9月12日,第3—4版。

"吾侪所恃之利器,实'洋货'也","每喜以欧美现代名物训释古书,甚或以欧美现代思想衡量古人"。① 1928年傅斯年致函顾颉刚,更提出用新名词指称"旧事物"是否合适的问题:"大凡用新名词称旧物事,物质的东西是可以的,因为相同;人文上的物事是每每不可以的,因为多是似同而异。"信中亦提及:"'史'之成一观念,是很后来的。章实斋说六经皆史,实在是把后来的名词、后来的观念,加到古人的物事上而齐之,等于说'六经皆理学'一样的不通。"进而还说明:"我不赞成适之先生把记载老子、孔子、墨子等等之书呼作哲学史,中国本没有所谓哲学。""思想一个名词也以少用为是。盖汉朝人的东西多半可说思想了,而晚周的东西总应该说是方术。"② 此前在给胡适的信中,傅斯年也坚称古代中国严格说来"没有哲学"而只有"方术",他也舍弃"哲学"一词不用,只用"方术","用这个名词,因为这个名词是当时有的,不是洋货",乃"他们自己称自己的名词"。③

20世纪二三十年代围绕中国社会性质发生的论辩,更透露出对中国历史与社会的认知,由于对相关概念认知上的歧义,各方存在严重分歧。胡适提出了这样的看法:今日中国之危机,正体现在"只是抓住几个抽象名词在那里

---

① 梁启超《先秦政治思想史》,上海,商务印书馆,1923年,第22页。
② 傅斯年《与顾颉刚论古史书》,《国立第一中山大学语言历史学研究所周刊》第2集第13期,1928年1月23日,第318、320页。
③ 傅斯年《致胡适》,1926年8月17、18日,王汎森等主编《傅斯年遗札》第1卷,"中研院"历史语言研究所,2011年,第45页。

变戏法"。言下之意,"资本主义""资产阶级""封建势力""帝国主义"即属"抽象名词",用以指称"中国"未必合适。① 殊不知,这些字眼世人早已耳熟能详,并广泛用于对中国历史与中国社会的分析,胡适的看法也不免遭受驳难。梁漱溟明确提出:"中国社会是什么社会?封建制度或封建势力还存不存在?这已成了今日最热闹的聚讼的问题……先生是喜欢作历史研究的人,对于这问题当有所指示,我们非请教不可。"② 梁所质疑的,道出问题的关键:对中国历史与中国社会的把握早已异于过往,难以摆脱上述"新名词""新概念"。

胡适的言论在当时的政治氛围下显得有些"曲高和寡",但就史家对此的讨论来看,不少都有类似的困惑。在《闲谈历史教科书》中,傅斯年就努力说明"历史教科书和各种自然科学教科书之不同处",自然科学"可以拿大原则概括无限的引申事实",然而,"在历史几不适用","以简单公式概括古今史实,那么是史论不是史学","历史上件件事都是单体的,本无所谓则与例"。③ 邓之诚著《中华二千年史》,也有此感想:"尝见今人所谓历史教科书,每以

---

① 胡适《我们走那条路?》,《新月》第2卷第10期,1929年12月10日,第4页。稍后,胡适还写了一封措辞颇为严厉的信给《教育杂志》的编辑,进一步阐明:"这个问题并不是很简单的。一班浑人专爱用几个名词来变把戏,来欺骗世人,这不是小事,故我忍不住要指出他们的荒谬。"此亦表明,胡适撰写此文是有感于当时普遍存在的风气。胡适《日记》,1930年7月29日,季羡林主编《胡适全集》第31卷,第685页。
② 梁漱溟《敬以请教胡适之先生》,《新月》第3卷第1号,1930年3月10日,第10页。
③ 傅斯年《闲谈历史教科书》,《教与学》第1卷第4期,1935年10月1日,第99—112页。

今时之文字叙述古事,甚或以白话文行之……以今时之文,纪古时之事,其不中程,亦犹之乎以古时之文,纪今时之事也。"在其看来,"史贵求真,苟文字改易,将必去真愈远",故此,"求真之义不磨,则原文似不当改"。① 钱穆的《国史大纲》,对有志功业、急于革新之士提倡的"革新派"史学,也多有批评:"近人率好言中国为'封建社会',不知其意何居?"他也将此归于"懒于寻国史之真,勇于据他人之说"。② 在别的地方,钱还叹息于"帝王专制与封建社会之两语,乃成为中国史之主要纲领",道出此乃以西洋史为垂范治中国史之结果。③

尤其值得重视的是,由于新名词、新概念之浮现,乃中外会通的产物,是在"进化"的基调上接纳新词,因此,其所涉及的要害也超越语言本身。以新名词之入史来看,是将中西历史纳入到相同的时间序列中,其意义也不限于史学,实际是认同西方社会的演进代表着人类普遍的发展模式。对此的反省,也时有流露,尽管较为微弱。

严复与章太炎围绕《社会通诠》的歧义,与此就有密切关联。严复接受甄克思(Edward Jenks)提出的"始于图腾,继以宗法,而成于国家"的社会发展模式,推断中

---

① 邓之诚《叙录》,《中华二千年史》上册,上海,商务印书馆,1935年,第7—8页。
② 钱穆《引论》,《国史大纲》,上海,商务印书馆,1940年,第3—4页。
③ 钱穆《序》,《现代中国学术论衡》,生活·读书·新知三联书店,2001年,第5页。

国社会也是由宗法而渐入军国,"综而核之,宗法居其七,而军国居其三"。① 章太炎却指明,"甄氏之意,在援据历史,得其指归",然"所征乃止赤黑野人之近事与欧美亚西古今之成迹","不足以悬断齐州之事"。② 章太炎直指皮傅甄氏之说的严复并不了解中国,是对"普遍历史"之抗拒,据此也批评过其他人。1906年的演说中,他就针对斯时流行的"欧化主义"表达了不安,对主张"西学源出中国说"的王仁俊,以及以"三世"仰攀"进化论"的康有为,大加讥讽。③ 稍后,他还直指康,"好举异域成事,转以比拟,情异即以为诬,情同即以为是",将中西纳入所谓"类例","何其迂阔而远于物情耶?"④

类似于章太炎这样的反思,在五四时期也曾演出相似的一幕。在"尊西"与"趋新"成为主导价值的五四,梁漱溟《东西文化及其哲学》的发表,颇不寻常。梁在书中强调文化的发展有一定律则(所谓"没尽的意欲"),并依此提出一套理论架构,以西方文化、印度文化和中国文化各有不同的特点及成因。梁氏对文化差异性的辨析,遭到胡适的反驳,认为各民族文化所表现的,"不过是环境与时间的关系",如以历史眼光观察文化,"只看见各民族都在那'生活的本来的路'上走,不过因环境有难易,问题有缓急,

---

① 严复《译〈社会通诠〉自序》,王栻主编《严复集》第1册,第135—136页;《〈社会通诠〉按语》,王栻主编《严复集》第4册,第923页。
② 章太炎《〈社会通诠〉商兑》,《民报》第12号,1907年3月6日,第1页。
③ 章太炎《演说录》,《民报》第6号,1906年7月25日,第1页。
④ 章太炎《信史上》,《章太炎全集》(四),第64页。

所以走的路有迟速的不同，到的时候有先后的不同"。① 胡适将东西文化归于历史步调的差异，认同的是"普遍历史"与进步理念。胡认为梁太过笼统，实质上却尤甚之，难怪梁也予以有力反驳："胡先生说我笼统，说我不该拿三方很复杂的文化纳入三个简单公式里去；他却比我更笼统，他却拿世界种种之不同的文化纳入一个简单式子里去！"②

不能说章太炎、梁漱溟等的看法乃空谷足音，需要面对的是，将中国纳入"普遍历史"的架构中进行认识，构成20世纪中国历史书写最显著的特征。晚清突破"皇朝"体系，以上古、中古、近世书写"通史"；民国时期马克思主义史学成长起来，按照"五种社会形态"描绘中国的历史进程，皆是将中国纳入"普遍历史"模式的结果。即便非马克思主义的史学家，也同样是在"普遍历史"的架构里进行阐述。柯文（Paul A. Cohen）就表示："中国史家，不论是马克思主义者或非马克思主义者，在重建他们自己过去的历史时，在很大程度上一直依靠从西方借用来的词汇、概念和分析框架。"③ 何伟亚也揭示出，中国思想家重新审视中国的过去，主要体现在接受时间观念和组织分类，并运用"西方"新话语解释中国之"落后"，这些"与从前

---

① 梁漱溟《东西文化及其哲学》，上海，商务印书馆，1922年，胡适《读梁漱溟先生的〈东西文化及其哲学〉》，《读书杂志》第8期，1923年4月1日，无页码。
② 梁漱溟《答胡评〈东西文化及其哲学〉》，陈政记，《晨报副刊》1923年11月16日，第2版。
③ 柯文《序言》，《在中国发现历史——中国中心观在美国的兴起》，林同奇译，中华书局，1989年，第1页。

存在于中国的任何治史方法完全不同"。① 内中之关键，仍需面对晚清以降逐渐接纳为现代汉语新词的新概念。当然，要摆脱各种概念支撑的对中国历史与中国社会的描绘，殊属不易。只是可以明确，所谓新概念，也仍是"不确定的"，同样有"未完成性"的一面。

新名词与新概念的浮现，为的是寻求对"他者"恰当的表述，与理解另一种文化息息相关。当文明之间的对话通过翻译活动频频展开，促成新名词、新概念的"大爆炸"，过去与现在，都不乏事例，将来也还会不断重演。以"知识""政治""文化"作为解析学科术语的关键词，是因为几乎所有学科术语都牵涉到这些因素，便于问题的梳理。晚清以降接纳新名词、新概念经历的曲折，也显示出此一过程不仅存在"知识"的屏障，还受到"政治""文化"等因素的制约，很容易由"知识"问题，演化为"政治"问题，进而还上升到"文化"的高度进行反思。尽管不同的学科所处理的学科术语，各不相同，但都反映出该学科的成长历程。也因此，考察学科知识的成长亦当重视学科术语如何确立的问题，正是学科术语的译介并规范化，某一学科才真正成型。

此亦意味着，各分科知识的成立，离不开概念，对此

---

① 何伟亚《怀柔远人：马嘎尔尼使华的中英礼仪冲突》，邓常春译，社会科学文献出版社，2002年，第250页。

的检讨,同样离不开概念。首先需要重视的是,近代中国何以会出现诸多新名词、新概念,而且,那些曾经存留、已经消失,甚或今日已很陌生的概念,都有必要重新拾起。换言之,古代概念的现代流变,以及今天已不再使用的概念,皆不能因此而"遗忘",需充分认识到此所反映的是新事物、新思想的出现以及生活世界的改变。正所谓"古今异言,方俗殊语"(颜师古《汉书叙列》),如不能回到当时人所使用的语词,生活在当下的人很难理解"过去"。1922年李济就阐述了这样的看法,"要想了解中国文明的本质,首先需要对中国文字有透彻的了解","在中国文字中找到最切近的解释"。[①] 1929年刊发的一篇文字中,陈寅恪也表示:"一时代之名词,有一时代之界说。其涵义之广狭,随政治社会之变迁而不同,往往巨大之纠纷讹谬,即因兹细故而起,此尤为治史学者所宜审慎也。"[②] 秉持"事不孤起,必有其邻"的认知,蒙文通还揭示出处理此类问题带有普遍性的问题——"切不可执着于名相",仅就名相上进行分析,所得不过是"皮毛而已",往往是"不着实际的","因各人所用名词术语,常有名同而实异者,故必细心体会各家所用名词术语的涵义,才能进行比较分析"。[③] 凡此种种,皆为思考学科知识与学科术语提示了方向。

---

① 李济《再论中国的若干人类学问题》,张光直主编《李济文集》卷一,上海人民出版社,2006年,第301、308页。
② 陈寅恪《元代汉人译名考》,陈美延编《陈寅恪集·金明馆丛稿二编》,生活·读书·新知三联书店,2009年,第105页。
③ 蒙文通《治学杂语》,蒙默编《蒙文通学记(增补本)》,生活·读书·新知三联书店,2006年,第5页。

第三章　学科的制度化（一）：以分科为基础的分层教育的确立

将分科知识在中国的成长按照传播与接引略加区分，并聚焦"西学""东学""新学"以审视晚清知识传播的路径与变奏，旨在说明各分科知识及学科术语如何由"西"（"东"）入"中"。问题转向这些分科知识如何在中国落实，则需要考察各分科知识成长的制度和社会环境，尤其要关注晚清之废除科举、开办新式学堂，以及进入民国以后教育与学术如何纳入"国家政权建设"架构中。此所涉及的"学科的制度化"，涵盖的问题也颇广，要全面分析，难以实现。本章拟结合新式教育在中国的成长，检讨以分科为基础的分层教育如何逐步落实，下一章再分析各分科知识建立起的研究机构。

考察近代学科知识在中国的成长，确立问题的起点已属不易，上溯至明清之际耶稣会士的来华，是从中西交流展开问题，同样也可以选择域外或本土的视野切入。与探寻问题的起点相比，判明近代中国学科知识形成的标志，更是困难重重。选择"学科的制度化"，或许能减少一些歧义。在教育研究者眼中，这既是将专门化知识与其他知识做出明确的区分，还意味着以基本的专门化知识，来定义各级教育的目的。① 不过，需要强调的是，涉及制度层面的改变，不免造成巨大的震动，也不是短时间能够完成的。晚清之废除科举与开办学校，一废一立，就面临着艰难的抉择，很多问题都不容易解决，需结合当时的制度和社会背景加以检讨。

一 变革科举、推广学校

伴随新教传教士的来华，以西学为基本内容的新式学堂陆续在开办中，而且，已考虑选择合适的课本辅助教学，1856 年在香港出版的由理雅各（James Legge）编译的《智环启蒙塾课初步》，用作英华书院课本，就反映出这方面的努力。② 不过，这显然还难以成为历史的"主调"，1828 年生于广东香山（今属珠海）的容闳，自小进入传教士开办的"西塾"就读，只能算是特例，是那些出身贫寒、入仕无望的家庭无可奈何的决定。严复 1867 年考入福州马尾船厂附设船政学堂，由科举转入"西学"，也是退而求其次的

---

① 麦克·扬（Michael Young）、约翰·穆勒（John Muller）《课程与知识的专门化：教育社会学研究》，许甜译，华东师范大学出版社，2021 年，第 213 页。
② 有关《智环启蒙塾课初步》的出版及影响，参见沈國威、內田慶市编著《近代启蒙の足跡——東西文化交流と言語接觸：『智環啓蒙塾課初步』の研究》，關西大學出版部，2002 年。

选择。1862年同文馆的开办，经历种种曲折，亦表明晚清推进新式教育步履蹒跚。

创办同文馆原本是为解决对外交往中外语人才之匮乏，其课程设置也围绕语言训练展开，出任同文馆总教习的丁韪良就指出其"充其量只不过是一个译员学校"。① 在此过程中，推动洋务的主事者也认识到，"洋人制造机器火器等件，以及行船行军，无一不自天文算学中来"，"若不从根本上用着实功夫，即习学皮毛，仍无裨于实用"。② 然而，总理衙门提议添设天文算学馆，尤其涉及招收科甲正途出身的人员，激起轩然大波。掌山东道监察御史张盛藻奏称："朝廷命官必用科甲正途者，为其读孔孟之书，学尧舜之道，明体达用，规模宏远也，何必令其习为机巧，专用制造轮船洋枪之理乎。"更激烈的批评来自大学士倭仁，"天文算学，为益甚微，西人教习正途，所损甚大，有不可不深思而虑及之者"。③ 天文算学馆历经曲折办起来后，到1876年同文馆又公布了分别为八年、五年的学习计划，前者为"由洋文而及诸学"，后者"年齿稍长，无暇肄及洋文，仅借译本而求诸学"。④ 所谓"诸学"，指的是各种专门之学。随后开办的格致馆、化学馆和医学馆，也逐渐在

---

① 丁韪良《花甲忆旧——一位美国传教士眼中的晚清帝国》，沈弘等译，广西师范大学出版社，2004年，第203页。
② 宝鋆编修《筹办夷务始末》（同治朝）卷四十六，北京，故宫博物院，1930年影印本，第3—4页。
③ 宝鋆编修《筹办夷务始末》（同治朝）卷四十七，第15、24页。
④ 《续同文馆题名录》，《万国公报》第12年第587卷，1880年5月1日，第326页；《京师同文馆课程表》（1876年），陈学恂主编《中国近代教育史教学参考资料》上，人民教育出版社，1986年，第31—32页。

拓展与深化"诸学"之范围。按照同文馆制定的"分年课级"方案,"肄业诸生,其各项课程,均有次第可循","天文、化学、测地诸学,欲精其艺者必分途而力求之,或一年,或数年,不可限定"。不过,同文馆还难以按照"学校"的架构开展教学,其"考课章程",便将考试区分为"月课""季考""岁试"及"三年一大考","大考每届举行,优者保升官阶",明显烙上科举的印痕。①

京师同文馆之外,稍后建立的上海广方言馆、广东同文馆也存在类似情况。由英国驻沪领事麦华陀(Walter Henry Medhurst)倡议并于1876年正式开办的格致书院,也曾希望"招致生徒,究心实学",还指明"学有两端",一为学西国语言文字者,一为讲求格致实学者。② 但这一目标也未能实现,格致书院在王韬出任山长后设立的四季课考(后增加春秋两次"特课"),算是留下的最有成效的业绩。

正因为此,包括同文馆在内的学校,也受到不少批评。郑观应直指这些学校的开办,已历时有年,但"于格致诸学尚未深通","全仗西人指授,不过邯郸学步而已"。③ 御史陈其璋1896年在《请整顿同文馆疏》中,也批评同文馆名义上"为讲求西学而设",然其课程设置"仍属有名无实","门类不分,精粗不辨","欲不为外洋所窃笑也难

---

① 《京师同文馆馆规》,张静庐辑注《中国近代出版史料初编》,群联出版社,1953年,第6—8页。
② 《格致书院招生徒启》,《申报》1879年11月1日,第3页。
③ 郑观应《论洋学》,《易言》(三十六篇本),香港,中华印务总局,1880年,此据夏东元编《郑观应集》上册,上海人民出版社,1982年,第109页。

矣"。应于天文、算学、语言文字之外,"择西学中之最要者,添设门类,俾学生等日求精进,逐渐加功,庶经费不致虚縻,而人才可冀蔚起矣"。① 更具影响的是李端棻在《请推广学校折》中,对于"采西学"之未尽人意的批评:"二十年来,都中设同文馆,各省立实学馆、广方言馆、水师武备学堂、自强学堂,皆合中外学术相与讲习,所在而有",然而,各馆"于治国之道,富强之原,一切要书,多未肄及"。②

同文馆开办过程中经历的曲折,表明推进新式教育还缺乏共识,但已经有所突破。同样是指示"读书门径",叶瀚1897年自刻的《初学读书要略》,显示中学、西学之壁垒逐渐在破除,不再困扰于中学与西学孰先孰后。"读史"方面就强调:为今之计,"中西合参始得其道","不习外情,何由与立。故人士亟宜购读已译西国史志,方知其内政自强开化之迹,反思己族不兴之由"。"中史宜察积弊之由,君权之害;读西史宜悉一百年近来事故;读东史宜取法其维新之政。"对于"格致学",该书又指出:"格物之学最重测验,测验之功,必资图算,则数学不可不讲也。"③还关注到西人如何按照知识的进阶安排教学,提示初学者

---

① 陈其璋《请整顿同文馆疏》,朱有瓛主编《中国近代学制史料》第1辑上册,华东师范大学出版社,1983年,第590—591页。
② 李端棻《请推广学校折》,中国史学会主编《中国近代史资料丛刊·戊戌变法》第2册,上海,神州国光社,1953年,第292—297页;朱寿朋编《光绪朝东华录》(四),中华书局,1958年,第3791页。
③ 叶瀚《初学宜读诸书要略》,《初学读书要略》,自刻本,1897年,第1—13页。

如何入手：

> 其为学也，初学则最初即教以史志、地图、数学、文法、格物浅说（天文地理、万生地学）。稍进则教以量法、代数，少深之文法，八线平弧三角。又进则教以绘图、格物、化学、力学、几何、微分、积分。①

结合各地书院的情况，亦能了解教学内容在发生转向，中学、西学之合流逐渐显现。康有为1891年在长兴学舍之教学，将中学、西学参合在一起："以孔学、佛学、宋明学为体，以史学、西学为用"，"每论一学，论一事，必上下古今，以究其沿革得失。又引欧美以比较证明之"。② 不过，最初对西学的安置，别有考量，是在以中学为主导的教育中略加补充。1894年康有为到桂林讲学，留下《桂学答问》一卷，因"尚虑学者疑其繁博"，康又让梁启超在此基础上抽绎其条，"以为新学知道之助"。③ 梁撰写的《读书分月课程》，分为"学要十五则""最初应读书""读书次第表"三部分。由于这一时期中学仍是重心，故此梁是按照经学书、史学书、子学书、理学书之次第展开，"西学书"列在最后，包括《万国史记》《瀛环志略》《列国岁计政要》《西国近事汇编》《谈天》《地学浅识》。而且，按照

---

① 叶瀚《读译书须知》，《初学读书要略》，第1、4页。
② 梁启超《南海康先生传》，《饮冰室合集》第1册《文集之六》，第62—65页。
③ 康有为《序》，《读书分月课程》，《饮冰室合集》第9册《专集之六十九》，第1页。

"读书次第表"的安排,读"西学书",从第三月才开始。①

这也是当时的常态。湖南浏阳城乡五书院,旧皆专课时文,1895年将南台书院改为算学馆,与四书院文课相辅而行。② 1897年宋恕为天津育才馆所列正课,包括心性学、养生学、古史学、国史学、外史学、时务学、物理学、诸子学、训诂学、词章学。③ 湖南时务学堂也不例外。1897年梁启超制定的《湖南时务学堂学约十章》,提供的是"通古今、达中外"的中西会通方案。④ 还具体说明:"本学堂所广之学,分为两种:一曰溥通学,二曰专门学。溥通学,凡学生人人皆当通习;专门学,每人各占一门。"其中,"溥通学之条目有四:一曰经学,二曰诸子学,三曰公理学,四曰中外史志及格算诸学之粗浅者";"专门学之条目有三:一曰公法学,二曰掌故学,三曰格算学"。⑤

盛宣怀于天津创办的北洋西学学堂(次年改名北洋大学堂)、在上海开办的南洋公学,在推行新式教育方面更值得大书特书。盛本于"自强之道,以作育人才为本。求才之道,尤宜以设立学堂为先"的认知,1895年奏请开办天津北洋西学学堂,在总教习丁家立(Charle Daniel Tenney)

---

① 梁启超《读书分月课程》,《饮冰室合集》第9册《专集之六十九》,第4—15页。
② 黄政整理《江标日记》(下),凤凰出版社,2019年,第617—618页。
③ 宋恕《天津育才馆赤县文字第一级正课书目》,胡珠生编《宋恕集》上册,第253—254页。
④ 梁启超《湖南时务学堂学约十章》,《时务报》第49册,1897年12月24日,第1—4页。
⑤ 《时务学堂功课详细章程》,《湘报》第102号,1898年7月4日,第405—408页。

主持下，仿效美国大学模式，按照"二等学堂""头等学堂"各自规划了四年的课程，并将"专门学"分为工程学、电学、矿务学、机器学、律例学五学门。①1896年盛宣怀由津海关道调上海任铁路总公司督办，又创办了南洋公学，聘请何嗣焜担任公学总理，张焕伦为总教习，分设师范、外院、中院、上院四个院。盛宣怀所定《南洋公学章程》阐明：

> 公学所教，以通达中国经史大义、厚植根柢为基础，以西国政治家日本法部文部为指归，略仿法国国政学堂之意。而工艺机器制造矿冶诸学，则于公学内已通算化格致诸生中，各就质性相近者，令其各认专门，略通门径，即挑出归专门学堂肄习。其在公学始终卒业者，则以专学政治家之学为断。②

上述种种，可视作晚清开办新式教育的先声，但这些只是特例。科举制度不改变，新式教育的推进也会遇到很多阻力，尤其难以步入"制度化"的轨道。

对于科举制度的批评，代不乏人。降至晚清，变革科举的主张也喧嚣不已。早在1864年，时任协办大学士的李

---

① 盛宣怀《拟设天津中西学堂章程禀》，麦仲华编《皇朝经世文新编》卷五，《学校上》，第11—16页。
② 盛宣怀《奏陈开办南洋公学情形折》，《昌言报》第6册，1898年10月11日，第10—11页。1901年盛还于南洋公学设立了"特班"，聘请蔡元培担任中文总教学。《南洋公学添设特班系为应经济特科之选》，《交通大学校史资料》第1卷，西安交通大学出版社，1986年，第39—40页；王世儒编《蔡元培日记》上册，1902年3月30日，第199页。

鸿章即主张在科举考试中"专设一科取士"。① 这个时候，距离总理衙门拟在同文馆设立天文算学馆还有好几年，这一主张自难以被接受。到1874年，已官至直隶总督兼北洋大臣的李鸿章在著名的《筹议海防折》中，又旧话重提，认为即便科目不能骤变，时文不能遽废，也应考虑"另开洋务进取一格，以资造就"。② 余贻范对于时人谋划的"储才之法，励学之方"，也认为皆"未得其要"，当致力于"开特科"之法，"招致天下兼通中西之士，予以出身，优以清要"。③ 盛宣怀所上条陈，同样指明"今不能尽改科举之制，似宜专设一科，裁天下之广额，为新学之进阶"。如明定功令，"使文武学堂卒业者，皆有出身之正途，齐仕进于科第"，则自然带来新的局面，"闻风兴起，学校如林，人才自不可胜用"。④

科举改革势在必行，主要受到西学的冲击。傅兰雅对于翻译工作有这样的期许："余居华夏已二十年，心所悦者，惟冀中国能广兴格致，至中西一辙耳，故平生专习此业，而不他及。"⑤ 他也清楚所面对的难局，那就是"近来考取人才，仍以经史词章为要，而格致等学，置若罔闻"。

---

① 宝鋆编修《筹办夷务始末》（同治朝）卷四十八，第10页。
② 李鸿章《筹议海防折》，顾廷龙、戴逸主编《李鸿章全集》第6册《奏议六》，第166页。
③ 余贻范《论西学宜设特科》，孔广德辑《普天忠愤集》卷十，1895年刊本，第16—17页。
④ 盛宣怀《自强大计举要胪陈折》（附片二件），《时务报》第16册，1897年1月3日，第6—10页。
⑤ 傅兰雅《江南制造总局翻译西书事略》，《格致汇编》第3年第5卷，1880年6月，第10页。

为此，傅也表示："虽不敢期中国专以西学考取人才，然犹愿亲睹场中起首考取格致等学，吾其拭目望之矣。"① 其他来华西人，也不乏主张以振兴学校、测试分科知识作为科举改革的方向。狄考文（Calvin W. Mateer）提出，诸如格物、化学、天文、数学等"文学大端"，"何弗列于学堂之功课与文章并考，俾致知之实学得速行于中华哉？"② 林乐知则批评中国之"专尚举业"，指明今日之中国，纵不能骤然废止举业，亦当如有唐那样，"多其科目"；或参以司马光所拟"十科取士之制"之法；更当如泰西之法，分设天文、地舆、格致、农政、船政、理学、法学、化学、武学、医学，"如是数年，而国家不收腹心干城好仇之助者，无是理也"。③

晚清读书人对此的思考，也逐渐将废除八股与讲求实学乃至西学联系在一起。"时文不废，人才不生；必去时文尚实学，乃足以见天下之真才。"④ 王韬 1891 年鲜明表达了这样的看法。谭嗣同 1894 年也阐明当"变科举为西法取士"，士子"各占一门，各擅一艺，以共奋于功名之正路"，"舍此更无出身之阶"。⑤ 严复 1895 年在《救亡决论》中，

---

① 傅兰雅《江南制造总局翻译西书事略》，《格致汇编》第 3 年第 6 卷，1880 年 7 月，第 10 页。
② 狄考文《振兴学校论》（本意），《万国公报》第 653 卷，1881 年 8 月 27 日，第 23 页；《振兴学校论》（考试），《万国公报》第 655 卷，1881 年 9 月 3 日，第 38 页。
③ 林乐知《中国专尚举业论》，《万国公报》第 704 卷，1882 年 9 月 2 日，第 28—29 页。
④ 王韬《原士》，《万国公报》第 25 册，1891 年 2 月，第 4—6 页。
⑤ 谭嗣同《报贝元征》，蔡尚思、方行编《谭嗣同全集》上册，第 207 页。

则明确提出当务之急是"废八股","求才为学二者,皆必以有用为宗","而有用之效,征之富强;富强之基,本诸格致。不本格致,将无所往而不荒虚"。① 到1896年,梁启超在《变法通议》又提出变革科举之上中下"三策"。所谓"上策",乃"远法三代,近采泰西,合科举于学校"。而"中策","则莫如用汉唐之法,多设诸科,与今日帖括一科并行"。至于"下策",便是"一仍今日取士之法,而略变其取士之具"。梁的理想目标自然是"合科举于学校",故谓"由上策者强,由中策者安,由下策者存"。②

梁启超图谋的"上策",在当时显然难以落实。由于科举考试牵涉甚广,能够被接受的,是"旧瓶装新酒"的方式,在各级考试中逐渐增加有关西学及时务的内容。考取生员资格的"童试",为清季科举考试的第一级(后依次为乡试、会试、殿试)。其中之"院试"乃童生入学的关键一环,由各省学政主持。1871年"院试"第一场"经古场"之前添试"算术学",1895年又添试"时务策",算得上最初的突破。③

相较之前提出的各种改制方案,1897年贵州学政严修奏请设"经济专科"的主张,真正得到落实。在严看来,

---

① 严复《救亡决论》,《直报》1895年5月1—8日,此据王栻主编《严复集》第1册,第40—54页。
② 梁启超《变法通议二·科举》,《时务报》第8册,1896年10月17日,第1—2页。
③ 商衍鎏《清代科举考试述录》,生活·读书·新知三联书店,1958年,第10页。1878年江苏学宪考试苏属生员"经古题",就包含"算学"二题。《林学宪考试苏属生童经古题》,《申报》1878年10月18日,第2版。

"统立经济之专名,以别旧时之科举。标准一立,趋向自专,庶几百才绝艺,咸入彀中,得一人即获一人之用"。之所以要设立"经济专科",既因为此举不涉根本,也是缘于"不立科目,人终以非正途为嫌"。① 总理衙门会同礼部对此折核议后,特请开设"经济特科","非特科无以动一时之耳目,非岁举无以供历久之取求"。同时阐明"经济特科",是将考试内容"以六事合为一科",将涉及内政、外交、理财、经武、格物、考工等包含"西学""西政"的内容,纳入科举考试的范围。此议得到光绪皇帝的批准,并督促制定详细章程,自上而下加以推行。②

"经济特科"之议,得到各方积极回应。康有为将此与其主张的废除八股、改试策论结合起来,道出"今学校未成,科举之法未能骤废,则莫先于废弃八股矣"。③ 随后,康又授意梁启超,代宋鲁伯拟出一折,说明改试策论,"与经济岁举所试各项已大略从同,似宜合为一途,以一观听"。其给出的理由,则是当今所急需之人才,要在会通中西,"中国人才衰弱之由,皆缘中西两学不能会通之故。故由科举出身者,于西学辄无所闻知;由学堂出身者,于中

---

① 《贵州学政严奏请设经济专科折》,《知新报》第 46 册,1898 年 3 月 13 日,第 5—7 页。
② 朱寿朋编《光绪朝东华录》(四),第 4024—4026 页。
③ 康有为《请废八股试帖楷法试士改用策论折》,姜义华、张荣华编校《康有为全集》第 4 集,第 78—80 页。当日在代宋鲁伯拟奏折中,对此有更明确的阐述。康有为《请改八股为策论折(代宋鲁伯拟)》,同上书,第 80—81 页。

学亦茫然不解"。①

废除八股、改试策论一经落实,较之"经济特科"之设,影响更为深远。不只是考试内容上的变革,考试次第的变化也颇为关键。尽管清廷屡有谕旨,要求各省学政严饬教官,于季考、月课时加试策论,但通观有清一代,科举考试以首场为重,而首场尤重四书文如故。②张之洞检讨八股文之流弊,颇为重视考试"次第"上存在的问题:"虽设有二场经文,三场策问,而主司简率自便,惟重头场时文,二三场字句无疵,即已中试,遂有三场实止一场之弊。"为此也主张,"将三场先后之序互易之,而又层递取之,大率如府县考覆试之法"。③或许不该质疑张忧虑"圣教兴废"之诚意,然正如其"中体西用"主张的诡异性——看起来似乎是一个保守的方案,所图谋的主要还是"西用"。此折也试图"筹一体用一贯之法",但这个精心规划出的考试安排,恰足以产生这样的结果——弱化考生对四书义、五经义的重视,亦将对接引西学产生重要影响。

科举改革本有接引新知的意图,康有为将此分出两步走,先以策论代替经义,后以学校代替科考。张之洞筹划

---

① 康有为《请将经济岁举归并正科并饬各省生童岁科试迅即遵旨改试策论折(代宋伯鲁拟)》,姜义华、张荣华编校《康有为全集》第4集,第306页。
② 王德昭《清代科举制度研究》,中华书局,1984年,第164—166页。
③ 张之洞、陈宝箴《会奏妥议科举新章折》,汪叔子、张求会编《陈宝箴集》上册,第763—770页;苑书义等主编《张之洞全集》第2册,第1304—1310页。

的办法，意图虽未明确阐明，却也达至同样的结果。① 落实这一意图的重要媒介"策论"，也成为接引西学知识的重要途径。只不过，戊戌时期所颁发的各项举措，大多未曾落实，政变后，一切概行停罢，恢复旧制，科举改制方案也不例外。到 1901 年 8 月 28 日，上谕又重申了戊戌时之意见："著自明年为始，嗣后乡会试头场，试中国政治史事论五篇，二场试各国政治艺学策五道，三场试四书义二篇、五经义一篇。"② 关键仍落在"废除八股，改试策论"。礼部与政务处会奏变通科举章程，尽管仍强调"于讲求实学之中，仍寓尚崇经术之意"，但显然对"策论义体例"等问题，有更多考量。如对二场"各国政治艺学策"就说明："每举一事，亦必穷原竟委，议论详明，总期各抒所见，不蹈空言。"③

正所谓"世殊事异"，于近代知识的成长来说，科举改制自是影响深远的变革。"八股既废，数月以来，天下移风，数千万之士人，皆不得不舍其兔园册子帖括讲章，而争讲万国之故及各种新学，争阅地图，争讲译出之西

---

① 研究者已揭示出：张之洞的方案多少系针对康、梁方案而发，不仅暗含"诋康"之意图，还明显有争夺主导权的考虑。茅海建《戊戌变法的另面："张之洞档案"阅读笔记》，上海古籍出版社，2014 年，第 360—364 页。
② 《清德宗实录》卷四八五，光绪二十七年十月己卯（十六日），《清实录》第 58 册，中华书局，1986 年，第 412 页。较之戊戌时的方案，二场策题的范围缩小，取消了专门艺学，还否决了"分场去取"的方案，仍规定"合校三场，以定去取"；一向作为科场防弊之法的"誊录"也被废除。韩策《科举改制与最后的进士》，社会科学文献出版社，2017 年，第 59—70 页。
③ 《礼部政务处会奏变通科举事宜折》（附章程），朱有瓛主编《中国近代学制史料》第 1 辑下册，第 130—134 页。

书。"① 梁启超清楚点出科举改革具有的导向作用,在这样一个特殊的时刻,促成"策论"成为接引新知的重要中介。尽管科举新章算不上在制度层面推行新式教育,但其作为开办学校的过渡性举措,仍值得重视,影响所及,西学知识的传播因此获得特别的际遇,较之以往不可同日而语。②

"自丙午科为始,所有乡会试一律停止,各省岁科考试,亦即停止。"③ 1905年9月2日颁布的谕旨,为科举制度画上了句号。科举考试最后几年的历史是匆忙写就的,变革方案多所反复,运行有序的机制也乱了套。原定1901年举行的乡试和1902年举行的会试,都推迟一年举行,并改为恩正并科。结果改制后的乡试、会试都只举办了两次,科举考试就走向了终局,大大突破了原来设定的10年过渡期。诚如艾尔曼(Benjamin Elman)所揭示的,科举制的崩溃走在所设立的学部之前,也走在清王朝试图通过学堂教育重新掌控社会、政治和文化功能之前,意味着推广学校之类的举措,实际是缺乏超前预备的,尤为关键的是,"那些与西方及其'现代性'息息相关的种种新的文化、政治制度,并不具备所谓的文化符号关联性,更鲜有文化功能"。④ 如此一来,推广新式教育看起来是必经之路,然

---

① 梁启超《戊戌政变记》,《饮冰室合集》第4册《专集之一》,第25—26页。
② 这方面的讨论,参见章清《"策问"与科举体制下对"西学"的接引——以〈中外策问大观〉为中心》,《"中央研究院"近代史研究所集刊》第58期,2007年12月,第53—103页。
③ 《清德宗实录》卷五四八,光绪三十一年八月,《清实录》第4册,第273页。
④ 艾尔曼《前言》,《晚期帝制中国的科举文化史》,高远致、夏丽丽译,社会科学文献出版社,2022年,第16—17页。

而，能够取得怎样的成效，却无法有乐观的估计。

二 "中学""西学"纷争下分级分科教育的推进

遭逢超越历史经验的"大变局"，催生了晚清士人的"合群"意识，促成士人结合学校、学会、报馆三端思考改革的方向（有的也言及译书局等），以此为"合群"的主要载体。1896年总理衙门在一道奏折中就表示："泰西教育人才之道，计有三事，曰学校，曰新闻报馆，曰书籍馆"，"各国富强之基，实本于是。是庶政由人才而理，人才由学术而成，固有明效大验"。[①] 张之洞对于如何"挽回大局"，也曾主张"多设报馆，多立学堂，广开铁路"，尤为强调："多立学堂，可以兴天下之人材，或得一二杰出之士以搘拄残局。"[②] 严复注意到此，在给张元济的一通信函中不免发出感叹："近来有一种人，开口动言民智，于是学堂、报馆、译书，三者日闻于耳。"[③]

在诸多目标中，开办学校最受重视，时人关注的是如何解决人才问题。前述李端棻所上《请推广学校折》，成为推动晚清开办学校的重要文献。对于之前的尝试，其看法

[①]《总理衙门奏复书局有益人才请饬筹议以裨时局折》，中国史学会主编《中国近代史资料丛刊·戊戌变法》第2册，第397—399页。
[②] 徐世昌《韬养斋日记》第十五册，1897年10月24日，《徐世昌日记》（3），北京人民出版社，2013年，第1349—1350页。
[③] 严复《致张元济》（十二），王栻主编《严复集》第3册，第545页。

是"教之之道未尽也",结果是诸馆设立二十余年,而"国家不一收奇才异能之用"。有鉴于此,李提出"自京师以及各省府州县,皆设学堂"的方案;对于各级学校修读的课程,也有具体说明。① 尤有甚者,时任工部尚书的孙家鼐,还明确阐明"学问宜分科"的看法。尽管孙也表示,"各国分科立学,规制井然","未能进于三代圣王之盛治者,亦其学限之耳",但其所规划的仍是"分科立学",拟按照道德科、天文科、地理科、政事科、文学科、武备科、农事科、工艺科、商务科、医术科十科规划学校教育,"以专肄习",并强调"不立专门,终无心得"。② 所谓"专门",正是分科教育逐渐受到重视的写照。

前已言及,推广学校在制度上的突破,端赖科举考试能否真正改革;教育环节落实新的制度,也难以一蹴而就。正因为此,推广学校也几经周折,尤其陷入如何平衡"中学""西学"之难题,江标在湖南学政任上以"论今日学问之难"课士,士子在应策中就对"中西兼习"不无疑惑,完全不清楚如何做到"表里交修,道艺孚合"。③ 也不乏士人另有担忧:新学日兴,旧业必废,"当今之世,谁能守遗经而不坠者?"④ 这还不算什么,开办新式学堂需要的诸多

---

① 李端棻《请推广学校折》,中国史学会主编《中国近代史资料丛刊·戊戌变法》第2册,第292—297页。
② 孙家鼐《工部尚书孙家鼐奏陈遵筹京师建立学堂情形折》,北京大学、中国第一历史档案馆编《京师大学堂档案选编》,第10页。
③ 李钧鼐《论今日学问之难》,江标编《沅湘通艺录》卷三,第97页。
④ 许恪儒整理《许宝蘅日记》第1册,1898年7月2日,中华书局,2010年,第27页。

条件，更非短时间能解决。

戊戌维新期间，开办新式学堂也成为变革的一项内容，清廷谕令各省府州县将大小书院，"一律改为兼习中学西学之学校"，以实现"人无不学"。还提出具体的要求：

> 著各该督抚督饬地方官，各将所属书院坐落处所、经费数目，限两个月详查具奏，即将各省府厅州县现有之大小书院，一律改为兼习中学西学之学校。至于学校等级，自应以省会之大书院为高等学，郡城之书院为中等学，州县之书院为小学，皆颁给《京师大学堂章程》，令其仿照办理。其地方自行捐办之义学、社学等，亦令一律中西兼习，以广造就……至如民间祠庙，其有不在祀典者，即著由地方官晓谕居民，一律改为学堂，以节靡费而隆教育。①

1898年7月3日创办的京师大学堂，还成为国家教育行政机关，统辖全国教育。其首先面临的是如何解决兼习中学、西学的难题："近年各省所设学堂，虽明为中西兼习，实则有西而无中……既以洋务为主义，即以中学为具文。"结果是，"治中学者，则绝口不言西学；治西学者，则绝口不言中学。此两学所以终不能合，徒互相诟病，若水火不相入也"。为纠正"有西而无中"之弊端，明确要求

---

① 《清德宗实录》卷四二〇，光绪二十四年五月下，谕内阁，《清实录》第57册，第503—504页。

"中西并重,观其会通,无得偏废":"夫中学体也,西学用也,二者相需,缺一不可,体用不备,安能成才?且既不讲义理,绝无根底,则浮慕西学,必无心得,只增习气。"① 对此,李鸿章就不无保留,认为"以中学为主",不过是"徇清流众议","恐将来不能窥西学堂奥,徒糜巨款耳"。② 长期受制于"清流"的李鸿章,自洞悉所谓"清流"在办学原则上难以摆脱"中体西用"的窠臼。

在中学、西学二元对立的架构下,的确难以找到理想的解决办法。吴汝纶指出此乃不得已而为之:"人无兼材,中西势难并进,学堂自以西学为主;西学入门,自以语言文字为主,此不刊之法宝。"反倒是完全不能接受另外的做法:"名为西学,仍欲以中学为重,又欲以宋贤义理为宗,皆谬见也。"③ 严复对此也是冷眼旁观,听闻梁启超参与草拟《大学堂章程》,当即致函汪康年:"梁卓如大学堂章程颇为知言之累,岂有意求容悦于寿州南皮辈流耶?"④ 稍后在给张元济的信中,严又指出:"新政以大学堂为鲁灵光,然观其所为,不亡亦仅耳。"⑤ 以这样的方式解决中学、西学的问题,严复显然难以认可。不过,《大学堂章程》规划的"学堂功课",以"西国学堂所读书皆分两类:一曰溥通

---

① 《大学堂章程》,北京大学、中国第一历史档案馆编《京师大学堂档案选编》,第28—29页。
② 李鸿章《致李经方》,1898年8月16日,顾廷龙、戴逸主编《李鸿章全集》第36册《信函八》,第188页。
③ 吴汝纶《与余寿平》,《吴汝纶尺牍》卷二,黄山书社,1990年,第195页。
④ 严复《致汪康年》(四),王栻主编《严复集》第3册,第508页。
⑤ 严复《致张元济》(四),王栻主编《严复集》第3册,第531页。

学，二曰专门学。溥通学者，凡学生皆当通习也。专门学者，每人各占一门者也"，也足以导致西学大行其道。这是明确按照分科安排教学，只是为体现"中西并重"之办学宗旨，"略依泰西日本通行学校功课之种类，参以中学"。所谓"参以中学"，亦即列为"溥通学"前面之经学、理学、中外掌故学、诸子学。其余功课，除各国语言的学习之外，则是作为"专门学"的分科之学，包括算学、格致学、政治学、地理学、农学、矿学、工程学、商学、兵学、卫生学。① 可见京师大学堂之设，究其实质，是在教育制度环节引入西方分科知识。

戊戌维新失败后，大学堂自难以有所作为。1901年开启的新政，同样重视推进新式教育。当年9月14日的上谕，重申了戊戌时开办学校的意见："除京师已设大学堂应行切实整顿外，着将各省所有书院，于省城均改设大学堂，各府厅直隶州均设中学堂，各州县均设小学堂，并多设蒙学堂。"为掌控变革的方向，又指明"其教法当以四书五经纲常大义为主，以历代史鉴及中外政治艺学为辅"。② 然而，在实践中却难以真正做到中学、西学的平衡。严复就指出："中国之开议学堂久矣，虽所论人殊，而总其大经，则不外中学为体，西学为用也；西政为本，而西艺为末也。主于中学，以西学辅其不足也。"这些看法，"持之皆有

---

① 《大学堂章程》，北京大学、中国第一历史档案馆编《京师大学堂档案选编》，第29—31页。
② 朱寿朋编《光绪朝东华录》（四），第4719页。

故",然而,"未必皆成理",这是因为"中学有中学之体用,西学有西学之体用,分之则并立,合之则两亡"。他还明确道出:"中国所本无者,西学也,则西学为当务之急明矣。"因此,"中国此后教育,在在宜着意科学,使学者之心虑沈潜,浸渍于因果实证之间,庶他日学成,有疗病起弱之实力,能破旧学之拘挛"。①

1902年颁布的《京师大学堂章程》,是晚清规划全国学制最初的计划。接替孙家鼐任管学大臣的张百熙,也陷入两难之境地,直言其苦衷:"不能不节取欧美日本诸邦之成法,以佐我中国二百余年旧制。"②张为此"上溯古制,参考列邦",力图贯彻"端正趋向,造就通才"的旨意。不过,这并不能改变按照分科办学的路线,大学分科即是仿日本之成例,分为政治科、文学科、格致科、农业科、工艺科、商务科、医术科等七门,已全无"中体西用"论的踪影,只是在教学科目中安排涉及中学之内容。③

《京师大学堂章程》颁布之后并没有真正实行,后来影响晚清兴办学堂的根本大法是前面提及的《奏定学堂章程》。其影响于学科知识的制度化,更为昭著。张之洞在《厘定学堂章程折》中宣称:"无论何等学堂,均以忠孝为本,以中国经史之学为基,俾学生心术一归于纯正。而后

---

① 严复《与〈外交报〉主人书》,王栻主编《严复集》第3册,第557—565页。
② 《管学大臣张百熙奏陈京师大学堂章程折》,北京大学、中国第一历史档案馆编《京师大学堂档案选编》,第146页;朱寿朋编《光绪朝东华录》(五),第4902页。
③ 《京师大学堂章程》,北京大学、中国第一历史档案馆编《京师大学堂档案选编》,第148、150页。

以西学沦其智识,练其艺能,务期他日成材,各适实用,以仰副国家造就通才,慎防流弊之意。"① 如何坚守"中体西用"之原则,使办学"端正趋向",成为其中之"学务纲要"关注的要点。对比科举培养的人才,《章程》指向更为具体,思虑也颇为周详,坚称"学堂兼有科举所长",且更有优势。即以中学论,科举"亦远不如学堂之有序而又有恒",况且,"学堂所增之新学,皆科举诸生之所未备。则学堂所出之人才,必远胜于科举之所得无疑矣"。较之《京师大学堂章程》,大学堂设科方面也有所调整,改为八科:经学科、政法科、文学科、医科、格致科、农科、工科和商科,主要是将原附文学科中之"经学门",独立出来另设一科。② 然而,不得不指出的是,该章程同样是模仿日本学制制定的,要在分科及课程中落实相关原则,并不容易。"经学科"之设,看起来是卫护"中体"的集中体现,就遭受质疑。

"章程中之最宜改善者,经学、文学二科是已","经科大学与文科大学之不可分而为二","徒于形式上置经学于各分科大学之首,而不问内容之关系如何,断非所以尊之也"。对于其中难以调和之处,王国维直抒己见:"孔孟之说,则固非宗教而学说也,与一切他学均以研究而益明。而必欲独立一科,以与极有关系之文学相隔绝,此则余所

---

① 张之洞《厘定学堂章程折》,苑书义等主编《张之洞全集》第 3 册,第 1591 页。
② 《奏定学堂章程·学务纲要》,第 4、37 页。

不解也。若为尊经之故，则置文学科于大学之首可耳，何必效西洋之神学科，以自外于学问者哉？"王强调经学非宗教，实有将经学"学科化"的倾向；指出不应效法神学，"自外于学问"，也大有深意。故此，王国维也主张"合经学科大学于文学科大学中"，并且将"文学科"区分为五：经学科、理学科、史学科、国文科、外国文学科。王所规划的方案，未必没有值得检讨的地方，重点在于，其对此的思考已围绕突破中外、古今之界的学科知识展开，试图化解中西之差异，捍卫哲学的学科地位。王道出该章程根本之误，"在缺哲学一科"，"欧洲各国大学，无不以神哲医法四学为分科之基本"；将"哲学"排斥在外，"必以外国之哲学与中国古来之学术不相容也"。其实不然，"夫西洋哲学之于中国哲学，其关系亦与诸子哲学之于儒教哲学等"。①

《奏定学堂章程》不仅涉及对大学设科的规划，更重要的影响，是对推进新式学堂有全方位的安排，明确要求"京外各学堂俱照新章，以归画一"，"此后京外官绅兴办各种学堂，无论官设公设私设，俱应按照现定各项学堂章程课目，切实奉行，不得私改课程，自为风气"。还重点指出"宜首先急办师范学堂"，"使全国中小学堂，各有师资。此为各项学堂之本源，兴学入手之第一义"。师范学堂培养出

---

① 王国维《奏定经学科大学文学科大学章程书后》，《教育世界》第 118 号，1906 年 2 月，第 1—6 页。晚清学制推进过程中"哲学"的处境，受多方面因素的影响，对此的检讨参见桑兵、关晓红主编《分科的学史与历史》，上海人民出版社，2021 年，第 192—199 页。

适任之教员，"庶不致教法茫然，无从措手"，故应"首先迅速举行，渐次推广，不可稍涉迟缓"。①

同时，《奏定学堂章程》也完善了大学、中学、小学的三级架构，规定了各级学习年数和具体科目，"各科学相间讲授，东西各国学堂通例，无不如此"，"看似繁难，其实具有深意"。中学堂"学习年数以五年为限"，具体的科目为：一、修身，二、读经讲经，三、中国文学，四、外国语，五、历史，六、地理，七、算学，八、博物，九、物理及化学，十、法制及理财，十一、图画，十二、体操，"法制理财缺之亦可"。② 小学堂区分为"高等小学堂"和"初等小学堂"，学习年数分别为四、五年，教授科目则分别为八、九门（主要是中学堂的博物、物理及化学归并为"格致"一门，并取消了"法制及理财"一门）。《章程》对于各级学堂涉及的"各学科分科教法"，以及年度的教学安排，还提供了指导性意见。尤其是对初等小学堂"义务教育""国民教育"之定位，赋予了国家在推广教育上扮演的角色，指出"初等小学堂为养正始基，各国均任为国家之义务教育"，还以其关乎"国民之智愚贤否"，故"应随地广设，使邑无不学之户，家无不学之童，始无负国民教育之实践"，"国家不收学费，以示国民教育国家任为义务之本意"。③

---

① 《奏定学堂章程·学务纲要》，第1—3页。
② 《奏定学堂章程·中学堂》，第4、28页。
③ 《奏定学堂章程·初等小学堂》，第2页；《奏定学堂章程·学务纲要》，第30页。

《奏定学堂章程》无疑是划时代的文献，对于开办新式教育涉及的方方面面，都有较为周全的考虑。只是，涉及教育制度全方位的变革，注定困难重重、状况频出。以教科书的选用来说，"课本应用何书"的难题，又再度显现。《章程》为此指出："教科书应颁发目录，令京外官局私家合力编辑，书成后编定详细节目讲授。"考虑到此事非短时间能奏效，《章程》又言明可"采用各学堂讲义及私家所纂教科书"，"官编教科书，未经出版以前，各省中小学堂，亟需应用，应准各学堂各科学教员，按照教授详细节目，自编讲义"，亦可以"选外国教科书实无流弊者，暂应急用"。①

然而，这只不过是千头万绪中之一环而已，还有更多难题需要应对。黄遵宪描绘了此一过程的走向："兴学之诏，始于戊戌，迨西狩还京以后，迭奉旨催办，既设管学大臣，又钦颁大学、中学、小学、蒙学各章程。然各省大吏，三令五申，卒督责而罔应者，非特无地无款，实无办法、无章程。"照其所见，"凡兴办学务，必要有师范生，有教科书，有地方，有款项，四者缺一，不能兴学"。② 显然，要具备这些条件，绝非易事！别的且不论，科举不废除，自会阻挠新式教育的推进；为解决办学场所图谋的"权宜而简易之策"——"庙产兴学"，也制造了绵延不绝的风波。

---

① 《奏定学堂章程·学务纲要》，第32—35页。
② 黄遵宪《敬告同乡诸君子》，《东浙杂志》第2期，1904年，第1页。

各地方推进新式教育,更是各有亟待解决的问题。叶昌炽1902年以翰林院编修出任甘肃学政,得旨后觐见谢恩,对于"速办学堂"之上意,叶就表示"甘省地僻,艰于转运,必需筹款多刻有用之书";也难以"因循办理","当先从小学堂始,教习得人尤难,宜先立师范学堂"。①温州士人刘绍宽1904年也道出,各府州县竞开学堂,各种问题也随之而来:

> 于教术之何以培材,实学之何以致用,茫然不得其端倪……政治也,伦理也,舆地也,历史也,算术也,格致也,体操也,刺取学堂章程而杂就之,随购各书坊课本而措施之,东涂西抹,自谓竭尽能事。问诸生智识发达乎?无有也。官能增长乎?无有也。培公德,结团体,有高尚志趣与资格者乎?无有也。②

以分科为基础的分层教育的确立,构成"学科制度化"的关键环节。上述种种,也表明按照分科知识落实新的教育制度,绝非短时间可以完成。严复对于学务之难为,"或绌于经费,或艰于师资",也深有体会,"此所以数年以来,虽内之大部,外之督抚提学,刻意兴学,课其成效,终未大明"。但他坚信,"变法之事,久道化成,不可旦暮责其

---

① 叶昌炽《缘督庐日记》(6),1902年4月5日,广陵书社,2014年,第3595—3596页。
② 温州市图书馆编《刘绍宽日记》第1册,1904年5月24日,中华书局,2018年,第367—368页。

近效",无论如何都应该认识到此乃"自存之命脉","盖不独兵战、实业,事事资于学科;即国家处更张之日,一法令之行,一条教之出,欲其民之无生阻力,谅当事者皆为彼身家乐利而后然,则预教之事,即亦不可以已"。① 研究者对于兴办学堂数年后仍未能达到预期目标,也通过数字做了说明。艾尔曼结合学部的一项统计指出,到1910年,共兴建3.5万所学堂,大概有6.4万名教师及87.5万名学生,按照当时约4.06亿的总人口而言,只有不到1%的人进入学堂读书。而且,"新的学校体制也并没有考虑到那些文化、教育欠发达地区所面临的问题"。② 以学校替代科举,显然还有很长一段路。

即便到了民国时期,在"国家政权建设"架构下推行各级教育,其成效也难以令人满意,很多看起来在晚清应解决的基本问题,仍然存在。以"中体西用"论来说,伴随南京临时政府教育部成立,废除"癸卯学制",紧接着又制订"壬子癸丑学制",其影响才真正瓦解。论者也阐明:"'中体西用'思想虽然翼护了中学的本体,并开启了学堂讲授西学的空间,但是对于中西学术内容的有机整合其实反倒是一种限制。换句话说,也只有体用对立的思考形态逐渐为学科'类分'标准所消解时,西学之'体'才会逐渐受到重视,而中学也才能重新找回他失去的致用意义,

---

① 严复《与学部书》,1909年6月10日,王栻主编《严复集》第3册,第592页。
② 艾尔曼《晚期帝制中国的科举文化史》,第618页。

并与西学站在平等的接触点上。"① 这或许是一种理想状态，倒也契合了中学、西学会通时的情形，与之形成对照的则是以分科知识规划教育的体制。只不过，所谓"中体"还会以别的方式存在，继续影响到教育。进入民国以后，很快就形成了一个"主义时代"，"希望以某种主义去指导、规范政治、思想、文化、教育的活动"。②

三 "普及"与"提高"："国家政权建设"主导下的各级教育

民国肇建，执掌教育部的蔡元培发表了对新教育的意见，重点说明军国民主义、实利主义、德育主义、世界观、美育主义，"皆今日之教育所不可偏废者"。这显然要与清季之教育划清界限。不过，蔡也清楚，"本此五主义而分配于各教科，则视各教科性质之不同，而各主义所占之分数，亦随之以异"。对应的课程包括修身、历史、地理、算学、物理、化学、博物学、图画、唱歌、手工、游戏等。③ 可见，无论秉承怎样的"主义"，仍体现在如何在大学、中

---

① 刘龙心《学术与制度：学科体制与现代中国史学的建立》，台北，远流出版公司，2002年，第40—45页。
② 王汎森《"主义"与"学问"——1920年代中国思想界的分裂》，《知识分子论丛》第9辑，南京，江苏人民出版社，2010年，第211—255页。
③ 《教育部总长蔡元培对于新教育之意见》，《临时政府公报》第13号，1912年2月11日，第7—16页。

学、小学之架构下谋划所设系科及课程。故此，对于民国时期"学科制度化"的审视，同样有必要以教育之"制度化"为基础。晚清推进新式教育尚属草创阶段，进入民国以后，则更为重视如何兼顾教育的"普及"与"提高"，在基础薄弱、资源有限的情形下，这仍是不易破解的难局。

"专制国之教育，与共和国迥乎不同，故未有政体革命，而教育不革命者。"稍后举办的全国临时教育会议上，蔡元培又围绕新的教育宗旨指出：中国政体既已更新，亦当以民国教育易君主时代之教育，"前清时代，承科举余习，奖励出身，为驱诱学生之计，而其目的在使受教育者皆富于服从心、保守心，易受政府驾驭。现在此种主义，已不合用，须立于国民之地位，而体验其在世界在社会有何等责任，应受何种教育"。[1] 清季推广新式教育难以突破诸多樊笼，前已有所说明，进入民国以后，哪些因素影响到教育的推进呢？尤其是"学科的制度化"又受到哪些因素的制约呢？

无论是对教育宗旨的阐述，还是教科书的编写，显然都要因应新的政治形势。就学制的更新来说，曾推行"壬子—癸丑学制"（又称1912—1913年学制），希望修正"癸卯学制"的弊端。如学制年限较之癸卯学制缩短了三四年；消除了男女教育权上的差异，开始重视女子教育；更新教学内容，进行课程和教材改革，等等。这一学制实施了约

---

[1]《临时教育会议日记》，《教育杂志》第4卷第6号，1912年9月，第1—2页。

十年时间,尽管有多次修订,但形式上与癸卯学制并无重大差别。参与此事的蒋维乔道出不得已之苦衷:当初规划时,理想殊高,拟将各国之学制译出,舍短取长,结果所译出之条文,"与我国多枘凿不相容","屡经讨论,仍趋重于采取日本制"。蒋也承认:

> 当时教育界办学经验,于小学较为丰富,故民元学制之初高等小学校令确能参合国情,表现特色。至中等教育并未发达,经验殊少,于专门大学,更属茫然。故除增损日制,易以本国课程外,殆无经验之可言。①

到 1922 年,方产生了奠定民国时期教育基石的新学制,史称"壬戌学制"。这一学制的实施,经历了漫长的酝酿,各省成为主要的推动力量。1921 年在广州召开的全国教育会联合会第七届年会,广东、浙江等十多个省皆提出各自的学制改革案,最后议决以广东提案为基础,提交第八届年会征求意见。据此完成的《学制改革案》,1922 年 11 月 1 日以大总统的名义颁布。和旧学制相比,"壬戌学制"分为初等教育、中等教育和高等教育三段,明确了各自的重心;初等教育缩短了年限,改七年为六年;分小学为初级、高级两级,前者四年,为义务教育阶段,后者二

---

① 蒋维乔《民国教育部初设时之状况》,舒新城编《近代中国教育史料》第四册,上海,中华书局,1928 年,第 196—197 页。

年；幼儿教育也纳入初等教育。中等教育方面，延长了年限，改四年为六年，初中、高中一般各三年，可依设科性质，调整年限；高级中学实行选科制，可单设一科或兼设数科。高等教育阶段，大学校设数科或一科均可；修业年限四至六年。大学院为大学毕业及具同等程度者研究之所，年限无定；职业教育和师范教育也得到重视。这一改革案传递的理念，有两点尤其值得重视：一是关切如何"使教育易于普及"，一是"多留各地方伸缩余地"。①

配合新的学制，1923年5月全国教育会联合会又颁布了《新学制课程纲要》，小学课程分为国语、算术、卫生、公民、历史、地理（前四年卫生、公民、历史、地理合并为社会）、自然园艺、工用艺术、形象艺术、音乐、体育等十一目，取消了修身课，国文易名国语，体操改为体育。中学阶段，初级中学分别设社会（公民、历史、地理）、言文（国语、外国语）、算学、自然、艺术（图画、手工、音乐）、体育（生理、卫生、体育）等六科；高级中学分普通科和职业科，前者分为注重文学及社会科学和注重数学及自然科学两组；后者分师范、商业、工业、农业、家事五科。课程则按照公共必修科目、分科专修科目、纯选修科目分为三种，各设若干课程。此一课程标准尽管未经政府部门正式公布，但参与制定课程纲要的，是各地教育界人士及相关领域的专家，如《高级中学课程总纲》由郑海宗、

---

① 《大总统令·学校系统改革案》，《政府公报》第2393号，1922年11月2日，第1—5页。

胡复明、廖世晨、舒新城、朱经农、陆士寅、陆步青、朱斌魁、段育华等起草，委员会复订。这些专家制定的学制方案及课程标准，既考虑到中国的现实，也留意到各地发展的不平衡，是有利于执行的方案；尤其对教学环节涉及的各方面都有所考虑，甚至每门课讲述的基本内容都有明确说明，故各地都依此在执行。①

南京国民政府成立后，政权建设步入正轨，教育的"制度化"受到更多重视。1928年5月召开的中华民国大学院第一次全国教育会议，提出《整理中华民国学校系统案》，在学制方面延续了"壬戌学制"的基本架构。加强对教育主导权的掌控，是这一时期国家政权建设颇为突出的一环。1928年12月11日颁布的《国民政府教育部组织法》，明确"教育部管理全国学术及教育行政事务"，并赋予教育部管理"地方"的权力，"对于各地方最高级行政长官执行本部主管事务有指示监督之责"。② 同日颁布的《国民政府教育部大学委员会组织条例》等文件，又强调"教育部大学委员会依本条例决议全国教育及学术上重要事项"；教育部长、次长为"当然委员"，聘任的委员则主要由大学校长及从事教育研究的其他"专门学者"构成。③

---

① 《新学制课程纲要总说明》，《河南教育公报》第2年第5、6、7期合刊，1923年8月16日，第1—8页。该期也收录了小学、初级中学、高级中学课程纲要。
② 《国民政府教育部组织法》，《教育部公报》第1卷第1期，1929年1月，第63页。
③ 《国民政府教育部大学委员会组织条例》，《教育部公报》第1卷第1期，1929年1月，第79—81页。

这样的诉求，体现的正是教育"国家化"色彩，不仅指明须"矫正从前教育上放任主义之失，而代之以国家教育之政策"，① 还全力推行三民主义，要求"各级学校三民主义之教学应与全体课程及课外作业相贯连"。② 1931年通过的《三民主义教育实施原则》，也突出知识教育应服务于"训育"，"以三民主义重要的观念为编订全部课程之中心"，"以中山先生全部遗教贯通教材以建立三民主义的社会科学"。③ 到抗战时期，仍不忘加强对教育的控制。1939年3月蒋介石在第三次全国教育会议上宣称："今天我们再不能附和过去被误解了许久的教育独立的口号，使教育者自居于国家法令和国家所赋予的责任以外"，"应该使教育和军事、政治、社会、经济一切事业相贯通"。教育界尤其不能"各逞所见，各行其是"，应"齐一趋向，集中目标，确确实实为实现三民主义而努力"。④

　　通过这些努力，国民政府将学术教育纳入"国家政权建设"的架构中，并通过"法"的形式确定下来。1931年通过的《训政时期约法》明确规定："全国公私立之教育机关，一律受国家之监督，并负推行国家所定教育政策之义务。"⑤

---

① 《中国国民党第三次全国代表大会对于政治报告之决议》，《中央党务月刊》第10期，1929年5月，第12—13页。
② 《国民政府令·中华民国教育宗旨及其实施方针》，《教育部公报》第1卷第5期，1929年5月，第2—4页。
③ 《三民主义教育实施原则》，《教育部公报》第3卷第38期，1931年10月4日，第45—65页。
④ 蒋中正《第三次全国教育会议训词》，《教与学》第4卷第1期，1939年3月31日，第37—40页。
⑤ 《中华民国训政时期约法》，《行政院公报》第258号，1931年6月3日，第7页。

针对高等教育开展的"国立化"（或"国家化"），则构成了国民政府成立初期的主要举措：一是"对外的"，主要例证为教会大学及清华学校，国家化的目标是争取学术独立、收回教育权，要使大学成为"中国的"；一是对内的，使一所大学成为"国家的"，把中央政权扩展到地方。①

此亦表明，此一时期学科知识的"制度化"，突出体现在教育之"国家化""制度化"，"提高"与"普及"成为主要的建设目标。1928年通过的《整理中华民国学校系统案》，确立"根据本国国情""适应民生需要""增高教育效率""谋个性之发展""使教育易于普及""留地方伸缩可能"几项原则。②"学科的制度化"成效如何，也可以据此验证。

所谓"提高"，明显烙上的是精英的观点。科举废除后，改变了精英的晋升通道，留学生成为世所瞩目的精英。1917年《东方杂志》便刊文指明："科举既废，吾国政界军界学界，莫不取材于留学生。游学一途，实为今日登仕版膺政位之终南捷径；将来之官吏，即今日之留学生。"③这也使得民国时期学术与教育的发展，主要由有留学背景的人士掌控。照国联教育考察团的观察，"回国学生在中国学术界势力甚大，盖过去之传统习惯，与最近之历史事实，

---

① 王东杰《国家与学术的地方互动——四川大学国立化进程（1925—1939）》，生活·读书·新知三联书店，2005年，第2—3页。
② 《整理中华民国学校系统案》，中华民国大学院编《全国教育会议报告》，上海，商务印书馆，1928年，第93—94页。
③ 《青年会与留学生之关系》，《东方杂志》第14卷第9号，1917年9月15日，第196—197页。

已给留学生以一种地位,使成为舆论界之代表"。① 1922年蔡元培提出《教育独立议》,也试图确保专家对教育的主导:"教育事业,当完全交与教育家,保有独立的资格,毫不受各派政党或各派教会的影响。"如何实现"超然的教育",蔡的设想主要取法法国、美国、德国的制度,"分全国为若干大学区",每区设立一大学,"凡中等以上各种专门学术,都可以设在大学里";中小学教育、社会教育等,"都由大学办理";还明确提出"各大学校长,组织高等教育会议,办理各大学区互相关系之事务",教育部"不得干涉"。②

立足于"提高"建设大学,毫不令人奇怪。戊戌维新中应运而生的京师大学堂,1912年改名为北京大学后,出任首任校长的严复,面对时人对大学之质疑,以为"吾国教育方针必从普通入手","今中小学未备,而先立大学无基为墉,鲜不覆溃",严也挺身予以辩护,指明国家建立大学,其宗旨与中小学不同,大学负有"造就专门"之使命,"兼保存一切高尚之学术以崇国家之文化"。③

1916年蔡元培接任北京大学校长后,也致力于落实"提高"这一目标。蒋梦麟将蔡入长北京大学喻为"在静水中投下知识革命之石",再恰当不过。④ 在就任校长的演说

---

① 国联教育考察团《中国教育之改进》,第156页。
② 蔡元培《教育独立议》,《新教育》第4卷第3期,1922年3月,第317—319页。
③ 严复《论北京大学校不可停办说帖》,王学珍、郭建荣主编《北京大学史料》第2卷(1912—1937)上册,北京大学出版社,2000年,第29页。
④ 蒋梦麟《西潮》,业强出版社,1991年,第120—121页。

中，蔡元培将大学定位于"研究高深学问"之所，告诫学生，须抱定宗旨，为求学而来。入法科者，非为做官；入商科者，非为致富。如果欲达做官发财之目的，则另有不少专门学校，又何必来此大学。① 这些看法，也有所本，民国元年公布的《大学令》，明确"大学以教授高深学术，养成硕学闳材，应国家需要为宗旨"。② 1929年公布的《大学组织法》，也将大学定位于"研究高深学术，养成专门人才"。③ 实际上，大学也一直居于中国教育制度最高之地位，仅有少数中学生，能够升入大学。

蔡元培投下知识革命之石，也有积极反响。如何使大学成为高深学问研究之场所，落实"提高"这一目标，成为那一代读书人努力的方向。蔡元培担任北大校长后，将大学定位于"囊括大典网罗众家之学府"，遂采取"思想自由""兼容并包"的办学方针，网罗了不少专心向学之士，使北大很快成为中国学术之重镇。然而，当日北大的学术成就却难以令人满意。傅斯年出国留学后，在给蔡元培的信中就表示："北大此刻之讲学风气，从严格上说去，仍是议论的风气，而非讲学的风气"，"大学之精神虽振作，而科学之成就颇不厚"，"若没有一种学术上的供献接着，则其去文化增进上犹远"。④

---

① 蔡元培《北京大学校长蔡孑民就职之演说词》，《环球》第2卷第1期，1917年3月20日，第45—47页。
② 《大学令》，《政府公报》第178号，1912年10月26日，第3页。
③ 《大学组织法》，《教育部公报》第1卷第8期，1929年8月，第113—116页。
④ 傅斯年《致蔡元培》，1920年9月，王汎森等主编《傅斯年遗札》第1卷，第20页。

在 1920 年北京大学的开学典礼上，胡适就说了一番不中听的话：北大这些年挂着"新思潮的先驱""新文化中心"的招牌，但面对学术界的大破产，以及自身在智识学问上的贫乏，应该感到惭愧；北大同人更应该从浅薄的"传播"事业，回到"提高"的研究工夫，以目前整个学校体现的学术水准，远没有资格谈"普及"，"要创造文化、学术及思想，惟有真提高才能普及"。① 下一年开学典礼胡适发表演说，中心意旨仍是"提高"。他还特别提到，外间骂我们是学阀，其实"学阀"有何妨？不要因为称我们为"最高学府"便得意；称我们为"学阀"便不高兴，"我们应该努力做学阀！学阀之中还要有一个最高的学阀！"② 到 1922 年北大 25 周年校庆，胡适也再三痛陈北大这几年的成绩，"开风气则有余，创造学术则不足"，作为"最高学府"的北大，在学术上至今仍不曾脱离"稗贩"阶段，"自然科学方面姑且不论，甚至于社会科学方面也还在稗贩的时期"，应尽早进入"创造学术"的时代。③ 李大钊也赞同胡适的看法，认为北大"值得作为一个大学第二十五周年纪念的学术上的贡献实在太贫乏了"，"只有学术上的发展值得作大学的纪念，只有学术上的建树值得'北京大学万

---

① 陈政记《胡适之先生演说词》，《北京大学日刊》第 696 号，1920 年 9 月 18 日，第 3 版。陈独秀对此略有疑问，不过对北大的评估也很悲观："现在低的还没有，如何去提高？"认为不必急于"提高"，"乃急于实实在在的整顿各科的基础学"。陈独秀《提高与普及》，《新青年》第 8 卷第 4 号，1920 年 12 月 1 日，第 5—6 页。
② 《胡适的日记》（手稿本），第 2 册，1921 年 10 月 11 日，无页码。
③ 胡适《回顾与反省》，《北京大学日刊》第 1136 号，1922 年 12 月 17 日，第 2 版。

万岁'的欢呼"。①

"我们应该努力做学阀!"真是掷地有声的豪言。这番话置于反对"学术霸权"甚嚣尘上的今天,听起来自有些刺耳,但在那个年代,却代表着知识圈普遍的见解。1911年创办的清华学堂,1928年组建为国立清华大学。梅贻琦1931年就任校长时,也仿孟子所说的"所谓故国者,非谓有乔木之谓也,有世臣之谓也",留下一句名言:"所谓大学者,非谓有大楼之谓也,有大师之谓也。"②同样强调清华的学术研究应向高深专精方面去做——"重质不重量"。这种力图通过培育"知识精英"扭转社会风气的意识,也传递到新一代知识青年。傅斯年曾由衷表示:"期之以十年,则今日之大学,固来日中国一切新学术之策源地;而大学之思潮,未必不可普遍于国中,影响无量。"③赴英伦留学后,傅还致函胡适,"愿先生终成老师,造一种学术上之大风气,不盼望先生现在就在中国偶像界中备一席"。④这是担心胡适为盛名所累,于学术上的大成反为魔障。

从"提高"的角度来看,近代中国大学的建设成效未必尽如人意,但现代大学制度建立起来,大学规模逐渐壮

---

① 李大钊《本校成立第二十五年纪念感言》,《北京大学日刊》第1136号,1922年12月17日,第3版.
② 《梅校长到校视事,召集全体学生训话》,《国立清华大学校刊》第341号,1931年12月4日,第1—2版。
③ 傅斯年《〈新潮〉发刊旨趣书》,《新潮》第1卷第1号,1919年1月1日,第1—3页。
④ 傅斯年《致胡适》,1920年8月1日,《胡适来往书信选》(上),中华书局,1979年,第106页。

大，系科设置大致完善，表明其成长也是实实在在的。在起步阶段，按 1909 年的统计，共计有 3 所国立大学（749 名学生），24 所省立大学（4 203 名学生）和 101 所专业学院（6 431 名学生）。[①] 到 1931 年 9 月，已有大学 59 所，大学生 33 847 人。其中国立大学 15 所，学生 11 572 人；省立大学 17 所，学生 5 901 人；私立大学 27 所，学生 16 365 人。[②] 到抗战前夕，全国已有专科以上学校 108 所，学生近 4 万人。[③] 再到 1947 年，全国专科以上学校，共有 207 所，国立大学 31 所，私立大学 24 所。独立学院及专科学校方面，前者国立 23 所，省立 21 所，私立 31 所；后者国立 20 所，省市立 33 所，私立 24 所。[④] 新中国建立前夕接管的属于正规的高等院校共 223 所，包括国立、省立和私立不同类型（含共产党控制的东北区及各根据地学校）。[⑤]

"近二十年来，中国大学教育之发达，异常迅速"，"大学对于促进知识的贡献，在数种学问上，实已可观。故谓近代之中国，大都为其大学之产物，其趋势且日益增加，实非过言"。国联教育考察团对中国大学教育取得的成效，予以充分肯定。甚至表示，此系"根本事实，凡昧于中国

---

① 周予同《中国现代教育史》，上海，良友图书印刷公司，1934 年，第 219—221 页。
② 国联教育考察团《中国教育之改进》，第 151 页。
③ 《第三次全国教育会议决议案提要》（3），《教育通讯》第 2 卷第 37 期，1939 年 9 月 23 日，第 12 页。
④ 《第二次中国教育年鉴》第五编"高等教育"，上海，商务印书馆，1948 年，第 577—587 页。
⑤ 季啸风主编《中国高等学校变迁》，华东师范大学出版社，1992 年，第 1128 页。

近代大学教育惊人之进步与其所影响于民族生活者，其判断必不免于错误也"。不过，对于中国大学教育存在的问题，考察团也直陈意见，重点指出"全国各种学校之分布"存在严重的不平衡，尤其是大学，"高等学府皆集中于少数地方，如北平、上海等地，而适宜于高等学府之中心区域，往往完全缺乏大学，或为数甚少，且有全省毫无高等学府之设置者，如贵州与山西"。从调查数字反映的情况来看，确实极其严重：1930—1931 年间，15 所国立大学有 11 所设在三个城市；省立 17 所大学，9 校设于另外三个城市；又有三个城市，除国立大学外，复有 27 所私立大学中之 19 所。在北平附近，有国立大学 4 所，私立大学 8 所；上海有国立大学 4 所，私立大学 9 所；天津有国立大学 1 所，省立大学 4 所，私立大学 1 所。1930 年中国大学生 33 847 人中，有 20 463 人，约 60%，分布于北平、上海两个城市。六个城市共有学生 27 506 人，已占大学生总数五分之四以上，"少数城市设有多数大学，其弊确甚大，不祛其弊，有效之大学制度实无从兴起"。① 对于短短 25 年内竟有 50 余所大学创办，国联教育考察团也不无微词，指出当下应致力的，"不在大学之扩充，而在大学之合并"。这是因为同一区域内的大学，"进行之工作几完全相同，诸大学间亦无合理之分工"；"对于某数种学问过于重视，而对于有同等重要之其他学问，反忽视之"。"若能取消多数不健

---

① 国联教育考察团《中国教育之改进》，第 54—55、160—161 页。

全之大学，而代之以少数力量充实之大学，则关于提倡研究，发展现在所忽视之学科，改良教员之待遇，造成师生间较亲切之关系等，自易采行一种高瞻远瞩之政策"。①

国联教育考察团在华停留的时间不过 3 月，考察范围也限于不多的几个地方，形成的意见，显然是中外合作的产物。考察团也并不讳言，涉及教育统计数据方面的信息，"以中国政府所供给之人口统计为根据"，意见也"并非纯粹根据吾人亲身之观察；其大部分系以中国专家所发表之意见为根据"。② 无论意见来自何方，结合此，可以就关乎学科知识成长的内容加以检讨。

按照 1929 年 7 月国民政府公布的《大学组织法》，大学分文、理、法、教育、农、工、商、医等学院，具备三学院以上者，始得称为大学；还说明大学应注重实用科学，此三学院中须包含理学院或农、工、医各学院之一。③ 实际情况如何呢？1931 年底出任教育部长的朱家骅，花了九个月时间调查全国教育的情况，首先注意到大学教育的畸形发展。根据 1930 年度的数字，"文法科学生为数达一万七千人，而农工医理诸科学生合并计算，仅为八千余人，不及文法科学生二分之一"。其次则是院系之"铺张与骈置"，同一区域内，大学纷设学院，院又纷设各系，"均不加以限制"。在课程方面，往往"巧立名目，未重实际，不嫌

---

① 国联教育考察团《中国教育之改进》，第 158—160、164 页。
② 国联教育考察团《中国教育之改进》，第 3、5、6 页。
③《第二次中国教育年鉴》第五编"高等教育"，第 490 页。

重复琐碎,轻视基本教学;对于研究设备,毫不讲求"。①

国联教育考察团也有类似的看法:中国各大学大都根据数种学科,分为文学、科学、法学或农学等学院;学院又随组织及教学之目的,分为若干系。多数大学之课程,"文法二科,皆占主要地位";"对于重要学科之研究,大半皆借一种外国语为媒介,所用之材料及例证,亦多采自外国";"学生初入大学时,必修数种基本学科,年级越高,则范围较窄之专门研究时间亦愈多"。考察团针对此也指出:"目前各大学之种类太趋一律,其课程亦集中于某数门科目而忽视其他。"尤为严重的是,"三分之一以上之学生,皆习法律(其中包括政治学),五分之一以上学生习文科,其习工科者,不过十分之一强,习自然科学者,十分之一弱,至于习农科者,不过总数百分之三"。尽管考察团对于造成这一状况的原因表示理解,但为此也提出,"若自然科学与工科萎缩过度,法科、文科、政治科发展过度,则不论由学生个人或国家全体之观点而论,皆为极不幸之现象"。报告还指出,研究方面投入之不足,也是亟待解决的问题:

> 现在大学关于专门研究及毕业生研究工作之设备,殊欠完善,应即设法增加。大学教师之工作,应有适当之组织,俾教师能有充分之时间,以便对专精之知

---

① 朱家骅《九个月来教育部整理全国教育之说明》,《教育部公报》第 4 卷第 49、50 期合刊,1932 年 12 月 18 日,第 29—30 页。

识有所贡献。教育部对于有数大学可改为研究院一事，亦应加以考虑。①

这些或都展现出以"提高"为目标的大学建设，仍存在诸多需要解决的问题。1937年前后，围绕南京国民政府成立后的十年，时人发表了从不同角度进行总结的文字，《十年来的中国高等教育》做出了这样的检讨："过去之高等教育，<u>重量不重质</u>，崇文不崇实，设备空虚，程度低浅，遂致造就之人材，不能与国家社会之需要相适应。"②

"提高"已属不易，"普及"更是艰难万分。晚清已提出"国民教育"的目标，到民国时期，其落实情况仍难以如愿，表明基础教育之"普及"，更是任重道远。

中华教育改进社调查截止1923年教育方面的情况（未列入教会学校），获得这样的信息：高等小学校10 236所，学生数582 479人，每校平均学生数56.9人，女生占比6.04%；教职员数39 061人，每一教职员平均学生数14.9人。国民学校167 076所，学生数5 814 375人，每校平均学生数34.8人，女生占比6.33%；教职员数223 279人，每一教职员平均学生数26人。③南京国民政府也采取了很多举措，情况仍没有多少改变，1930年全国中学计有1874

---

① 国联教育考察团《中国教育之改进》，第154—157、165、206页。
② 中华文化建设协会编《十年来的中国》，上海，商务印书馆，1937年，第503页。
③ 中华教育改进社编《中国教育统计概览》（1923年），上海，商务印书馆，1924年，第2—4页。

所，教员30025人，学生396948人；小学计有244618所，学生10788582人，教职员553985人。而且，入学是一回事，能否毕业又是另一回事。尤其令人关切的是"义务教育"，《训政时期约法》有"已达学龄之儿童，一律受义务教育"之专条，然而，1930年的统计，入学儿童仅占学龄儿童的21.8%，距教育普及之期尚远，而且，要实现20年普及全国的目标，"所需经费以三四千万万计，所需教员以百数十万计，衡诸国家财力及现有师资之实际状况，相差太巨"。①

朱家骅整理全国教育之情况，尤为感到困难的便在小学教育办理未善。任何国家，如欲谋教育普及，"必须推广小学教育使其成义务教育"，但受限于地方财政，此二者"仍不能并为一事"。而且，"现在中国十岁至十六岁之年长失学儿童，为数达三千万，如欲一律使受四年初级小学之义务教育，则不特年需三万万元之经费无从筹措，即一百四十万之小学教员，亦非仓卒所能训练完成"。因应之道，只能采取以一年为期的"短期义务教育办法"，期望能"普遍设置，便于实行强迫，以应暂时之急"。② 国联教育考察团在报告中也指陈教育普及难以令人满意：一则对于教育发展至为重要的"全国各种学校之分布"，存在严重的不平衡，小学、中学均是如此。二则在讲授学科知识方面，"许

---

① 教育部编《第一次中国教育年鉴》，上海，开明书店，1934年，丙编，第193—195、423、487页。
② 朱家骅《九个月来教育部整理全国教育之说明》，《教育部公报》第4卷第49、50期合刊，1932年12月18日，第24—25页。

多中学对于科学课程，似亦未有良好计划。在高中普通科，物理学、化学、生物学所占时间仅及全数七分之一"。问题还不只是处于课程之"次要地位"，还在于其教学方法存在很多缺点，"讲授时间太多，观察及实验之时间太少"。①

这也导致"教育破除""整顿教育"的声音不绝于耳，尤其是九一八引发的"国难"危机，更令各方人士对教育产生种种担忧。傅斯年直指"中国的学堂教育自满清末年创办的时候起到现在，从不曾上过轨道，而近来愈闹愈糟，直到目前，教育界呈露总崩溃的形势"，尤其是小学、中学，其糟糕的状态更远甚于大学。② 徐炳昶也注意到，教育破产之呼声，原本时有所闻，"国难"之际，"教育界自身的弱点却是穷情尽相地暴露。不惟民众对于教育界怀极深的不满意，就是教育界自身，也何尝不自惭形秽"。③ 张佛泉还明确提出"如何能使教育成为建国的力量"，"我们如欲实现一个新的社会，从教育入手是最有力的方法"。然而，问题却是"党政府"对于教育的措施存在严重错误，"对中小学等基础教育的相对忽略，而对高等教育却时常想加以严格的统制"。何以忽略基础，自是因为"时不我待"；试图统制"高等教育"，则与"齐一"的教育目标相表里。④

---

① 国联教育考察团《中国教育之改进》，第118页。
② 傅斯年《教育崩溃之原因》，《独立评论》第9号，1932年7月17日，第2页。
③ 徐炳昶《教育罪言》（一），《独立评论》第25号，1932年11月6日，第6—10页。
④ 张佛泉《从政治观点论我国教育问题》，《独立评论》第233号，1937年5月9日，第11—14页。

对教育的焦虑,也集中于对教育"普及"的检讨。蒋梦麟鲜明表达了这样的看法,"中国向来的教育,本来是与社会隔离的",新教育施行后,此种趋势不独不见于减轻而且加甚,"教会学校与回国的留学生所设施的教育,均为养成社会的优越阶级,而于一般民众之需要忽略过甚"。① 徐炳昶自称对于教育是"根本改革派",着力点也在"普及",甚至认为"由无限农村组成的中国,应该创造出来一种农村的教育;至于从前所用的都市教育应该废弃"。② 何思源也撰文指出,中国革新教育四十年,却造成了这样的结果,"学校造出之人才,不为社会所需要,社会需要人才,学校复未尝顾及"。③

可以说,尽管南京国民政府多次制定推进"国民教育"的办法,落实的情况,却相距甚远。1940年公布的《国民教育实施纲领》,指明该年8月起实施国民教育,五年内"各乡(镇)均应成立中心学校一所,至少每三保成立国民学校一所",以完成国民教育之普及。④ 成效如何呢? 1942年度统计的结果是,总计学校数236 101所;学级数447 813级;儿童数16 140 366人;教职员数598 649人。⑤

---

① 蒋梦麟《国联中国教育考察团报告书中几个基本原则的讨论》,《独立评论》第40号,1933年3月5日,第10—13页。
② 徐炳昶《教育罪言》(六),《独立评论》第38号,1933年2月19日,第5—12页。
③ 何思源《中国教育危机的分析》,《独立评论》第21号,1932年10月9日,第11—14页。
④《国民教育实施纲领》,《行政院公报》渝字第3卷第6、7号合刊,1940年4月1日,第47页。
⑤《全国国民教育概况》,表13,《统计月报》第95、95期合刊,1944年7月,第17页。

1947年教育部又公布《全国初等教育统计》，展现出国民学校及小学（含幼稚园）的情况：1943年度学校数273 443所；学级数530 993级；教职员数696 757人。1944年度学校数254 377所，学级数513 969级，学生数17 221 814人。① 对这些数据稍加辨析，不难发现问题之严重："全国有二十七万个小学，在小国看起来，可使人吓了一跳；但在我们堂堂大国说来，要行普及教育，还差得很远呢。"而且，"二十七万个小学，统算只有六十八万级，平均每校不到三学级"。这样一来，按6年规划的"义务教育"，"大部分不能学完规定的课程"。而"六十八万学级，由七十九万教师担任"，意味着一个教师担任一级，"不论初小高小，不论哪一种科目，大概都是一人包办一级"。②

国民教育之成效不彰，也体现在旧时代的"私塾"仍发挥很大影响。中华教育改进社1922—1923年进行的调查，留意到旧日之私塾仍然很多，"就南京一城而论，人口数几有400 000，而在城内的私塾不止500，学生的总数约有12 000，比各学校所有学生数目之和还多"。广州也是如此，"私塾之数目超过1 000，学生数目约20 000有余"。愈到内地，情况自然更为严重，故"私塾的学生数至少也与学校的学生数相等"。③ 1933年湖北教育厅还针对此提出问

---

① 《统计资料》，表17，《统计月刊》第113—114号合刊，1947年1、2月，第40页。
② 沈百英《从统计上看国民教育的问题》，《教育杂志》第32卷第6号，1947年12月，第37—38页。
③ 陶知行《序言》，中华教育改进社编《中国教育统计概览》（1923年），第2页。

题，设问方式颇类似于科举考试之"策论"题：

> 欲求教育普及，必须多设学校，然设立学校往往为经费人才所限，县区及乡村尤感困难。改良私塾是否可济学校之穷，能否补教育之不及，其得失利弊若何，实行改良，其方法若何，试就理论事实并斟酌本省各地情形加以研究。①

这样的问题实际上始终存在。1939年一篇检讨私塾的文字，仍主张以私塾作为补充初级教育之不足，这是因为政府所规划的小学教育，"约仅及百分之三十或四十"。②另一篇文字则描绘了私塾如雨后春笋，林立国中。作者也持"改良私塾"之主张，因为此"最合民间之需要"，"除增加教育效果外，并能节省教育行政之经费，协助'普教'之实施"。③1948年《燕京新闻》还登载了一则消息："广州学龄儿童共有十五万人，但公私立小学只能容纳八万多人，所以'塾师馆'还很多，据统计约有八十多个"，由于

---

① 《问题讨论》，《湖北地方政务研究周刊》第1卷第2期，1933年9月19日，第9—22页。
② 其中提及：山西教育，向称普及，为全国之冠，该省小学生人数，约当学龄儿童人数67.8%；其他各省，浙江32.6%、河北29.5%、江苏25.5%，至于广西、陕西、湖南、云南、四川、甘肃六省，最高的25%，最低的20%；尚有许多省份，不及此数，如贵州仅占8%，江西7.2%，湖北5.2%。庄谌《私塾问题之研究》，《新命月刊》第3号，1939年4月10日，第47—51页。
③ 何宇海《地方教育中之一个实际问题——私塾制度之改革》，《县政研究》第1卷第2期，1939年1月15日，第77页。

"比私立小学便宜一半以上,所以都有人满之患"。① 尤有甚者,即便有私塾作为国民教育之补充,仍有相当数量的失学儿童。按1948年《北平市政统计》提供的信息,本市学龄儿童有169 625人,就读各类学校(包括私塾)为115 985人,未入学者仍有53 642人,占学龄儿童总数之31.6%。② 北平的情况已然如此,其他地方自是更为不堪。

教育的"制度化",自是学科知识成长的"制度化"体现。除此之外,与"现代性"成长息息相关的卫生、法律以及图书馆、博物馆方面的建设情况,同样构成检视近代知识的"制度化"值得重视的内容,存在的问题同样说明"普及"之难度。

1928年行政院颁布的《全国卫生行政系统大纲》,显现国民政府试图建立从中央到地方的卫生行政系统,但难以解决的正是各地的不平衡。1935年《中华医学杂志》刊登的调查指出:新医共5 390人,中国人4 638人,占87%;外籍752人,占13%。所有医师中,医院专任人员只有1 368人,其他的大都是个人开业。按省而论,以江苏省为最多,2 010人,占37.3%;次为广东,606人,占11.2%,此二省约占全数之半。而大城市也成为医师的集中之地,上海为最,1 182人,占22%,次为广州,再次为南京。③ 1940年

---

① 《校长门难进,私塾患人满》,《燕京新闻》1948年3月1日,第2版。
② 北平市政府统计处编《北平市政统计》,1948年第一季公务季报,第1—2页。
③ 朱席儒、赖斗岩《吾国新医人才分布之概观》,《中华医学杂志》第21卷第2期,1935年2月,第147—148页。

实行新县制，行政院又公布《县各级卫生组织大纲》，提出县各级当设立下列卫生机关：县为卫生院，区为卫生分院，乡（镇）为卫生所，保为卫生员。① 1943 年担任行政院卫生署署长的陆润之对此进行总结，仍将改善卫生行政的努力指向"卫生行政系统强化及连络"，表明进展远不如预期。②

在司法的推进上，县一级司法也较为迟缓。1939 年 5 月公布的《县知事兼理司法事务暂行条例》，明确"凡未设立法院或县司法处之各县司法事务暂由县知事兼理之"。③但多年以后仍没有什么进展，"除城市冲繁地方，酌设正式法院外，多数县份，仍沿县知事兼理司法旧制"。④ 此外，图书馆、博物馆以及报章杂志的成长也极不均衡。据教育部统计室提供的资料，1936—1939 年度西康、青海、宁夏、新疆建立的图书馆，最初都是个位数，宁夏录得的数字，始终为 1。⑤ 博物馆方面，情况更不理想，全国统计的结果，公私立共计 17 所。⑥ 由报章所营造的"思想版图"，

---

① 《县各级卫生组织大纲》，《行政院公报》第 3 卷第 10、11 号合刊，1940 年 6 月 1 日，第 19—23 页。
② 陆润之《中国之卫生行政》，《卫生保健医药专号》，上海晚报出版，1943 年 9 月，第 122—124 页。
③ 《县知事兼理司法事务暂行条例》，《政府公报》第 60 号，1939 年 6 月 26 日，第 379 页。
④ 蒋贡梁《县司法》，《市县行政研究》第 2 卷第 3 期，1944 年 3 月 15 日，第 17 页。具体情形可参见《各省区司法机关》，《统计月报》第 117、118 号合刊，1947 年 5、6 月，第 104 页。
⑤ 《最近四年图书馆概况（廿五年度至廿八年度）》，《统计月报》第 66 号，1942 年 2 月，第 44 页。
⑥ 《全国博物馆统计　公私立共十七所》，《四川教育通讯》第 34 期，1948 年 2 月 8 日，第 17 页。

同样存在着报纸数与人口数极不匹配的情况，主要集中于上海等中心城市，"京、沪、粤、平、津五处报纸的销售量，差不多占全国总数三分之二。这五个地方的人口，约八九百万，占全人口百分之二。然则其余三分之一的报纸，实全人口百分之九十八共同分配之"。①

这也映照出国家主权建设落实于"地方"的成效如何？抗战发生后，对基层组织的建设情况有不少议论，时人注意到"最高当局的计划经过中层，到了下层的县区，迟滞因循，就很难贯通到民间去，结果要获取突飞猛进的政治的进步当然是很难的"。② 与之相关，基层组织又展现出由简单到复杂的情形，"政出多门，莫衷一是"，"所谓农林、水利、道路、桥梁，和育幼养老、济贫救灾、自卫、教育那些重大的事件，能够同时举办恐怕很是少数，十九都没有举办"。③ 为此，也不断浮现培养"地方元气"的呼声，叹息于今日之地方早已由"有为"之区，成为"无能"之域。④ 可以说，近代中国确实形成了"多个世界"，严重制约着"现代性"的成长。

"今日全国教育，其发展关系失其均衡，而其实际内容

---

① 聂士芬、罗文达《中国报业前进的阻力》，《报人世界》第6期，1936年12月，第1—3页。
② 任颖辉《怎样健全下层政治机构》，《新政周刊》第1卷第19期，1938年5月16日，第9—11页。
③ 李洁之《改进行政基层组织刍议》，《大众生路》第2卷第7期，1938年4月24日，第16页。
④ 陈习挺《培养国家基层的家乡"地方元气"》，《潮州乡讯》第3卷第3期，1948年9月16日，第3页。

复流于空虚。高等教育苦于浮滥而初等教育尚艰于推广，文法科教育苦于骈设而实科教育尚艰于发展，中学日事推广而职业与师资之训练反形阙如，学校集于城市而缺于乡村，此全国教育发展关系之失其均衡也"。① 朱家骅作为教育部长看到的问题，充分说明"学科的制度化"不是短时期能够全面推进的。或许在高等教育及接下来讨论的国家级研究机构的建设方面取得了一些标志性的成果，但落实于基层的小学、中学，仍难以令人满意，而这恰恰是问题的关键。问题还不只是教育与知识的普及，梁思成等人1941年留下的广汉县（今四川省广汉市）的影像资料，就揭示出从空间维度看，尽管地方的事务发生了改变，但地方的建筑仍沿袭以往，"变"与"不变"交织在一起。② 即便立足于"变"，其两面性也当重视。国家政权建设未必能覆盖以往由地方承担的事务，甚至还可能导致某些地方事务的弱化。据此也当考虑，过往由地方承担的事务，哪些渐渐消失了？而地方事务的承担者，又如何发生改变？教育场所的解决，"庙产兴学"到民国时期愈演愈烈，即是突出的事例。其他如经费、教员、教材等问题的解决，也是如此。

---

① 朱家骅《九个月来教育部整理全国教育之说明》，《教育部公报》第4卷第49、50期合刊，1932年12月18日，第23页。
② 从中可以判明："城里的公共建筑大多是清朝遗留下来的，县政府、卫生院、邮政局、警察局虽有洋气的名字，却也借用古建筑：县政府是清代衙署所在地，卫生院占据了某个不知名的祠堂，警察局则借用了亚圣祠；城外的乡镇中，还散落着数不胜数的寺院、宗祠、会馆、民居。"萧易著，梁思成、刘致平摄《影子之城——梁思成与1939/1941年的广汉》，广西师范大学出版社，2018年，第6页。

1932年出版的《中国新乡村教育》一书注意到,"中国乡村师资非沿袭冬烘衣钵,则只粗谙蒙学课程,无论或老或幼,其学问与技术之不足,则同也"。校舍方面,在乡村小学这一级,也尚无顾及,"较大之乡村,亦只暂时借用祠堂、书馆或旧屋宇等,其在荒僻之区,则多借用寺观"。①蒋旨昂1944年出版的《战时的乡村社区政治》则道出,解决地方教育经费陷入两头皆空的情形,国家无力,地方也难有作为,"地方士绅曾经因为学校时地方事业,高兴办过。自从县财政统筹统支,平均分配以来,他们便消极了,以为'你们县府既拿去办,不要再找我们帮忙,而且我们对于学校,也不再加以监督'"。②梁漱溟推进乡村建设运动,也是因为晚清以降推行的变革,所办事项,"大抵非向来生活粗简低陋如中国乡村者所能语及"。尤其指出:"教育文化一类事项,欲举乡村小学及半日学校,似非过高之谈,而在乡间人已有力莫能举之叹。又如交通一类之修桥开路,公共卫生一类之清洁运动,以至慈善公益一类之事,在乡间人视之,皆属不急之务(公共娱乐更不得言),与其眼前及急待解决之问题毫不相干。"③

关心乡村建设的各方人士观察到地方教育存在种种问题,表明涉及"学科的制度化",绝非短时间内能够完成转变。毛泽东在中国共产党七届二中全会上曾指明:"中国已

---

① 雷通群《中国新乡村教育》,上海,新亚书店,1932年,第66、74页。
② 蒋旨昂《战时的乡村社区政治》,重庆,商务印书馆,1944年,第113页。
③ 梁漱溟《请办乡治讲习所建议书》,《国闻周报》第5卷第35期,1928年9月9日,第3页。

经有大约百分之十左右的现代性的工业经济",但"中国还有大约百分之九十左右的分散的个体的农业经济和手工业经济,这是落后的,这是和古代没有多大区别的,我们还有百分之九十左右的经济生活停留在古代"。[①] 尽管这只是粗略的判断,但到1949年鼎革之际,中国有相当部分生活于古代,却是实情。这也成为影响"学科的制度化"的关键因素,同时表明此亦是需要长期努力才能解决的问题。

[①] 毛泽东《在中国共产党第七届中央委员会第二次全体会议上的报告》,中共中央文献研究室、中央档案馆《建党以来重要文献选编(1921—1949)》第26册,中央文献出版社,2011年,第163页。

第四章 学科的制度化（二）：研究机构的建立和发展

沃勒斯坦对"学科的制度化"的思考，大学与图书馆之外，尤为重视国家学者机构（后来更成立国际学者机构）发挥的影响。从发生来说，大学与研究机构差不多同步，可统称为"学问所"（studia），构成行会式的组织，行使着高度的法律自治权。[①] 进一步发展为国家学者机构，学术因素之外，也是国家意志的体现。约在17世纪中叶，法国、英国、德国等以各种形式创办的"学院""学会"等组织，建立起"科学"与国家直接的连接，"代表着以集体化、系统化的专题探索为导向的新式机构的出现"。[②] 以"现代科学的起点"定位1660年成立的英国皇家学会（The Royal Society），亦传递出对"学会"作用的充分肯定。[③] 同时，如波兰尼（Michael Polanyi）关注到的，科学

[①] 詹姆斯·阿克斯特尔《生产智慧：现代大学的兴起》，第4—5页。
[②] 凯瑟琳·帕克、洛兰·达斯顿《剑桥科学史》第三卷《现代早期科学》，第224页。
[③] 阿德里安·泰尼斯伍德（Adrian Tinniswood）《英国皇家学会：现代科学的起点》，王兢译，北京燕山出版社，2020年。

的前提是不断被修正的,"唯有科学家们持续形成公论,科学才能以一个宽广博大的权威知识体系的形式而存在",而且,每门学科都可能遭遇"科学芳邻"的批判,需要形成互相鉴赏(appreciation)之链,才能使体系之中"处处维持相同的基本信念和科学价值标准"。[1] 这些都表明研究机构的建立构成"学科的制度化"的重要一环,对于促进学科的发展,不断回应成长中出现的种种问题,扮演着不可替代的角色。

20世纪初年中国便有设立最高学术机构的构想,只是几经谋划,终未能成。1928年中央研究院的组建成为标志性事件,意味着代表国家的最高学术机构在中国建立起来。哪些学科受到更多关注,并组成各自的学科共同体,主导相关学科规划,此亦是集中之体现。傅斯年创办的历史语言研究所,为个中之典型。审视近代中国学科知识的成长,中央研究院等研究机构的建立,也成为一面镜子。当然,仿效他国规划中国学术发展,不免陷入种种"焦虑";在行政权力主导下谋划学术的发展,同样会遭遇诸多曲折。政治、经济等因素影响于学术的规划与发展,于此亦有多方面的呈现。这也是省思近代学科知识在中国的成长需高度重视的。

---

[1] 迈克尔·波兰尼《科学、信仰与社会》,王靖华译,南京大学出版社,2020年,第13—14页。

一 "国家政权建设"与教育学术

"民族欲自表其文明,非设考文苑不可。"民国甫建,马相伯等人便发起仿效法兰西学院,在中国设立统一的最高学术机构函夏考文苑。法兰西学院成为取法之对象,是因为他国所设类似之组织,"俱不如法国之矜严周备"。而该学院"一切制度,职务职权,上不属于政府,下不属于地方,岿然独立,惟以文教为己任",影响及于"学术"与"风化"。① 为此,马相伯屡次上书袁世凯等要员,希望落实设立函夏考文苑所需资金和苑址。尽管这个规划终告流产,但不能阻止各方人士这方面的努力。

民国成立后,各种专业团体的涌现也成为一个特殊的现象,往往是各学科的代表性学者出面组织,医学、农学、心理学、地质学、天文学、气象学等,莫不有会,而且均以"中国"或"中华"命名。在建立国家学术机构方面,蔡元培也走在前列。1913—1916年在欧洲游学期间,蔡与吴稚晖、李石曾、张静江等组织起"华法教育会",有了"联络中法学者诸团体,创设学术机构于中国"的构想。② 担任北大校长后,因为有"外国大学,每一科学,必有一研究所"的体验,蔡元培也努力推动在北大设立研究机构。

---

① 马相伯《函夏考文苑议》《仿设法国阿伽代米之意见》,朱维铮主编《马相伯集》,第124—129、134—136页。参见张荣华《"函夏考文苑"考略》,《复旦学报》1992年第5期,第49—52页。
②《华法教育会大纲》,高叔平《蔡元培年谱长编》(上),人民教育出版社,1996年,第608页。

受制于经费，1921年方由校评议会决定，类聚各科，设立自然科学、社会科学、文学、国学四种研究所，最初建立的是国学研究所。① 1923—1926年，蔡元培再度赴欧考察，对法国、德国、英国的研究院及博物馆有更多了解后，又酝酿在中国创办类似的研究院，绘制的蓝图已逐渐清晰："研究院系国家设立，其性质与大学之研究院不同"，大学所设之研究院，"系为大学毕业生造就更高深的学问而设"；国家设立的研究院，"则在使学者依其兴趣，得一自由研究机会，有时选择几个切用于实用的问题去研究，供给社会政治教育各种事业的参考"。②

民国初年已在谋划、推进的建立国家学术机构的努力，几经周折，终于在南京国民政府成立后得以落实。不过，蔡元培等构建"大学院"与"大学区"经历种种曲折，也昭示教育与学术在呈现新的景象的同时，也面临国家权力的渗透。论者以此为"国民政府成立后在教育政策上转变的一大关键"，颇具洞见。③

1927年4月17日，李石曾在国民党中央政治会议上提议"设中央研究院"，获通过，并决定设立中央研究院筹备处，蔡元培、张静江、李石曾等人为筹备委员。该年7

---

① 蔡元培《北京大学国学研究所一览序》，《北京大学日刊》第1730号，1925年6月27日，第2版；《我在北京大学的经历》，《东方杂志》第31卷第1号，1934年1月1日，第12页。
② 蔡元培《在中央研究院招待二届全教会会员宴会上的致词》，中国蔡元培研究会编《蔡元培全集》第6卷，浙江教育出版社，1997年，第481页。
③ 陶英惠《蔡元培与大学院》，《"中研院"近史所集刊》第3期上册，1972年7月1日，第189—205页。

月4日公布的《大学院组织法》，将大学院定位于"全国最高学术教育机关，承国民政府之命，管理全国学术及教育行政事宜"；还规定其所设"大学委员会"，"议决全国学术上、教育上一切重要问题"。① 蔡元培倡议创设大学院、试行大学区制，确有实现其"学术独立"理想的意图，这次也算是抓住了难得的机会：

> 顾十余年来，教育部处北京腐败空气之中，受其他各部之熏染；长部者又时有不知学术教育为何物，而专鹜营私植党之人。声应气求，积渐腐化，遂使教育部名词与腐败官僚亦为密切之联想。此国民政府所以舍教育部之名而以大学院名管理学术及教育之机关也。②

《大学院组织法》后有多次修正，1928年6月13日公布的《修正中华民国大学院组织法》，明确大学院"直隶于国民政府"："大学院为全国最高学术教育机关，直隶于国民政府，依法令管理全国学术及教育行政事宜。"③ 这意味着学者将主导教育、学术政策的制定，并将政党的干涉减少到最低程度。

---

① 《中华民国大学院组织法》，《大学院公报》第1年第1期，1928年1月，第49页。
② 蔡元培《发刊辞》，《大学院公报》第1年第1期，1928年1月，第11—13页。
③ 《修正中华民国大学院组织法》，《大学院公报》第1年第7期，1928年7月，第31页。

大学院及大学区制之构想，最终未能实现，除人事方面的因素外，更重要的原因是国家试图将教育与学术纳入政权建设的架构中。只是，教育与学术却有不同的遭遇，大学院担负的角色实际由中央研究院和教育部分担。蔡元培创设大学院时，虽强调大学院的工作当"学术教育并重"，但重心无疑是在"学术"，"教育"更偏重于"行政事宜"。大学院与大学区的构想之所以难以落实，也是因为定位不如"教育部"清晰。

中央研究院成为创办大学院仅存的果实，其组建也成为一个标志——国家最高学术机构建立起来，蔡元培能够继续贯彻注重学术研究的主张。按照《修正国立中央研究院组织条例》，中央研究院"为中华民国最高科学研究机关"，宗旨为"实行科学研究，并指导、联络、奖励全国研究事业，以谋科学之进步，人类之光明"。最初设想的研究领域，包括数学、天文学与气象学、物理学、化学、地质学与地理学、生物科学、人类学与考古学、社会科学、工程学、农林学、医学等11组学科。院中分设研究、行政、评议三大部，为基本的组织架构，评议会被定位为"全国最高科学评议机关，以院长聘任之国内专门学者三十人组织之"。① 1928年6月9日，中央研究院第一次院务会议在上海召开，蔡元培宣告该机构正式成立。到该年11月9日，在国民政府新公布的《国立中央研究院组织法》中，

---

① 《修正国立中央研究院组织条例》，《大学院公报》第1年第5期，1928年5月，第29—31页。

又特意将原来规定的"中华民国最高科学研究机关"改为"中华民国最高学术研究机关"。① "科学"易之以"学术"，表明中央研究院涉猎的，并非狭义的"科学"，而是广义的"学术"，涵盖广泛研究领域。

中央研究院最初设立了理化实业研究所、社会科学研究所、地质研究所、观象台四个研究机关，1934 年确立为地质、天文、气象、社会科学、物理、化学、工程、历史语言、心理和动植物等 10 个研究机构。到 1940 年代，工程研究所、心理研究所分别改称工学研究所、心理学研究所，动植物研究所分立为动物研究所、植物研究所，成立社会研究所（将原有之社会科学所并入），还增设了数学研究所及医学研究所筹备处。中央研究院的成立，意味着中国不少学科陆续建立起学术机构与学科共同体。按照蔡元培的看法，"本院就名义言，既为全国最高学术研究机关，就职责言，又兼学术之研究、发表、奖励诸务，实综合先进国之中央研究院、国家学会及全国研究会议各种意义而成"。②到 1931 年 8 月，中央研究院共有研究人员 235 人，其中专任研究员 53 人，兼任研究员 4 人，名誉研究员 2 人，特约研究员 50 人。③ 1939 年研究及办事人员为 302 人，1947 年

---

① 《国立中央研究院组织法》，《国立中央研究院十八年度总报告》第 2 册，1929 年，第 1 页。
② 蔡元培《中央研究院过去工作之回顾与今后努力之标准》，《中央周报》"新年增刊"，1930 年 1 月 1 日，第 26 页。
③ 蔡元培《中央研究院过去工作之回顾及今后之计划》，附录"国立中央研究院本年度研究人员统计表"（民国二十年八月三十日），《中央周报》第 190 期，1932 年 1 月 25 日，第 16 页。

再增加到413人。① 尽管人数有限，但其汇聚了当时最优秀的一批学者，共同推进学术的成长，所取得的成绩值得高度肯定。② 到1948年，中央研究院评议会选出81位院士，该院作为国家学术机构之体制建设，才告完成。

作为国家最高学术机构，其成长是否顺利，体现的是国家政权建设的成效。中央研究院的建设主要依赖政府拨款，受制于国家实力，往往难以满足需要。蔡元培1930年在院务会议上直言："本院经费异常支绌，以经费数目而论，用之办理一二研究所尚嫌不足，现本院所成立之研究所处馆等，计有十一处之多，虽平时尽量从事节省，而欲求计划之实现，颇感困难。"③ 不过，相比其他同样需要国家支持的研究机构，中央研究院的经费尚有一定优势，除政府拨款外，中华教育文化基金董事会、中英庚款董事会也提供了资金支持。前者从1929年起，分三年补助该院物理、化学、工程三所50万元经费；1931年起，每年提供3万元资助历史语言研究所考古发掘、语言调查和出版研究报告之用；1934年将中基会办理的社会调查所并入社会科学研究所，还每年提供8万元补助。④ 后者从1934

---

① 国立中央研究院文书组《国立中央研究院总报告》第9册，民国二十六年度至二十八年度，中央研究院总办事处，1939年，附录二，第5页。
② 各研究所推进的研究，参见国立中央研究院总办事处编《国立中央研究院概况》（民国十七年六月至民国三十七年六月），中央研究院，1948年，第7—9页。
③《第十一次院务会议记录》，《国立中央研究院十九年度总报告》第3册，1930年，第60页。
④ 杨翠华《中基会对科学的赞助》，"中研院"近代史研究所，1991年，第197—199页。

年起，分三年补助中央研究院制造科学仪器设备费10万元。①

中央研究院成立不久，国民政府又开始筹备设立北平研究院。最初曾考虑该院为北平大学之一部分，继有中央研究院分院之议，最后还是确定为"独立机关"。一开始规划院中行政、学术共分十部，包括甲组之总务部、出版部、海外部，乙组之天算部、理化部、生物部、人地部、群治部、文艺部、国学部。每部又设若干研究所，最初成立的有理化部之物理学研究所、化学研究所；生物部之生物学研究所、植物学研究所、动物学研究所；人地部之地质学研究所。同时，"与研究所同列者，有研究会"，"以代研究所之职务，或以之辅助其他研究所之不足"，先后成立的有理化部之水利研究会，人地部之史学研究会、人地学研究会，文艺部之字体研究会，群治部之经济研究会等。② 北平研究院的研究所，后来也有所调整，1932年增设镭学研究所、药物研究所，1934年生物学研究所改名为生理学研究所，1936年史地研究会改为史学研究所，前后共设9个研究所，还与西北农学院合组中国西北植物调查所。

相较于中央研究院，北平研究院作为国立学术研究机关，更明确定位于"学理与实用并重"，"以实行科学研究，

---

① 《庚款机关联席会议第三次会议纪录：管理中英庚款董事会工作报告》，《农村复兴委员会会报》第2卷第8号，1935年1月26日，第9页。
② 《本院筹备经过及组织》，《国立北平研究院院务会报》第1卷第1期，1930年5月，第1—6页。

促进学术进步为其任务"。① 1935年，时任北平研究院副院长的李书华，对于建立研究院表达了这样的认识："科学研究，为探讨自然界真理，增长人类知识，同时在学术上增高国家或民族对于国际的地位。一个学者发表一个重要的新理论，或是一个新发现，它的影响比外交上，或军事上的胜利，有时一样的重要，有时还要重要。"② 他也将此视作中国立于现代世界的关键所在："我们民族，生存在现代的世界，便要努力造成一个现代的国家。要造成一个现代的国家，便是先要造成现代的社会。要达到这种结果，从根本上讲，是要利用科学以解决层出不穷的现代问题。"③ 北平研究院抗战前原有职员200余人，除总办事处职员10余人外，各研究所共有研究员约35人，助理员约50人，技术员及练习生约40人。④ 1947年有职员134人，工役40人，均不敷分配。⑤ 各研究所取得的业绩，在工作报告等文献中有简要说明。⑥

北平研究院同步推进研究所、研究会的建设，值得重

---

① 《国立北平研究院组织规程》，中国第二历史档案馆编《中华民国档案史资料汇编》第五辑第一编，"教育"（一），江苏古籍出版社，1994年，第1367页。
② 李书华《国立北平研究院的过去与现在》，《国立北平研究院院务汇报》第6卷第2期，1935年3月，第122页。
③ 李书华《国立北平研究院一年来工作概况》，《国立北平研究院院务汇报》第7卷第6期，1936年9月9日，第188页。
④ 《国立北平研究院十年来工作概况》（1928年11月—1938年11月），中国第二历史档案馆编《中华民国史档案资料汇编》第五辑第一编，"教育"（一），第1368页。
⑤ 国立北平研究院总办事处编印《北平研究院抗战及复员期间工作概况》（民国二十六年至三十六年），1947年，第4页。
⑥ 《北平研究院》，行政院新闻局，1948年。

视。北京大学在创办研究所的同时,也在推进各种研究会的组织。1918年以来陆续成立了新闻研究会、哲学研究会、法律研究会、政治研究会、经济学会、歌谣研究会、学术研究会等,推动各方面的研究。1921年成立的"政治研究会",即致力于介绍西洋政治文化,整理中国政治思想,改造中国政治制度。清华大学也成立了不少学会组织,1925年《清华周刊》刊登的《会社一览》,介绍了教育学社、政治研究会、科学社、农社、铎社等学会组织。[①]

"足表现吾国二十年来科学之进步者,即各种专门学会之成立。"《科学》杂志1935年曾特别言及,地质学会、地理学会、气象学会、天文学会、植物学会、动物学会、民族学会、物理学会、化学会、工程学会、水利工程学会、统计学会、航空协会、药学会,以及各种医学会、农学会等的成立,对于促进该学科的发展,作用匪浅。[②] 实际上,在此之前建立的学会,如1909年成立的中国地学会,早已在推动地理学的发展方面做了很多工作。正是因为学会扮演着重要角色,各学科的代表性人物也在积极推动。如伍连德就提出设立"中国医学会"的构想,主张将现有中华医学会、中华医药学会合并,并改为中国医学会;原中国博医会同人,也加入此会。在其看来,"文明先进诸邦,莫不有正式政府许可之医学会,督促政府,鼓吹民众,以便

[①]《会社一览》,《清华周刊》第24卷第3号,1925年9月25日,第89—90页。
[②]《〈科学〉今后之动向》,《科学》第19卷第1期,1935年1月,第2页。

改良医术卫生事业"。① 1932年中华医学会与中国博医会合并，仍称中华医学会。

除中央研究院、北平研究院之外，还有一些归属于各部，甚至由私人创办的研究所，尤其是各著名大学，往往围绕具有特色的某一学科建立起研究所。教育部1934年颁布的《大学研究院暂行组织规程》说明，"大学为招收大学本科毕业生，研究高深学问，并供给教员研究便利起见，得依《大学组织法》第八条之规定，设研究院"；研究院分文、理、法、教育、农、工、商、医各研究所，"凡具备三研究所以上者，始得称研究院"。② 最初建立的研究所包括清华、北京、中山、中央、武汉、南开、燕京等七所大学和北洋工学院，研究所的性质分文、理、法、农、工、商、教育七科。③ 按1936年统计，大学研究所共有24所，所下分设的研究部，则有38个。④ 到1946年，有26个公私立大学及独立学院设置研究所，共设置研究所51所，计95学部。该年底，教育部还改订研究所组织规程，免除研究院及学部名称，各学部一律改称研究所，希望研究所与各

---

① 伍连德《医学会亟宜统一论》，《中华医学杂志》第15卷第5期，1929年9月，第457—458页。
② 《大学研究院暂行组织规程》，《中央周报》第313期，1934年6月4日，第6页。1948年公布的《大学法》又规定："大学或独立学院各学系，办理完善，成绩优良者，得设研究所."《大学法》，《教育部公报》第20卷第1期，1948年1月31日，第1页。
③ 蔡元培《中央研究院与中国科学研究之概况》（二十四年十一月四日在四届六中全会纪念周演讲），《中央周报》第387、388期合刊，1935年11月11日，第5页。
④ 《大学研究院统计表》（1936年），中国第二历史档案馆编《中华民国档案史资料汇编》第五辑第一编，"教育"（一），第1385—1386页。

学系打成一片。① 教育部也鼓励各大学承担专题研究，所汇集的1934年8月至1936年12月全国专科以上学校所承担的课题，共计1 115项，归于甲类745项，分别为理科260项、农科156项、工科42项、医科（附药科）287项；归于乙类370项，分别为文科201项、法科86项、教育科64项、商科19项。②

上述研究机构，往往以研究所为依托开展研究，表明主要是按照各分科推进学科的发展。要揭示各分科知识取得的进展，难以做到。这里拟选取历史语言研究所为个案，略说作为代表国家的学术机构如何成长起来。

历史语言研究所的前身，为傅斯年归国后于1927年8月在中山大学创办的语言历史研究所。1928年10月，历史语言研究所正式成立，并创办《历史语言研究所集刊》。傅斯年所写的《历史语言研究所工作之旨趣》，堪称一篇宣言，强调该所的建立，为的是发掘新问题、搜罗新材料、使用新方法，要扭转乾坤，使科学的东方学正统在中国建立起来。而傅立足民族主义立场来规划中国学术发展，也甚为鲜明，那就是力求专精，以提高中国的学术品质。照其所见，"历史学和语言学之发达，自然于教育上也有相当的关系，但这都不见得即是什么经国之大业，不朽之盛事，只要有十几个书院的学究，肯把他们的一生消耗到这些不

---

① 主计部统计局编《中华民国统计年鉴》，1948年6月，第312页。
② 教育部《全国专科以上学校教员研究专题概览》下册，上海，商务印书馆，1937年，第450—451页。

生利的事物上,也就足以点缀国家之崇尚学术了——这一行的学术"。① 一开始就表明,办史语所是力求专精,以提升中国的学术质量。原本即是少数人的事,自然也用不着去引诱别人也好这个。在这一点上傅还与好友顾颉刚发生歧义,竟至15年之交谊"臻于破灭"。顾晚年补记的日记,对此有所解释:

> 傅在欧久,甚欲步法国汉学之后尘,且与之角胜,故其旨在提高。我意不同,以为欲与人争胜,非一二人独特之钻研所可为功,必先培育一批班子,积垒无数资料而加以整理,然后此一二人者方有所凭借,以一日抵十日之用,故首须注意普及。普及者,非将学术浅化也,乃以作提高者之基础也。②

在史语所筹办之际,傅斯年在给胡适的信中就报告说,该所之创办"决非先生戏谓狡兔二窟,实斯年等实现理想之奋斗,为中国而豪外国,必黾勉匍匐以赴之"。③ 次年在给陈垣的信中,傅又言明,办史语所,就是期望"超乾嘉之盛,夺欧士之席,国家且与有荣","斯年留旅欧洲之时,

---

① 傅斯年《历史语言研究所工作之旨趣》,《历史语言研究所集刊》第1本第1分,1928年10月,第8页。
② 《顾颉刚日记》第2卷,1928年4月30日(1973年7月记),联经出版事业公司,2007年,第159—160页;顾潮编《顾颉刚年谱》,中国社会科学出版社,1993年,第152页。
③ 傅斯年《致胡适》,1928年4月2日,王汎森等主编《傅斯年遗札》第1卷,第113页。

睹异国之典型,惭中土之摇落,并汉地之历史语言材料,亦为西方旅行者窃之夺之,而汉学正统有在巴黎之势,是若可忍,孰不可忍?"① 因为外国人拿中国的材料做出了学问,史语所针对的就是欧洲的"汉学","中国境内语言学和历史学的材料是最多的,欧洲人求之尚难得,我们却坐看他毁坏亡失"。因此,"我们很想借几个不陈的工具,处治些新获见的材料,所以才有这历史语言研究所之设置"。②

历史语言研究所成立后,很快确立以三个组安排研究工作,第一组,"史学各面以及文籍校订等属之";第二组,"语言学各面以及民间文艺等属之";第三组,"考古学、人类学、民族学等属之",陈寅恪、赵元任、李济分任三组主任。③ 到1934年,中央研究院将社会科学研究所之民俗组改归史语所,为历史、语言、考古之外的第四组人类学组,主任初由李济兼任,后改聘吴定良担任。以后该所的研究工作,主要照此四组展开。傅斯年、陈寅恪、赵元任、李济四人无疑构成史语所的核心,但该所聘请的各类人员,不断有变化,1931年计有28人;1932年有近50人,这是因为该年聘请了近20位特约研究员。④ 无论是分组,还是

---

① 傅斯年《致陈垣》,约1929年2月,王汎森等主编《傅斯年遗札》第1卷,第190—191页。
② 傅斯年《历史语言研究所工作之旨趣》,《历史语言研究所集刊》第1本第1分,1928年10月,第7页。
③ 《国立中央研究院历史语言研究所二十三年度报告》,《国立中央研究院二十三年度总报告》第7册,1934年,第105页。
④ 《国立中央研究院历史语言研究所二十年度报告》,《国立中央研究院二十年度总报告》第4册,1931年,第227—228页;《国立中央研究院历史语言研究所二十一年度报告》,《国立中央研究院二十一年度总报告》第5册,1932年,第263—265页。

聘请研究人员,都体现了傅斯年"集众"开展研究的思路,认识到现代学术已经不容易由个人做孤立研究,研究人员须在研究环境中,互相补其所不能,"集众的工作渐渐的成一切工作的样式了"。①

历史语言研究所在短短时间里就创出一片天地,在历史、考古、语言、民族调查等领域,建立起领导性地位。主要成就包括:(一)安阳殷墟考古发掘,为中国古史研究开启新纪元;(二)各省方言及民族调查,为汉语、非汉语及文化人类学与民族学研究奠定重要基础;(三)内阁大库档案的整理及刊布,为明清史研究提供了直接的史料,《明实录》的校勘更是学术界一大工程。② 这些成就的取得,一则体现在能站在国际学术前沿规划研究方向,一则回应了当时中国史学亟待厘清的基本问题。拓展的重心,明显集中在发掘多种类型的新史料,以重建中国历史的基本史实。为此,傅斯年特别强调:"我们不是读书人,我们只是上穷碧落下黄泉,动手动脚找材料!"对于"新材料"的重视,构成支撑该所研究工作的核心。新材料对于历史研究的意义所在,傅也有一段长长的说明:"西洋人作学问不是去读书,是动手动脚到处寻找新材料,随时扩大旧范围,所以这学问才有四方的发展,向上的增高。"中国史学兴盛时,材料用得还是非常广泛的,但现在却落伍了,尤其是

---

① 傅斯年《历史语言研究所工作之旨趣》,《历史语言研究所集刊》第1本第1分,1928年10月,第10页。
② 《追求卓越:"中央研究院"八十年》卷二,"中央研究院",2008年,第14页。

完全可以利用的材料，还"任其搁置"，"焉能进步"。①

如王汎森提示的，傅斯年的史语所工作《旨趣》，年代与胡适《治学的方法与材料》几乎一样，这两篇文章看不出有互相影响的痕迹，但"对史料的看法却有相近之处"。这也说明，民国时期史学的发展，就史观而言，很大程度反映在对史料的立场上，是否自觉扩充史料的来源，自觉对史料展开批判，构成区分不同史家的重要依凭。至今，仍不乏人将傅斯年创立的史语所称为"史料学派"，这样的标签不一定正确，不过却反映出"史料"确实在傅提倡的新史学中居相当核心的地位。② 这也是该所同人的共同见解，陈寅恪在给傅斯年信中，明确提出："历史语言之研究，第一步工作在搜求材料，而第一等之原料为最要。"③陈对"预流"的阐述，言明"一时代之学术，必有其新材料与新问题"；称道王国维的著作"可以转移一时之风气，而示来者以轨则"，也反映了这样的治史取向。④ 史语所购买明清内阁大库档案及组织殷墟发掘，亦表明该所一开始就将"史料"的搜集与利用作为工作之重心。实际上，历

---

① 傅斯年《历史语言研究所工作之旨趣》，《历史语言研究所集刊》第 1 本第 1 分，1928 年 10 月，第 5—6 页。
② 王汎森《什么可以成为历史证据——近代中国新旧史料观的冲突》，《中国近代思想与学术的系谱》，石家庄，河北教育出版社，2001 年，第 344—384 页。
③ 陈寅恪《致傅斯年》，1928 年 12 月 17 日，《史语所公文档》元字第 4 号，转引自王汎森《傅斯年：中国近代历史与政治中的个体生命》，生活·读书·新知三联书店，2012 年，第 340 页。
④ 陈寅恪《敦煌劫余录序》，《历史语言研究所集刊》第 1 本第 2 分，1930 年，第 231 页；《王静安先生遗书序》，陈美延编《陈寅恪集·金明馆丛稿二编》，第 247—248 页。

史语言研究所迁往北平后，其下设的第一组（历史组）的工作就集中于史学材料的发掘上："一、以商周遗物、甲骨、金石、陶瓦等，为研究上古史的对象；二、以敦煌材料及其他中亚近年出现的材料，为研究中古史的对象；三、以内阁大库档案，为研究近代史的对象。"①

顾颉刚《当代中国史学》成书于1945年，书中将由此逆数一百年间的史学，大致以民国为界分为前后两期。顾特别提到，民国时期的史学之所以颇为新颖，较前期进步，是由于好几个助力：第一，西洋科学的治史方法的输入，第二，西洋新史观的输入，第三，新史料的发现，第四，欧美日本汉学研究的进步，第五，新文学运动的兴起。其进步最迅速的时期，是五四后到抗战前的20年，"由笼统的研究进展到分门的精密的研究，新面目层出不穷，或由专门而发展到通俗，或由普通而发展到专门；其门类之多，人材之众，都超出于其他各种学术之上"。② 历史语言研究所在新学术之路上树立的座座丰碑，破茧开出的新天地，正是中国学术发展的新气象，它也成为20世纪中国人文学术新的重镇，堪称近代中国读书人催生与培育新学术的缩影。③

南京国民政府成立后，作为"国家政权建设"重要的

---

① 蔡元培《三十五年来中国之新文化》，庄俞、贺圣鼎编《最近三十五年之中国教育》卷下，上海，商务印书馆，1931年，第14页。
② 顾颉刚《当代中国史学》，上海古籍出版社，2002年，"引论"，第2—4页。
③ 杜正胜《无中生有的志业——傅斯年的史学革命与史语所的创立》，杜正胜、王汎森编《新学术之路——"中央研究院"历史语言研究所七十周年纪念文集》上册，"中研院"历史语言所，1998年，第1—41页。

一环，各研究机构陆续建立起来，并逐步走向正轨。这既是国家推动学术发展的象征所在，也是某些分科知识得到重视的写照。尤其是中央研究院的建立，其所树立的学术理念，确立的评议会制度，也成为"中国近代学术研究职业化和科学体制制度化进程中的里程碑"。[①] 但国家能力如何，是否在经济上提供必要的支持，在政治上为学术研究提供自由的空间，也攸关学术的发展。职是之故，国家与学术也构成需要关注的问题。

二　如何使学术教育成为建国的力量

1932年胡适撰文检讨中国民族自救运动的失败，集中表达了这样一层意思：中国这六七十年之所以一事无成，一切工作都成虚掷而不能永久，只是因为"我们把六七十年的光阴抛掷在寻求一个社会重心而终不可得"。帝制时代的重心当在帝室，但经过太平天国早已失去政治重心的资格。自此以后，无论是"中兴"将相、戊戌维新领袖还是后来的国民党，都努力造成新的社会重心，然往往只一二年或三五年，又渐渐失去担纲社会重心的资格了。[②] 国家层面的学术机构建立起来，是读书人重建"社会重心"的

[①] 陈时伟《"中央研究院"与中国近代学术体制的职业化（1927—1937）》，《中国学术》第15辑，商务印书馆，2003年3月，第173—213页。
[②] 胡适《惨痛的回忆与反省》，《独立评论》第18号，1932年9月18日，第11页。

体现，并浓缩了那一代读书人建构"学术社会"的理想。简言之，是要在转型的社会重建知识的庄严，让"学术"构成未来社会的重心，同时希望中国产生专心于学问的人，若干年之后逐渐形成社会重心，则不但可以转移社会风尚，在知识上也可与西方相抗衡。相应地，如何使学术成为建国的力量，也成为推动学术发展明确的指向。而政治对学术的介入，也是影响学术成长的重要因素。"国难"发生，更是对学术教育产生了严重的冲击。可以说，近代中国成长中的学术事业既希望成为建国的力量，也要经受种种磨难。

在1930年代的中国，"现代化"的论述已浮出水面。1930年《大公报》一篇文字指出："中国国家方在新旧过渡时期中"，"其间文化技术之程度，往往距离数十年乃至数百年以上，而同时并存，新旧兼容焉。于此固足以表现中国之大，又正可证明其改革之难"。因此，"平衡发展实为必要条件"，"一有畸形，便生弊害"。① 1933年7月，《申报月刊》还汇集了多位学者围绕此的讨论，将此作为"八九十年来的宿题"。② 或许是对"现代化"的理解有太多"歧义"，"差不多只是一种很广泛的空谈，至今还没有确定的界说"，胡适更愿用"建国问题"来表述"当务之急"。③ 所谓"建设事业"，胡适是这样阐述的："有为的建

---

① 《现代化与非现代化》，《大公报》1930年7月7日，第1张第2版；《国闻周报》第7卷第27期，1930年7月14日，"评论选辑"，第2—3页。
② 《编者之言》，《申报月刊》第2卷第7期，"中国现代化问题特辑"，1933年7月15日，第1页。
③ 胡适《建国问题引论》，《独立评论》第77号，1933年11月19日，第2—7页。

设必须先有可以建设的客观的条件：第一是经济能力，第二是人才。两件之中，专门人才更重要，因为有价值的建设事业都是需要专门技术的事业。"① "我们今日所遭的国难是空前的大难，现在的处境已经够困难了，来日的困难还要千百倍于今日"，"只有拼命培养个人的知识与能力是报国的真正准备工夫"。② 这表明，在"现代化"或"建国问题"构成言说中心的情形下，学术教育该如何成长，也成为时人关注的重心。对此的思考，往往将教育与学术结合在一起，难以割裂开来。

首先引起重视的，是对"中国社会科学的前途"的关切。前已言及，南京国民政府针对学术教育的改革，突出了对"实用科学"的重视，1929年国民政府公布的《大学组织法》，即强调大学应注重实用科学。在"国难"背景下，更会降低对"社会科学"的重视。1935年的一篇文字就注意到："轻视文法科的心理，始于民国二十年。那时政府曾公布'确定教育实施趋向办法'，在这办法中，明白规定：'大学教育以注重自然科学及实用科学为原则。'接着又有陈果夫先生的改革教育方案，主张将办理不善的文法等科淘汰，而以所节省的经费，作为充实自然科学及实用科学之用。"③ "国难"之际对"社会科学"有更多反省，

---

① 胡适《今日可做的建设事业》，《独立评论》第95号，1934年4月8日，第2—4页。
② 胡适《为学生运动进一言》，《大公报·星期论文》，1935年12月15日，第3版；《独立评论》第182号，1935年12月22日，第4—7页。
③ 池世英《文法科在今日中国的地位》，《独立评论》第152号，1935年5月26日，第16—19页。

而且，相关论述多来自读书人自身的检讨。

这是成长中的"中国社会科学"在发展方向上遭到的质疑，1932年创刊的《独立评论》发表了不少这方面的意见。董时进明确指出，中国的学术，无论是农学、哲学、文学、政治学、社会学、美术学，还是政治本身，"概是离开实际的"。本来真实的学问，应该由环境发生，但是如今的中国学问，都是盲目跟着外国人干，与本国的事实全不相干，"学问尽成清谈无稗实用，政治也是愈弄愈糟"。① 与此相关，"改造中国的社会科学"的声音也甚嚣尘上。改造的方向则是致力于创造"国货的社会科学"，认为这几十年来中国一切的社会科学，"都是直接的或间接的贩卖洋货"，各大学的社会科学教授们，年复一年地将他们贩来的洋货，零售给专喜欢洋货的学生们，其结果是，"每年的毕业生都没有出路；就是有出路的，也与他所学的不发生关系，不能用其所学以处置实际的社会"。② 1934年《清华周刊》组织了一期"社会科学专号"，同样指出中国正在成长中的社会科学，"从外国搬来的居多，对本国所知道的反倒太少"，"只看见因袭与模仿，除了很少的例外以外，看不见创造与突进"。为此也呼吁："中国无疑是社会科学者新发现的一块肥沃的园地，现在的问题，是待我们怎样去开辟。"③

---

① 董时进《乡居杂记》（二），《独立评论》第29号，1932年12月4日，第12—16页。
② 燕客《如何改造中国的社会科学》，《独立评论》第31号，1932年12月18日，第10—14页。
③ 郑林宽《写在社会科学专号的后面》，《清华周刊》第40卷第11、12期合刊，1934年1月8日，第227—228页。

有关"中国社会科学的前途",是蒋廷黻提出的问题。在其看来,无论从哪方面皆可看出,中国社会"处处是问题,是材料,是一片大处女地",然而,很多人却不知道中国的政治、经济、社会及其历史,是值得研究的;原本应该在新知识的贡献上负大半责任的大学,只满足于仿效欧美大学开设社会科学的课程,弄得很像堂堂"高等学府"的样子,其结果是"我们的大学不是在这里为中国造人材,反在这里为英美法造人材"。由此他也希望"社会科学界的人勇往直前,来开辟这个新大陆。因为这个新大陆是我们的田土,我们不开辟,它将永为荒地"。① 正是因为对中国的社会科学缺乏信心,后来蒋廷黻对中国"近代化"的阐述,也愈益聚焦于科学与技术,认为近代世界文化的特出之处,一是自然科学,一是机械工业,"引起了许多政治经济社会的变迁"。尽管"现在世界没有共同的趋势,所谓近代文化究竟是什么,各国亦有各国的说法",然而,在政治经济立场上南辕北辙的斯大林与希特勒,"对于自然科学及机械工业都是维护的"。由此,他也坚信,"如说中国必须科学化及机械化,并且科学化和机械化就是近代化"。②

"国难"发生,引发中国社会科学的研究有了方向上的调整,并不令人惊奇。1936年针对社会科学方面出版杂志的调查,也关注到其内容文字的转向,"除注意介绍西洋社

---

① 蒋廷黻《中国社会科学的前途》,《独立评论》第29号,1932年12月4日,第8—12页。
② 蒋廷黻《中国近代化的问题》,《大公报二十五年国庆特刊》,1936年,第29页;《独立评论》第225号,1936年11月1日,第10—13页。

会科学名著及学说外,并能注重讨论本国社会、政治、经济等问题,与实地调查统计,将结果报告社会,以为解决国立社会、政治、经济种种问题之根据",这是因为我国学者,"现已承认社会科学为多少带有地方性之科学,不能不由单纯之介绍,进而为自己从事研究。此点确为今日社会科学研究进步之象征"。①

对"中国社会科学的前途"的关切,已显出"国难"之际对社会科学的期许已发生转变。对中国科学工作的检讨,也基于此。同样是在《独立评论》,翁文灏《中国的科学工作》一文就特别指出,中国科学家除科学工作的本身责任之外,还有二种责任。第一是在世界科学界中取得应有的信用及地位。因为外国科学家对中国的科学工作不免轻视,故"我们必须拿真正的成绩,来证明我们中国人的能力"。第二是应该对国内证明科学工作的意义及价值,"现在一般社会对于本国科学工作认识的缺乏,也要怪中国科学成绩的表现实在还太少"。② 由此,"我们需要怎样的科学",也引起热烈讨论。

顾毓琇颇为关心中国科学教育的目标及方法,希望在认清事实和需要的基础上寻求"决定一切的方针"。顾也提出这样几点:一、现在世界上已有的发明已经够中国受用了;二、中国太危急了,等不及新发明;三、新发明不一

---

① 何多苑《十五年来之中国社会科学杂志》,《社会科学》第 4 期,1936 年 12 月 30 日,第 25 页。
② 翁文灏《中国的科学工作》,《独立评论》第 34 号,1933 年 1 月 8 日,第 5—9 页。

定能救中国；四、中国太穷，要做许多纯粹的科学研究，实为经济所不许；五、科学研究同科学发明不是个人可以立志强求的；六、我们大部分学科学的青年，恐怕仍须向实业界去找正当的出路；七、中国的科学教育方针，应该是注重基本训练，而以促进物质进步为重要目的；八、我们目前最需要的不是科学的新发明，而是已有的科学发明的应用。① 这样的言说，引起很大争议，孙逸撰文指出："应用科学总是跟了纯粹科学走的，科学家研究纯粹科学的时候，他并没有想到，旁人亦不能预期到，它将来有怎样实用的价值。但这实用的价值，自然而然会产生的。"胡适所加编者按也表示，顾的主张"确是有点太偏"，一定会引起科学家的抗议。② 汪敬熙"大体赞成"孙逸的意见："中国如没有纯粹科学的研究，只想以模仿的方法，利用外国的成方，去发展工业，那是一定不能成功的"，"求中国实业发达的基本条件，就是须极力提倡数学、物理学、化学、生物学、地质学等等纯粹科学的研究"。学科学的顾毓琇尚且有此看法，"难怪党国要人是只知道提倡应用科学了！"③

显然，顾毓琇的见解，完全是基于特殊的历史时空，显示出"国难"以怎样的方式影响着中国科学事业的规划。对于孙逸的意见，顾也回应说其向来是看重科学研究的，

---

① 顾毓琇《我们需要怎样的科学》，《独立评论》第33号，1933年1月1日，第12—15页。
② 孙逸《读顾毓琇〈我们需要怎样的科学〉后》，《独立评论》第36号，1933年1月22日，第14—17页；胡适《编者按》，同上，第17—18页。
③ 《〈我们需要怎样的科学〉的讨论》，《独立评论》第38号，1933年2月19日，第17页。

但其讨论的是"目前中国客观的'需要'问题":"我们若要希望'科学救国',救危急存亡的中国,我仍然希望全国的科学家同全国有志科学的青年,郑重考虑'我们所需要的科学'是什么?"① 后来顾毓琇还继续发挥这样的观点,提醒人们注意这样三个问题:(一)学术研究的结果既然只有一部分可以利用,那么国难时期,对于学术研究的范围,是否要加以选择呢?(二)学术研究已有的结果,我们应否充分利用呢?(三)利用学术研究的结果,谁是适当的人呢?② 他也希望大学担负起"学术救国"的责任,政府应将国家目前之各项重要问题交各大学负责研究,各大学各教授理应加以研究和解决。③

这样的论辩,不只发生在《独立评论》,在《科学》杂志上也发出不少声音,关心"国难期间科学界同人应负的责任"。④ 显然是有感于"内忧外患"导致的对应用研究的重视,竺可桢坚称"应用不是研究科学的最重要目的","更不能忘却科学研究的精神","只讲科学的应用,而不管科学的研究是错误的,这样的错误,是应该矫正的"。⑤ 但这样的声音很容易被淹没,时任《科学》杂志主编的刘咸,

---

① 《〈我们需要怎样的科学〉的讨论》,《独立评论》第38号,1933年2月19日,第16—17页。
② 顾毓琇《学术与救国》,《独立评论》第134号,1935年1月6日,第6—8页。
③ 顾毓琇《大学教育与中国前途》,《独立评论》第139号,1935年2月24日,第7—9页。
④ 曾昭抡《国难期间科学界同人应负的责任》,《科学》第20卷第2期,1936年4月,第255—256页。
⑤ 竺可桢《科学研究的精神》,《科学》第18卷第1期,1934年1月,第1—4页。

撰写了多篇文字,阐述"科学"与"国难""战争"相关的话题。他提出六点主张:"科学国策之宜树立也";"清查国富之科学研究宜实施也";"国防建设之科学研究宜注重也";"社会人士应赞助科学事业也";"私立科学机关宜奖励也";"科学人才宜保障也"。这是因为"现代战争纯为科学战争,而战争科学,乃应用自然科学,尤其物理科学中之声、光、化、电各科门之最新发明",故此,应"从速研究战争科学,筹设重工业,讲求制造,以备最大之牺牲,而寻出路"。[①] 对于教育部提出的战时教育,刘咸也表示:"特殊教育,最重要者,为加紧科学训练,中小学无论矣,大学生之习理、工、农、医者,须加重其教材,以期由普通而专门,达到速成之目的。即习文法科者,亦宜施以科学训练。"[②]

正如1935年秉志在《科学》中所阐明的:"吾国贫弱,至今已极,谈救国者,不能不诉诸科学","解除来日大难者,无有急于斯者矣!望国人加以意焉!"[③] 对于"科学"寄望殷殷,促使社会各方,包括科学家群体也试图对研究工作做出相应的调整。1936年蔡元培提出《国立中央研究院进行工作大纲》,一方面介绍该院从事的研究,"其用意不外求于科学进展之大路上,尽其能力,因以提高国内学

---

① 刘咸《科学与国难》,《科学》第19卷第2期,1935年2月,第151—159页;《科学战争与战争科学》,《科学》第20卷第7期,1936年7月,第534页。
② 刘咸《国难教育与科学训练》,《科学》第20卷第3期,1936年3月,第169页。
③ 秉志《科学与民族复兴》,《科学》第19卷第3期,1935年3月,第317—322页。

校之水准，并祈冀我国在国际间得逐渐的列于进步的学术之林"，故不能以"立见功效及直接应用等标准约束之"。另一方面也阐明，该院不乏学科"俱以实际应用的需要而发展"，随时准备着，"用其技术的能力，尽其国民的责任"。① 不过，中央研究院所属各所，要转向应用，并不容易实现，1942年院方总结年度的工作，也坦率说明："主要工作以限于经费与设备，多偏重于理论之探讨，此于建立科学之基础，确为必要，但为适应当前需要，对于应用科学之研究，仍须加紧注意。"② 原本强调"学理与实用并重"的北平研究院，尽管受战争的影响更为严重，但主要工作仍予维持，"尤特别注重应用方面之研究，如应用光学、应用化学、国药研究等；同时注重有学术性质或有经济价值之调查与研究"。③

关注于"中国社会科学的前途"与"我们需要怎样的科学"，昭示成长中的中国学术遭遇了共同的"焦虑"。难得的是，在国难背景下，胡适等人还是有所坚守的，不断提醒青年学生当在"知识"与"救亡"之间保持清醒的认识。胡适为学生开出了三种防身的药方。第一，"总得时时寻一两个值得研究的问题"，问题是知识学问的老祖宗，古今一切知识的产生与积聚，都是因为要解答问题。第二，

---

① 蔡元培《国立中央研究院进行工作大纲》，《中央周报》第415期，1936年5月18日，第1—3页。
② 国立中央研究院编《国立中央研究院工作报告》，中央研究院，1942年10月，第1页。
③ 国立北平研究院总办事处编印《北平研究院抗战及复员期间工作概况》（民国二十六年至三十六年），第5页。

"总得多发展一点非职业的兴趣"。第三,"你总得有一点信心"。他还以法国科学家巴斯德（Louis Pasteur）创造的"科学救国"奇迹对此加以说明:"在你最悲观最失望的时候,那正是你必须鼓起坚强的信心的时候。你要深信:天下没有白费的努力。成功不必在我,而功力必不唐捐。"① 但这样的言说是无力的。当国难发生,在学术教育规划上进行调整,自有其必要性,而且,这些调整也成为准备抗战的重要内容,完全可视作知识阶层对抗战做出的贡献。据此或可对影响近代中国学术成长的诸多因素,有进一步认识。

三 学科规划之"国际化"与"本土化"

清华大学物理系主任吴有训 1935 年曾颇有意思地谈到,在中国目前的学术现况下,大学的主要工作之一,是求"学术的独立"。这里所言"学术独立",主要关切的是分科知识在中国能否得到真正发展:如果"某一学科,不但能造就一般需要的专门学生,且能对该科领域之一部或数部,成就有意义的研究,结果为国际同行所公认,那末该一学科,可以称为独立"。② 这也映照出近代中国学术发

---

① 胡适《赠与今年的大学毕业生》,《独立评论》第 7 号,1932 年 7 月 3 日,第 2—5 页。
② 吴有训《学术独立工作与留学考试》,《独立评论》第 151 号,1935 年 5 月 19 日,第 34—37 页。

展的大势，不同学科的学者都在推动"成就有意义的研究"，追求"国际化"。然而，"本土化"或"中国化"同样是不断被提及的话题，有必要解析哪些因素影响着学科规划，并因此形成中国特色。

不妨以心理学为例，检讨其中的得失。选择心理学自是因为有诸多文字对此有所争辩，同时也是因为对心理学的关注，还涉及其归属于文科还是理科等问题，较为充分地揭示了中国近代学科知识形成中一些带有普遍性的问题。①

心理学作为一门学科成长的标志，可追踪到实验心理学创立者威廉·冯特（Wilhelm Wundt）1879 年在德国创立的专门研究心理学的实验室。心理学在中国，起步不算晚。晚清时翻译了有关心理学的著作，如颜永京编译的《心灵学》（Mental Philosophy）一书；京师大学堂开办时，也开设了相关课程，来自日本的服部宇之吉留下《京师大学堂心理学讲义》。更为难得的是，冯特是蔡元培 1908—1911 年在德国莱比锡大学学习期间的老师，受其影响，蔡颇为肯定心理学的重要性，担任北大校长后，他很快支持陈大齐在北京大学建立起第一个心理学实验室。1918 年陈所著《心理学大纲》由商务印书馆出版，较为全面介绍了西方心理学这一学科的基本内容和最新成就。随

---

① 关于中国心理学的创建与早期发展，此处无法展开，可参见杨鑫辉主编《心理学通史》第二卷《中国近现代心理学史》（杨鑫辉、赵莉如主编），山东教育出版社，2000 年。

后，1920年陈鹤琴等在南京高等师范学校建立第一个心理系，归属于教育科。1921年中华心理学会成立，张耀翔任会长，并于次年出版会刊《心理》，成为中国第一种心理学方面的杂志。该刊突出了心理学之大有裨于"用"，"是世上最有用处的一种科学，不但可用在教育上，还可用在实业、商业、医术、美术、法律、军事、日常生活上"。研究心理学，"就是为求这许多的应用"；办这个杂志，"是要让别人也得这些应用"。①

单纯定位于"用"，显然不足以解决学科属性的问题，一旦进入学科的制度化建设，就需要面对一些问题。1923年在复旦大学创办心理学系的郭任远，毕业于美国加州大学伯克利分校，从一开始就明确心理学为隶属于理科的专业，进而还将其归属到生物学科。认为心理学是"行为的科学"（Science of behavior），系用"物观的实验法来研究人类行为"，"与一切生物科学关系最密切"，"现在已经达到物观的实验法，和算学计算法的地位，所以也不愧为精确的自然科学之一种了"。② 正是有此考量，原来心理学方面的教师，归并到教育学系中，讲授教育心理学、普通心理学等课程。

结合其他学校的情况看，心理学的学科归属也一直没有很好解决。1921年南京高等师范学校改建为东南大学，

---

① 《本杂志宗旨》，《心理》第1卷第1号，1922年1月，第1页。
② 郭任远编《行为主义心理学讲义》，上海，商务印书馆，1928年，第1—2页。

承袭了原来的心理学系,仍归属教育科,但很快也发生向理科的转变。1928年东南大学改为国立中央大学,心理学系改属理学院;侧重教育心理学的教师留在教育系,组成教育心理组,并于1929年成立教育心理学系。由此中央大学的心理学在学科归属上呈现分属理科、文科的状况(以后还有多次调整)。① 曾担任心理学系主任的潘菽,也感慨于所遭遇的"四次三番的悲欢离合","今天在这里寄宿,明天又在那里安顿","忽而化成二,又忽而合成一","曾有一两次中了流行病而几乎夭折"。② 清华、北大等学校的相关系科,也同样遭遇类似的问题。

对心理学的认识存在较大分歧,在1923年"科学与人生观"的论战中也展现出来。这场争论肇端于张君劢、丁文江之"思出其位",超越自己的专业背景,将话题引向"科学方法""最后之因""形而上学"之类;原本隔岸观火者卷入战团,则是从自己的专业出发,颇觉争论中援引的学科知识,远不是那么回事,于是又来辩驳一番。对于张君劢与丁文江在论争中频频以心理学作为依据,学心理学出身的陆志韦便不能接受,指出"科学与玄学的冲突,心理学者看了大不高兴",这不仅是因为"丁在君先生所说的心理学完全不是张君劢先生所说的心理学",甚至也不是因为"两先生的心理学都是 偏之见",而是因为

---

① 崔光辉、郭本禹《国立中央大学心理学科发展史略》,《苏州大学学报(教育科学版)》2015年第2期,第1—12页。
② 潘菽《因纪念中央大学心理学系二十周年而起的感想》,《时事新报》1940年11月26日,第4版。

"两先生都没有了解心理学",因此,"他们原不必牵涉心理学"。①

尽管对心理学的认识存在差异,但不能否认该学科在当时受到高度重视。正是有这样的基础,中央研究院成立后,很快筹备建立心理研究所。

心理研究所筹备于1929年初,5月正式成立,获哈佛大学博士的唐钺任所长。中央研究院成立一年半后,蔡元培回顾过去之工作,涉及心理研究所,有如下说明:工作大部为筹备事项,未来的工作,将"继续动物心理研究及进行其他各项心理研究"。② 1934年获霍普金斯大学博士的汪敬熙接任该所所长,当时计有专任研究员汪敬熙、唐钺、卢于道等3人,通信研究员林可胜、郭任远、陆志韦、沈有乾等4人,加上其他人员共18人。③ 以后该所一直维持较小规模,主要追踪国际前沿开展研究,"抗战后论文除中文二篇外,均送美国杂志刊载,先后共计有三十一篇"。该所"研究人员著作目录"也显示,除面向国内用中文撰写的介绍性著作,论文多用英文撰写。④ 1947年制订的工作计划(事业部分),也只是简单介绍拟开展的两方面研究:一是胚胎行为发展之研究,二是哺乳类动物行为与神经系

---

① 陆志韦《"死狗"的心理学》,《科学与人生观》,上海,亚东图书馆,1925年,第1—2页。
② 蔡元培《中央研究院过去工作之回顾与今后努力之标准》,《中央周报》"新年增刊",1930年1月1日,第22页。
③ 《国立中央研究院心理研究所二十四年度报告》,《国立中央研究院二十四年度总报告》第8册,1935年,第133—139页。
④ 国立中央研究院总办事处编《国立中央研究院概况》(民国十七年六月至民国三十七年六月),第331—344页。

统的关系之研究。主要是担任所长的汪敬熙的研究工作。①

以此来看,心理学在中国的成长,似乎主要是留美归国的学者在中国推动发展起来的,不仅在诸多大学建立起心理学系,还在中央研究院占据一席之地。而且,其科学化、国际化程度,皆颇为引人瞩目。不过,在其成长过程中,既面临前述学科归属的问题,也需要因应现实环境做些调整。"国难"的影响,同样昭著。

问题是由汪敬熙提出来的,对于心理学在中国的遭遇,1933年他有这样的观察:"心理学最初能得到国人注意,是因为理学的余风使我们喜欢谈心说性。"到五四时期,更有一种原因使心理学渐渐风行。因为许多人相信,要改革中国须从改造社会入手;改造社会则须经过一番彻底的研究,"心理学就是这种研究必须的工具之一"。正因为此,"心理学也曾时髦过一阵"。然而,近七八年的情形变了,第一,大家逐渐了解到,心理学实在不能在改造社会上给我们重大帮助;第二,近年来国家从来未得安宁,多数人没工夫高谈心性,现在心理学不但不能引起人们的注意,并且多数人对于心理学起了反感,"以为心理学这门学问至少是现在我们所不需要的"。②

汪敬熙并没有回答心理学是否有用的问题,然而,正

---

① 《国立中央研究院1948年工作计划》,中国第二历史档案馆编《中华民国史档案资料汇编》第五辑第三编,"教育"(二),第278页。
② 汪敬熙《中国心理学的将来》,《独立评论》第40号,1933年3月5日,第13—16页。

类似于追问"我们需要怎样的科学",汪的文章同样引起热烈讨论,而且很自然转变为"我们需要怎样的心理学"。就读清华大学心理学系的郑沛疁指出,现在对于心理学往往怀有一个错误的观点——"心理学在改造社会上似乎没有给予我们以重大的帮忙",以为物理、化学、生物等物质科学有不少显著的贡献。此看法实大谬不然,问题也出在"一般人对于心理学没有真切的认识"。心理学原有两条康庄大道,一是理论方面的研究,一是实际方面的研究,前者只是"一种手段",最终目的则在"实际方面的应用"。因此,"心理学对于社会实际上的应用范围很广,很有裨于民生大计、社会建设的,而且在外国已有显著的成绩";"工业心理学""商业心理学""法律心理学""医学心理学"等的出现,说明"社会上很多问题都有待应用心理学去解决"。①

从附加于"心理学"前面那些字眼,大致清楚心理学论证其学科地位,是证明其有实际的作用。这也是参与这场讨论的学者共同的看法。时任清华大学心理学系教授的周先庚提出:"在目前的中国,我们最需要的,不是纯粹心理学,而是'心理技术';我们所最需要努力的,不是行为主义的提倡,不是'格式道心理学'的鼓吹,也不是生理心理学或动物心理学的发展,而是心理技术的发展。"应大力发展实验应用心理学,"以谋国家各种事业之建设"。②

---

① 郑沛疁《我们需要怎样的心理学》,《独立评论》第107号,1934年7月1日,第15—17页。
② 周先庚《心理学与心理技术》,《独立评论》第116号,1934年9月2日,第7—12页。

周也写了大量文字，证明心理技术的具体作用，单从《国防设计与心理技术建设》《发展工业心理学的途径》等标题，不难看出重视的是什么。① 刚刚毕业于清华大学心理学系的张民觉，还具体说明"心理技术在军事方面的应用"。②

上述围绕"心理学"学科的争论是富有意味的，也反映出心理学在办学方针上的调整。中央大学增设了《实业心理学》一课，理论与实用同时并重，"于技术之训练尤为注意"。③ 中央研究院心理所的工作，也明显受到影响。1935年，中央研究院在国民党第五次全国代表大会所做工作报告，涉及心理研究所，特别提到自1935年7月起与清华大学心理学系合作研究工业心理，以求心理学之实际应用：

> 工业心理系心理学实际应用最有成绩之一种，英国、德国、美国、俄国及意国均有良好成绩。此种研究一方可增进生产及减少人力财力之浪费，一方可使工人减少疲乏及获得工作之快乐。本所一向颇拟进行此种研究，但以限于人力财力，无法着手。今得清华

---

① 周先庚《国防设计与心理技术建设》，《独立评论》第110号，1934年7月22日，第4—9页；《发展工业心理学的途径》，《独立评论》第135号，1935年1月13日，第9—15页。
② 张民觉《心理技术在军事方面的应用》，《独立评论》第118号，1934年9月16日，第16—18页。
③ 萧孝嵘《实业心理技术之几种尝试》，《国立中央大学教育丛刊》第1卷第2期，1934年6月，第1页。该校出版的《心理半年刊》，1934年推出"应用心理专号"，大谈心理学在各方面的应用。

大学心理学系之同意，合作研究此类实用问题，实可欣幸。①

不只是心理学需要以此进行证明，其他学科亦如此。吴景超即撰文指出："社会学的观点，是一种综合的观点。在研究社会时用得着，在改良社会时也用得着。"② 实际上，在"国难"压力下，中央研究院的工作也有新的定位。1935年时任中央研究院总干事的丁文江介绍该院的工作，大致可分成三类：属于"常轨的任务"，为常规性质的研究；利用科学方法研究本国的原料和生产，来解决各种实业问题；纯粹科学研究。尽管丁也表示，科学本无所谓"纯粹""应用"之分，凡是"应用"科学发达的国家没有不极力提倡"纯粹"科学的，但他还是强调："在中国今日，中央研究院的工作当然应该相当的偏重'应用'。"③ 1936年4月，中央研究院评议会第二次年会也指出："研究工作，应特别注重于国家及社会实际急需之问题（各类科学之应用，皆包括在内）。""国步艰难，至此已极，一切环境，皆使我辈深切觉悟，此实全国学者誓死努力之期，决非从容坐谈之日"。顾毓琇对此评论说："中国自提倡科

---

① 《中国国民党第五次全国代表大会中央研究院工作报告》，中央研究院，1935年11月，此据《革命文献》第53辑，文物供应处，1971年，第421页。
② 吴景超《社会学观点的应用》，《独立评论》第11号，1934年7月29日，第11—13页。
③ 丁文江《中央研究院的使命》，《东方杂志》第32卷第2期，1935年1月16日，第5—8页。

学以来，这样明白规定全国科学研究的方针的乃是第一次，自然是值得我们大家注意的。""中央研究院评议会的决议，已经代表全国科学研究机关宣言中国的科学家愿意为国家所用，同来担负那科学救国的艰难工作了"。此前顾已在《独立评论》阐述了类似的主张，此时又老调重弹，认为在"科学救国"的立场下，"国"乃是主体，"需要"与否应由目前中国的客观条件决定：

> 我们只有竭诚希望中央研究院根据这次评议会的议决案"以身作则"，全国其他的学术机关"闻风而起"，以共同"誓死努力"于"科学救国"的大业。①

对此，并非没有别的见解。对于中央研究院评议会的决定，彭光钦就认为此举"颇含统制科学研究之意味"。他坚称，就科学研究本身来说，在原则上是不可加以统制的，统制科学的研究，"不但与研究事业没有补益，而且足以障碍科学的进步"。彭试图区分"知识的动员"和"复兴民族"的不同："若是我们认为国家已经到了不救即亡的地步，那末，一切从事科学研究的人都应当暂时放弃了为科学而从事科学的精神与努力，去应付国家的需要。这便是军事家所谓'知识的动员'。至于'复兴民族'的工作便不同了。救了亡并不一定就会复兴民族；复兴民族并不一定

---

① 顾毓琇《科学研究与国家需要》，《独立评论》第210号，1936年7月16日，第5—8页。

要经过救亡的步骤……中国民族若要在世界上站得住,成为被别人看得上眼的民族,必须要在科学上有相当的贡献。要想在科学上有相当的贡献,必须让科学在中国自由发展。"① 1937 年 5 月,萨本栋应清华大学实用科学研究会的邀请发表演讲(清华在理学会和工程学会之外,另外组织的更加强调"实用"的研究会),也阐述了对此的忧虑:"目前国内颇有些人因感于国难的严重,就认为我们不应该研究目前还应用不着的纯粹科学。他们甚至用'洋八股'三字贴在纯粹科学的问题前面。在这些十二分爱国的志士心目中,最好现在从事于科学的人们,能像封神榜中的英雄一般,祭起科学的法宝,把我们的敌人一网打尽。"②

民国时期推动国家学术机构的成长,同样可称为"无中生有之事业",通过中央研究院、北平研究院等同人的努力,各主要分科都建立起不同类型的研究机构。评议会制度的建立,直至选出第一届中央研究院院士,也表明代表国家的学术评价机制建立起来,"希望借国家之力,发展中国的科学和学术研究,迎头赶上欧美先进国家,一方面奠立现代国家应有的科学和学术研究基础,另一方面则据以跻入世界科学和学术研究的前缘"。③ 钱穆曾有这样的看

---

① 彭光钦《论科学研究之统制》,《独立评论》第 214 号,1936 年 8 月 16 日,第 7—9 页。
② 萨本栋讲、葛庭燧记《纯粹科学与实用科学》,《独立评论》第 236 号,1937 年 5 月 30 日,第 14—17 页。
③《追求卓越》卷一,第 8 页。

法,"三十年代的中国学术界已酝酿出一种客观的标准"。①此所映照的,正是各分科建立起相关学术机构,形成汇聚于大学与研究所的学科共同体,并且不少学科能够"预"国际学术之"流",推进相关问题的研究。只是,类似于教育的成长难以化解"提高"与"普及"的难题,学术研究方面也是如此。

据教育部1935年的统计,截至该年10月底,全国各主要学术机关及团体共计189个,其中"普通类"27个,占18.75%。"实类"46个,占31.94%,其中医药科18个,占12.05%;工程12个,占8.33%;理科11个,占7.64%;农林5个,占3.47%。"文类"61个,占42.36%,其中社会科学25个,占7.36%;教育22个,占15.28%;文艺14个,占9.72%。"体育类"10个,占6.95%。其中暴露出的不平衡,当时就引起注意:"普通最多,其次社会科学,而社会科学以政治经济为最多,未免有畸形之发展,以农业为最少,中国以农立国,而研究农事者反少,是在教育者想法提倡,以图救于万一。"②另据教育部统计处提供的材料,1946年"全国学术机关团体数"共计98个,其中普通类21个、理科类13个、农科类3个、工科类10个、医药类6个、文哲艺术类7个、社会科学类16个、教

---

① 余英时《犹记风吹水上鳞》,《钱穆与中国文化》,远东出版社,1994年,第15页。
② 《全国各主要学术机关及团体之调查》,《全国学术工作咨询处月刊》第2卷第11期,1936年1月30日,第27页。

育类19个、体育类2个、其他1个。① 情况仍然差不多。当然,各种统计资料未必提供了准确的情况,单纯的数字也难以说明问题,但问题之存在却值得深思。而出现这样的情形,也昭示中国推进学科知识的成长,尚有亟待解决的问题。哪些学科有基础?哪些学科有合适的人推进?哪些学科需要特别的条件?都是影响学科成长的因素。

《科学》杂志1935年的一篇文字曾表示:"年来科学,在吾国之进展,既渐趋于高深及专门化。"② 上述研究机构的建立,确实体现出学术研究的专门化,汇聚的学者也致力于"提高",出现种种不平衡,也在所难免。对于中国科学发展之展望,胡先骕做了这样的分析:"吾国近年之各种科学研究,首以有地域性者最为发达",包括地质学(尤其是古生物学)、生物学、气象学,成绩斐然,"至于有普遍性之科学,虽难与先进诸邦争一日之短长,然物理学界人才辈出,化学家贡献亦多,天文学最为后起,然亦粗具规模矣。凡此种种岂二十年前所能梦见者耶"。胡也提出值得思考的问题:"近年科学所以发达之故,半由于少数科学家之努力,半由于科学研究机关之设立。中国地质学之有今日,完全由于丁文江、翁文灏二先生二十年来不懈之努力。而生物学之发达,则以秉农山先生领导之力为多。至中国之气象学之设施,则全为竺可桢先生一人之事业也。中国

---

① 主计部统计局编《中华民国统计年鉴》,1948年6月,第337页。
② 《〈科学〉今后之动向》,《科学》第19卷第1期,1935年1月,第2页。

之物理学家多出胡刚复先生之门下,而杰出之数学家则多推姜立夫先生之门徒,三四大师之影响有如此者。然苟无近十年来科学机关之设立,则中国科学之发达亦不克臻此也。"[1] 其他学科的成长,同样存在类似的情形,很多学科往往都依赖于个别领衔者的作用。这既导致很多领域的研究往往缺乏坚实的基础,也难以避免缺乏整体的规划。

"不幸我们正逢着一个荒歉的年头,收成的希望是枉然的。这又是一个混乱的年头,一切价值的标准,是颠倒了的。"徐志摩1928年在《新月》发刊词中写下的这番话,道出这并非一个收获的季节,只能希望凭着集合在一起的力量,为这时代的思想增加一些体魄,为这时代的生命添厚一些光辉。[2] 作为国家研究机构的成效如何,是国家能力的体现,对于斯时的中国来说,孱弱的国家能力显然还难以支撑国家学术的大力发展。"国难"的发生,更会影响到学术的发展。总之,经费之匮乏,研究工作需要经常调整方向,以及政治因素的不断侵入,都会影响到学术研究的开展。

---

[1] 胡先骕《中国科学发达之展望》,《科学》第20卷第10期,1936年10月,第790—791页。
[2] 徐志摩《〈新月〉的态度》,《新月》第1卷第1号,1928年3月10日,第3页。

第五章　学科知识走向公众：知识传播的媒介

"知识及其传承是社会、文化理念以及社会学想象力不可分割的一部分。"当下对知识史的研究，愈发强调令人瞩目的科学成果以及技术成就不仅仅是社会—文化机制的产品，对于多样化的人类社会的社会—技术发展也有助益。① 对"本土"作用的重视，既是因为学科知识的成长往往受制于自身的制度、文化环境，也是缘于学科知识能否为更多人接受，同样要看本土的社会—文化机制如何，尤其是以什么方式进行知识传播。

有关学科知识之走向公众，前述"学科的制度化"，如新式学堂的开办、教科书的编写，均涉及面对更广泛的受众，实际亦构成其中之一环。这里重点关注的是知识传播的"媒介"，及其对"知识生产"的影响。涉及的主要有三端：一是新型传播媒介的涌现；二是文字的变革；三是新技术的运用。此三者原本密切相关，并且共同在发挥影响。

---

① 薛凤、柯安哲《科学史的新对话：理论与视角》，薛凤、柯安哲编《科学史新论：范式更新与视角转换》，第16页。

近代出现的报章，作为"新型传播媒介"的代表，构成此一时期学科知识传播的重要渠道，搭建起沟通知识与公众之津梁。不过，晚清以降出版了诸多明显偏重于"学"的报章，只是问题的一面；需要重视的另一面是：因应于知识传播的需求，还推动媒介本身的变化，促成报章以更浅显的文字介绍新知，进而还通过声音、图像向更广泛的受众传播知识。故此，审视学科知识走向公众，也有必要重视各种新技术的运用。①

一 "有一学即有一报"

19世纪揭开帷幕的新一轮西学东渐，较之以往，发生了关键性转变，那就是新型传播媒介的大量涌现。传教士选择当时称作"新闻纸"的媒介，是因为这样的形式早已流行于欧美。15世纪中叶发生的"印刷书"革命，催生了"新一代的书籍"，也为印刷世界中较晚近的产物报纸预先铺路。② 这也导致"信息费用大为降低"，推动了"知识的争辩"，"信息景观"完全不同于过往。③ 报章构成传播知

---

① 钟鸣旦《书籍的文化间巡回传播——在17世纪的中国建构一个"之间"的文本社群》，《宗教与历史》第13辑，社会科学文献出版社，2020年，第1—15页。
② 费夫贺（Lucien Febvre）《作者序》，费夫贺、马尔坦（Henri-Jean Martin）《印刷书的诞生》，李鸿志译，广西师范大学出版社，2006年，第1—6页。
③ 约翰·R. 麦克尼尔（John R. McNeill）、威廉·H. 麦克尼尔（William H. McNeill）《麦克尼尔全球史：从史前到21世纪的人类网络》，王晋新等译，北京大学出版社，2017年，第181页。

识的主要媒介,不仅创立起一种作者与读者定期的"会面",也改变了西学传播的力度。① "泰西各国竞立报馆者何也?缘百年之内,各国所出新法,有益于教养者多,故先登报章,俾人周知,择善而从之耳。"② 李提摩太这样描绘了报馆在泰西的情形。印刷书刊对于推动近代世界诞生发挥的重要影响,也为研究者从多个层面加以揭示,"新教"的崛起,民族主义思想的散布,"公共领域"的催生,都是印刷书刊影响历史进程的典型事例。③ 这里要辨析的是晚清创办的报章在"知识生产"上展示的特质,尤其对于分科知识走向公众发挥的影响。

傅兰雅1876年创办的《格致汇编》,一开始就选择以浅显的方式介绍格致方面的新知,第1号开始连载的《格致略论》,便译自英国出版的《幼学格致》。④ 徐寿为此称道《格致汇编》,"盖欲使吾华人探索底蕴,尽知理之所以然。而施诸

---

① 让-诺埃尔·让纳内(Jean-Noel Jeanneney)《西方媒介史》,段慧敏译,广西师范大学出版社,2005年,第18—20页。
② 李提摩太《中国各报馆始末》,《万国公报》第32册,1891年9月,第10—11页。
③ 这方面的研究,可参见哈贝马斯《公共领域的结构转型》,曹卫东等译,上海学林出版社,1999年;本尼迪克特·安德森(Benedict Anderson)《想象的共同体:民族主义的起源与散布》,吴叡人译,上海人民出版社,2005年;罗伯特·达恩顿(Robert Darnton)《启蒙运动的生意:〈百科全书〉出版史(1775—1800)》,叶桐、顾杭译,生活·读书·新知三联书店,2005年。书籍如何构成"法国大革命的文化起源";印刷机如何成为"新型政治文化的主要工具",影响到法国大革命的进程,也受到关注。参见夏蒂埃(Roger Chartier)《法国大革命的文化起源》,洪庆明译,译林出版社,2015年;罗伯特·达恩顿、丹尼尔·罗什(Daniel Roche)《印刷中的革命:1775—1800年的法国出版业》,汪珍珠译,上海教育出版社,2022年。
④《格致略论》,《格致汇编》第1年第1卷,1876年2月,第1页。

实用，吾华人固能由浅入深，得其指归，则受益岂能量哉"。①汪振声则肯定该刊"于民生日用之常经，与夫各国制造之新法，无不探原穷本，殚见洽闻，有图有说，令人一目了然"。②尤为突出的是，《格致汇编》还建立起与读者的互动关系，一则告白就指明：

> 此汇编之意，欲将西国格致之学，广行于中华，令中土之人不无裨益。或有欲问格致之事，或欲问西国物件，或有矿藏物色，欲知其为何物何用，均可寄信下问。如有所知，则必于后卷详细复明，不取刻资。③

《格致汇编》不仅配合插图介绍各分科知识（详后），还设置"互相问答"栏目，解答读者的问题。该栏总计列出320条，涵盖近500个问题。不乏读者询问这样的问题："天文、历算、化学入手之法"，"各书院所翻译之书，如格致、算学、光学等，事欲先明其大旨，当先购买何书以为入门?"④

---

① 徐寿《〈格致汇编〉序》，《格致汇编》第1年第1卷，1876年2月，第3—4页。
② 汪振声《续辑〈格致汇编〉序》，《格致汇编》第5年春季号，1890年春季，第1页。
③ 傅兰雅《〈格致汇编〉将及出售》，《万国公报》第369卷，1876年1月1日，第264页。该则启事题作《〈格致汇编〉出售》也刊于《申报》1876年2月9—16日，第6页。
④ 《格致汇编》第1年第7卷，1876年8月，"互相问答"第53条，第11页；《格致汇编》第2年第10卷，1877年11月，"互相问答"第186条，第13页。这方面系统的梳理，参见熊月之《西学东渐与晚清社会（修订版）》，"第十章 科普杂志与平民心态"，第328—366页。

第五章 学科知识走向公众：知识传播的媒介

这也成为不少报章共同的选择。1898年创办的《格致新报》，开宗明义，"报之值轻，稍有力者，均得购阅，且能日标新义，以饷学者"。尤其还说明："其中于格致最有益者，莫如学问报，常设答问一条，俾学者疑而问，问而启发之，法至美也，意至良也。"① 该刊第1号起就设有"答问"栏，"以待人之问而解之"，"穷乡僻壤，有志学问而苦无师傅者，皆得所释焉"。② 《格致新报》后与《益闻录》合并为《格致益闻汇报》，也延续了"答问"栏。针对谕令各书院一律改为兼习中学西学之学校，该报仍坚持报章发挥的影响，不可替代，因有机会进学校的毕竟是少数，故"不可以学校教，可以报章教"：

> 一纸遥传，无地不逮，入城市，登公堂，进村塾，遍山陬，达草野。以一切西学由浅及深，画图附说，登诸报牒，俾人人阅之，审而会之。数年之后，中国粗知西学者不下二百万人。如是而风气遍开，人才迭出，国富兵强，民康物阜，可操券待也。③

上述报章在介绍西学方面展示的特质，表明知识传播的成效与所依托的媒介息息相关。甲午以后，中国士人创办报章的热情渐渐高涨，推动报章成为传播各分科知识的

---

① 朱开甲《〈格致新报〉缘起》，《格致新报》第1册，1898年3月13日，第1页。
② 《答问》，《格致新报》第1册，1898年3月13日，第13页。
③ 《汇报序》，《格致益闻汇报》第1册，1898年8月17日，第1页。

重要媒介。1895年何启、胡礼桓出版的《中国宜改革新政论议》有这样的设想:"若夫医学则另设一报,化学则另设一报,电学则另设一报,军装战舰等无不另设一报,不惟详言其事,而且细绘其图,此又利世利民,而欲与天下共趋于上者也。"① 《时务报》创刊号上梁启超发表的《论报馆有益于国事》,则注意到西人报章,可谓包罗万象,分为不同的类别:"言政务者可阅官报,言地理者可阅地学报,言兵学者可阅水陆军报,言农务者可阅农学报,言商政者可阅商会报,言医学者可阅医报,言工务者可阅工程报,言格致者可阅各种天、算、声、光、电专门名家之报。有一学即有一报,其某学得一新义,即某报多一新闻。"② 报馆"有启导之功""无偏私之见",也为江标津津乐道:"西人欲兴一利,必开一报馆而专论之,以笔代口,知者易而改者速,此百不一失者。"③

正是认识到西学应根据"分科之学"加以把握,报章又有学校及书籍所不可替代的作用,晚清士人纷纷倡导"有一学即有一报",推动报章成为介绍分科知识的重要载体。

维新运动期间出版的报章,大都有类似追求。1897年创办的《知新报》,初衷为弥补《时务报》言"艺"之不足,以其"详于政而略于艺"。该报则依《格致汇编》之

---

① 何启、胡礼桓《中国宜改革新政论议》卷上,香港,文裕堂,1895年,第40—41页。
② 梁启超《论报馆有益于国事》,《时务报》第1册,1896年8月9日,第1—2页。
③ 黄政整理《江标日记》(下),光绪二十二年丙申八月,第676页。

例,"专译泰西农学、矿学、工艺、格致等报,而以政事之报辅之(约言艺者六,言政者四)"。① 从一开始,《知新报》便按照"农事""工事""商事""矿事""格致"等栏目组织稿件,"多刊农工商矿格致等报",还翻译《东方商埠述要》《丁酉列国岁计政要》《树艺求精》《考矿备要》《俄皇大彼得传》等"各种要书",加以连载。② 这也是晚清不少报章采取的形式,前面提及的《遐迩贯珍》《万国公报》就示范了这样的"知识生产"方式。

1897 年于长沙创刊的《湘学新报》(旬刊,自第 21 册起改名为《湘学报》)也注意到,中国通商以来,风气渐开,各地次第开设报馆,但大致"言政者多,言学者少;言改政者多,言广学者少"。为表明该报致力于"讲求实学","大旨"区为六门:曰史学,曰掌故之学,曰舆地之学,曰算学,曰商学,曰交涉之学。除对各学皆有详细说明,还交代了具体做法:其一,"每学首列总说一篇,次为问答,以疏通之义,取切近词屏枝叶,只求当学者";其二,"每学后择录切要书目一二条,附以提要、价目、刻本,俾学者得识门径,便于访购"。③ 次年,同样创刊于湖南的《湘报》,也高度重视报章对于推进"学"的作用:"凡官焉者,士焉者,商焉者,农工焉者,但能读书识字,即可触类旁通,不啻购千万秘籍,萃什伯良师益友于其案

---

① 《广时务报公启》,《时务报》第 15 册,1896 年 12 月 25 日,第 2 页。
② 《本馆告白》,《知新报》第 19 册,1897 年 5 月 22 日,第 15 页。
③ 《〈湘学新报〉例言》,《湘学新报》第 1 册,1897 年 4 月 22 日,第 1—4 页。

侧也。"① 谭嗣同还进一步强调报纸乃"是非与众共之之道也",意义匪浅:

> 报纸出则不得观者观,不得听者听。学堂之所教,可以传于一省,是使一省之人,游于学堂矣;书院之所课,可以传于一省,是使一省之人,聚于书院矣;学会之所陈说,可以传于一省,是使一省之人,晤言于学会矣。且又不徒一省然也,又将以风气浸灌于他省,而予之耳,而授以目,而通其心与力,而一切新政新学,皆可以弥纶贯午于其间而无憾矣。②

直接以"新学"名义创办的报章,也于1897年7月出现。《新学报》"刊报式例约分四科,曰算,曰政,曰医,曰博物",寄望于"报册风行,邮传神速",促成"民风丕变"。③ 同年8月在重庆创办的《渝报》,也定位于开"风教之先",关注凡四端:"一曰教,二曰政,三曰学,四曰业(学亦可称业,业亦资于学,今分士所执为学,农工商所执为业),而归重以卫教为主,明政为要。"而且,"讲学无论中西,取其切于实用,如天文、地舆、兵法、医学、算学、矿学、格、化、声、光、重、汽、电各种学"。④

---

① 唐才常《〈湘报〉叙》,《湘报》第1号,1898年3月7日,第1页。
② 谭嗣同《〈湘报〉后叙下》,《湘报》第11号,1898年3月18日,第41页。
③ 《〈新学报〉公启》,《新学报》第1册,1897年8月,第1—2页。
④ 宋育仁《学报序例》,《渝报》第1册,1897年10月,第1—2页。

报章逐步加入"学"的成分,既是兴学成为风潮的直接反应,也是读书人广泛介入其中的缘故。而且,不单形成"有一学即有一报"的认知,成长中的"专门之业",也依托于报章得以介绍。严复1897年勾画出甲午以后报章发展的基本脉络:

> 自上年今大冢宰孙公奏设《官书局汇报》于京师,而黄公度观察、梁卓如孝廉、汪穰卿进士继之以《时务报》,于是海内人士,似稍稍明当世之务,知四国之为矣。踵事而起者,乃有若《知新报》《集成报》《求是报》《经世报》《翠报》《苏报》《湘报》等报;讲专门之业者,则有若《农学》《算学》等报。虽复体例各殊,宗旨互异,其于求通之道则一也。①

这里提到的"专门之业",显示推动分科知识的成长代表晚清报章另一值得重视的趋向。《农学报》与《算学报》的出现,为个中之典型。严复未曾提及的1897年发刊的《利济学堂报》,也属"专门之业"的报章,出现时间更早。因其出于利济医院学堂,故"医学独详";还"兼采各报",涵盖"十二门"。② 杜亚泉1900年在上海创办的《亚泉杂志》,也可归于此,内容涵盖"格致、算化、农商、工艺诸

---

① 严复《〈国闻报〉缘起》,《国闻报》第1期,1897年10月26日,第2版。
②《〈利济学堂报〉例》,《利济学堂报》第1册,1897年1月20日,第1页。

科学"。①

这些关注"专门之业"的报章的出现,显现出晚清读书人对"学"的追求。不过,《算学报》《亚泉杂志》难以为继,表明这类杂志多少有些"曲高和寡",对于普通受众来说,还难以接受。黄庆澄创办的《算学报》,只出版了12期,不仅销路有限,报资还难以收回,黄也为之"负累甚巨"。② 顾燮光则评价《亚泉杂志》说:"言格致诸学,颇多新理,然非稍有门径者,不能获益,似不如《汇报》中所列西学设为问答浅显易解也。"③ 可以说,萌芽于晚清的专业性或专科性报章,要成长为"学报",还有相当一段时间。专业性杂志需配合学科知识的制度性建制逐步落实,才真正发展起来。

晚清在近代知识采集上发生由"西学"到"东学"的转向,意味着在日本出版的报章,如《译书汇编》《新民丛报》《游学译编》等,同样成为介绍分科知识的主要载体。

创刊于1900年12月的《译书汇编》,其《简要章程》说明:"是编所刊以政治一门为主,如政治、行政、法律、经济、历史、政理各门,每期所出或四类或五类,间附杂录。"④ 1902年2月《新民丛报》创办时,最初规划的门类包括:图画、论说、学说、时局、政治、史传、地理、教

---

① 《本馆谨启》,《亚泉杂志》第1册,1900年12月4日,目录页。
② 孙诒让《致汪康年》(2),上海图书馆编《汪康年师友书札》(2),上海古籍出版社,1986年,第1473页。
③ 顾燮光《例言》,徐维则辑、顾燮光补《增版东西学书录》,第3页。
④ 《简要章程》,《译书汇编》第1期,1900年12月6日,第1页。

育、宗教、学术、农工商、兵事、财政、法律、国闻短评、名家谈丛、舆论一斑、杂俎、问答、小说、文苑、绍介新著、中国近事、海外汇报、余录等。① 尽管学科的标识尚不清晰,但明显是针对当时兴起的各分科知识立说。稍后梁启超还创办有《新小说》,第1号列出的6个栏目,分别为"历史小说""政治小说""科学小说""哲理小说""冒险小说""侦探小说",不少都有学科的痕迹;以此作为"小说"之分类,亦可见分科知识的影响。1902年11月创刊于东京的《游学译编》,其篇目也烙上知识分科的印痕,首列"学术",其次分别为"教育""军事""实业""理财""内政""外交""历史""地理""时论""新闻""小说"。② 之所以关注"学",杨度做出了这样的阐述:"今日之世界,以学战,以工商战,兵者特其护此者耳。"③

"数月来差强人意之一现象,则丛报发达是也。"《新民丛报》1903年刊登的一篇文章,注意到这样的现象,大致介绍了那段时间报章出版的情况:

> 自去年本报创刊以来,至今以同一之体例,同一之格式发行之丛报,殆近十家……半年之间,彬彬踵起,姑勿论其良楛如何,而学界之活动气,可征一斑。④

---

① 《本报告白》,《新民丛报》第1号,1902年2月8日,告白页。
② 《〈游学译编〉简章》,《游学译编》第2册,1902年12月14日,封2。
③ 杨度《〈游学译编〉叙》,《游学译编》第1册,1902年11月16日,第7页。
④ 《丛报之进步》,《新民丛报》第26号,1903年2月26日,第81—82页。

这明显是将报章作为反映学界活动的基本载体。1902年创刊的《新世界学报》,"以丛集各专门家博取约言,俾学者识门径,亦以资海内教科之用",设定的18个栏目也均以"×学"或"××学"命名,包括经学、史学、心理学、伦理学、政治学、法律学、地理学、物理学、理财学、农学、工学、商学、兵学、医学、算学、辞学、教育学、宗教学等18门。① 最为突出的是,当时出版的报章,栏目多按照"学界""政界""商界""军界""民界""医界""女界""出版界""教育界""留学界""实业界"等组织文章。1906年留日学生创办的《新译界》,安排了下列栏目:"政法界"(政治、经济、法律)、"文学界"(哲学、宗教、历史、地理、美术、音乐、文艺、小说)、"理学界"(天文、地质、人种、博物、理化、数学)、"实业界"(农业、工业、商业、矿务、铁道、航运)、"教育界"(教育学、教育史、教育行政、女学)、"军事界"(陆军、海军)、"外交界"(交涉、约章)、"时事界"(中国时事、外国时事)。② 这显示出"学"与"界"的合流,报章既针对特定的社会阶层进行动员,又凸显其中"学"的色彩。1906年还出版了何天柱主持之《学报》,明确宣示"报名《学报》,不涉政治",梁启超也表彰该报"可谓中国学术上报章之先河也"。③

---

① 《〈新世界学报〉序例》,《新世界学报》第1号(壬寅第1期),1902年9月2日,第4页。
② 《新译界杂志社章程》,《新译界》第1号,1906年11月,第1页。
③ 梁启超《新出现之两杂志》,丁文江、赵丰田编《梁启超年谱长编》,第377页,另一杂志为杨度创办之《中国新报》。

即便是传统学问,也摆脱此前的"高头讲章",选择报章加以推动。1902年2月邓实、黄节等人在上海创办《政艺通报》,大谈借助报章的用意所在:"国民之政治思想何以养?养之于新闻杂志,以一纸之异彩,时时纷映于其眼廉,久之其脑中亦必腾一种之异彩。西哲谓新闻杂志为新国民之前导,未来世之豫史,诚哉。"① 该刊发表的《新闻纸与杂志之关系》,更表明对报章之期许不可谓不高,"有新闻杂志则人智必进一级,人智进一级,新闻杂志之程度亦必进一级,而销数亦必进一级"。欧美人智大开,虽下流社会之人亦嗜阅新闻纸与杂志,"销行之数日广一日,所得利益因亦加多,诸科专门之学者,遂乐从事于此"。反观中国,"甚形幼稚","于工商业之实况,学术技艺之改良,毫无当焉"。② 随后刊行的《国粹学报》,同样试图利用新媒介振兴国学。作为该报核心人物的黄节道明:"同人痛国之不立,而学之日亡也,于是瞻天与火,类族辨物,创为《国粹学报》一编。""痛吾国之不国,痛吾学之不学。"③

"为一时舆论之所趋向者,即为一时之世风。"1903年《国民日日报》总结近四十年之世风,指明《格致汇编》《经世文编》《盛世危言》《时务报》《清议报》《新民丛报》,

---

① 邓实《论政治思想》(一名《〈政艺通报〉发行之趣意》),《政艺通报》癸卯第1号,1903年2月12日,第1—2页。
② 《新闻纸与杂志之关系》,《政艺通报》癸卯第12号,1903年7月24日,第1—2页。
③ 黄节《〈国粹学报〉叙》,《国粹学报》第1期,1905年2月23日,第1页。

分别代表着不同时期的"世风"。① 胡适也曾以《时务报》《新民丛报》《新青年》代表三个时代,构成创造"新时代"的表征。② 这些言说,明示报章有着"印刷书"不可替代的作用,成为近代知识生产重要的一环。关键在于,报章成为介绍学科知识的主要媒介,不只体现在刊登的有关学科知识的内容;其作为媒介的意义,还有多方面的体现。报章往往以连载的方式使西学书籍得到更广泛传播,还与书局构成交互影响的网络,成为彼此依托的"生意"。一方面书局出版的书籍,需要在报章登载广告;另一方面,报章之出版发行工作又依赖于书局的支持,包括印刷以及形成的发行网络。

哈贝马斯曾表示:"一份报刊是在公众的批评当中发展起来的,但它只是公众讨论的一个延伸,而且始终是公众一个机制:其功能是传声筒和扩音机,而不再仅仅是信息的传递载体。"③ 报章对晚清读书人发挥的影响,也受到研究者关注,试图透过阅读史的取向,揭示"晚清人士是怎样借着各式各样的阅读、思想活动为他们的生命寻找意义,编织自己的'意义之网'(the web of significance)"。④ 阅读报章也是晚清读书人接触西学的主要途径。康有为对此

---

① 《近四十年世风之变态》,《国民日日报》1903年10月21日,此据《国民日日报汇编》第3集,上海,东大陆图书译印局,1904年,第31—37页。
② 胡适《致高一涵、陶孟和、张慰慈、沈性仁》,1923年10月9日,季羡林主编《胡适全集》第23卷,第415页。
③ 哈贝马斯《公共领域的结构转型》,第220页。
④ 潘光哲《追索晚清阅读史的一些想法》,《新史学》第16卷第3期,2005年5月,第137—170页。

就有这样的期许:"昔之学,尊古而守旧,故其学在读书;今之学,贵通今而知新,故其学贵阅报。此古今文学大变,自今后惟编年考古事乃读书,其他为学,则皆报哉。"① 徐维则也肯定报章在传播西学方面占据独特地位:"西人凡农矿工医等学,每得新法必列报章。专其艺者分类译报,积久成帙,以飨学者,最为有益。"② 正是推广阅读的需要,进一步逼出"文体"问题,并推动多方面技术的运用。

二 白话报章与知识的"演义"

报章对于学科知识走向公众扮演着重要角色,还体现在"表达方式"的转变,出现所谓"报章文体"。这是因为报章毕竟异于一般书籍,在介绍各分科知识时,内容与文字之浅显也需考量。来华西人之援西入中,无论是宣扬教义,还是传播知识,都面临如何选择恰当的表达方式,将报章等新型媒介援引进来,也是因应这样的需求。晚清读书人介入报章的创办,面临同样问题。对于过去的读书人来说,"制艺之文"明确规定了写作方式;立意于"藏之名山"的写作,得三五知己,便也够了。报章出现后,首先需要考虑阅读对象,由此也令读书人的写作方式发生重大

---

① 康有为《日本书目志》,姜义华、张荣华编校《康有为全集》第3集,第326页。
② 徐维则《例目》,徐维则辑《东西学书录》,第1页。

转变。戈公振总结道：清季文字，受桐城派与八股之影响，重法度而轻意义。自魏源、梁启超等出，绍介新知，滋为恣肆开阖之致，"留东学子所编书报，尤力求浅近，且喜用新名词，文体为之大变"。① 用浅显的文字对知识进行"演义"，也成为学科知识走向公众值得重视的一面。

新教传教士来华，已注意到中国文字的特殊性。1819年马礼逊向伦敦传道会介绍自己的翻译工作，就述及遭遇的困难，"必须用深奥的、高尚的和典雅的古文写出来的书，才受到知识分子的青睐"。② 马礼逊将《圣经》译成中文，也面临在文言、白话和折中体中该如何选择的难题，最终在三种文体中选择"折中体"，是因为其尽管不如白话容易理解，但在公众场合宣读时"清晰易懂"。③ 传教工作如此，传递新知也面临同样的问题，尤其是依托于报章传播新知，更需用心考虑文字问题。

1815 年 8 月创刊于马六甲的《察世俗每月统记传》，是新教传教士出版的第一份中文杂志，该刊主编米怜（William Milne）在《序》中言明此类出版物的特质所在，

---

① 戈公振《中国报学史》，第 131 页。
② 马礼逊夫人编《马礼逊回忆录》，顾长声译，广西师范大学出版社，2004年，第 154 页。
③ 米怜《新教在华传教前十年回顾》，北京外国语大学中国海外汉学研究中心翻译组译，人象出版社，2008 年，第 43—45 页。在《圣经》的翻译方面，一直为此所困，1890 年在上海召开的第二次传教士大会，发起成立了"深文理"、"浅文理"与"官话"三个翻译委员会，选择三种不同的文体翻译《圣经》。Rev. John Wherry, "Historical Summery of the Different Versions of the Scriptures," in *Records of The General Conference of The Protestant Missionaries of China*, held at Shanghai, May 7 – 20, 1890, American Presbyterian Mission Press, 1890, pp. 56 – 58.

乃周期性的出版物,"每月初日传数篇",且"每篇不可长,必不可难明白","甚奥之书,不能有多用处,因能明甚奥理者少故也"。① 这也成为创办报章者普遍需要应对的问题,《申报》创刊初期,对于报章文字有这样的说明:

> 作新闻日报者,每日敷衍数千言,安能求其句雕字琢,词美意善,可与经史子集同列。亦不过惟陈言之务去,欲新事之多列,不至蹈龙图公案、今古奇观诸小说之窠臼,已能为其尽其职矣。即阅报者,亦不过日费十余文购阅一张,求其娱目快心,以博一笑,并非欲藏之名山传之其人也。果能如是,则作者、售者、阅者之职均已尽,其他则非所知也。②

晚清读书人同样在思虑传播新知如何表达的问题,在报章文体引发争议之前,黄遵宪1887年完成的《日本国志》一书,阐述了这样的看法:"语言与文字离,则通文者少;语言与文字合,则通文者多。""欲令天下之农工、商贾、妇女、幼稚皆能通文字之用,其不得不于此求一简易之法。"③《时务报》等报章出现后,这方面的问题愈发引起关注。

---

① 米怜《〈察世俗每月统记传〉序》,《察世俗每月统记传》第1卷第1号,1815年8月,第2页。
②《辨惑》,《申报》1874年10月19日,第1—2页。
③ 黄遵宪《日本国志》,上海古籍出版社,2001年,《学术志》二,第346—347页。

小野川秀美曾以达尔文（Charles Robert Darwin）与赫胥黎来比喻严复与梁启超，认为推动"启蒙"更有力的是梁启超。[①] 这在很大程度便是由两人写作方式的区别所造成，可资对比的还不乏其人。梁启超早已留意到西人之报章，"犹恐文义太赜，不能尽人而解，故有妇女报，有孩孺报"。[②] 其本人也较为重视报章如何为更多人接受，但稍后加入《时务报》的章太炎，却没有这方面的考量。叶瀚直指章氏之文，"太艰涩，说太散碎，观者颇不悦目，操笔人宜嘱其选词加润为要"。[③] 黄遵宪为此特别区分出"文集之文"与"报馆之文"，认为章太炎等人的加入，"大张吾军，使人增气"，只是其文字"稍嫌古雅"，"此文集之文，非报馆文"。黄本人同样主张"作文能使九品人读之而悉通，则善之善者矣"，之所以发出模棱两可的意见，另有深意在，"都中论者仍多以报馆文为谤书"，为避免报章受到"轻视"，采用"文集之文"也未尝没有益处。[④]

无论有什么争议，办报者确立面向公众的理念，便不能不考虑表达方式如何配合。报章出现后，尽管已是通俗的东西，仍面临文义太深之诟病。黄庆澄对《蒙学报》的误判就说明此一点。他在汪康年处见到《蒙学报》，有"大

---

① 小野川秀美《晚清政治思想研究》，林明德、黄福庆译，时报文化出版公司，1982年，第295页。
② 梁启超《论报馆有益于国事》，《时务报》第1册，1896年8月9日，第1页。
③ 叶瀚《致汪康年》（42），上海图书馆编《汪康年师友书札》（3），上海古籍出版社，1987年，第2589页。
④ 黄遵宪《致汪康年》（27），上海图书馆编《汪康年师友书札》（3），第2351页。

佳"之誉，肯定"此报将来销路不在《时务报》之下"，愿为代派。结果却出人预料，《蒙学报》"销场颇滞"，"探之各友，皆以太深为辞"。① 此亦表明，报章出现后，就培养起读报者、办报者对文字的重视。张枬读到《申报》上的《泰西教法》《女学堂议》就指出："较之近日《时务报》中《不缠足会议》《倡女学议》，颇觉明白晓畅。"一个月后接触到《蒙学报》，又直指其"颇有可开童智处，而艰深处亦尚有之"。② 王修植也言及其所参与的《国闻日报》和《国闻汇编》，因为文字问题处境迥异，前者"每天销一千五百张"，后者"阅者多以文义艰深为嫌，每期仅售至五六百分"，实在赔不起，只得将《汇编》停刊，"专办《日报》"。③

由此可看出，报章出现后，办报者往往在文字的"明白晓畅"上有所追求。1898年《时务报》改"官办"后，汪康年另外办起《昌言报》，汪有龄当即致函汪康年，强调"所登论说，宜求明白晓畅，易于感人。若夫笔墨古雅，钩深索隐，揆诸报论，非所尚也，阁下其留意选择焉"。④ 1902年创刊的《新世界学报》也说明，"本报议论，取其达意辄止，不为艰深晦涩之言"。⑤ 尽管如此，问题并没有

---

① 黄庆澄《致汪诒年》（2、3），上海图书馆编《汪康年师友书札》（3），第2316、2317页。
② 温州市图书馆编《张枬日记》第一册，1898年1月27日、2月25日，中华书局，2019年，第387、392页。
③ 王修植《致汪康年》（7），上海图书馆编《汪康年师友书札》（1），上海古籍出版社，1986年，第81页。
④ 汪有龄《致汪康年》（21），上海图书馆编《汪康年师友书札》（1），第1090页。
⑤ 〈新世界学报〉序例，《新世界学报》第1号（壬寅第1期），1902年9月2日，第4页。

真正得到解决，高凤谦一席话道出办报者陷入的纠结："读书""阅报"对文字的要求各异，"中国识字之人十一，读书之人百一，阅报之人千一，非数年后风气大开，阅报人数未必遽增，即主持报事者亦难其选"。① 正因为此，报章的流行也催生了文体的改革。办报者既确立开通民智这一出发点，势必思考如何将文体与知识的"普及"结合在一起。为实现令更多人通过浅显的文字理解新知，也推动了白话报章的成长及"演说""讲报"等方式的流行。

从时间上说，以白话办报的主张并不算晚，照孙玉声的说法，其最初发起者，系 1876 年申报馆出版的《民报》，"专供文理浅近之人购阅"。② 该报作为《申报》之增刊，"专为民间所设，故字句俱如寻常说话，每句及人名、地名尽行标明，庶几稍识字者便于解释"。③ 《劝看〈民报〉》之告白，还以此为"启迪颛蒙之要法"，"非为文人雅士起见"，为的是"女孩童稚，以及贩夫工匠辈，皆得随时循览，以扩知识而增见闻"。④

---

① 高凤谦《致汪康年》（9），上海图书馆编《汪康年师友书札》（2），第1623 页。
② 孙玉声《报海前尘录》，第 12 页。"报海前尘录"乃孙应《晨报》之约所写专栏，其"前言"落款为"中华民国二十三年一月，海上漱石生、孙玉声"。复旦大学藏有复印件。传教士创办的报章应更早重视使用"平白文理"，如 1871—1874 年出版的《圣书新报》（*The Bible News*）、1874—1876 年发行的《福音新报》（*The Gospel News*），甚至"专门为出版白话文刊物组织起几家地方学会"。白瑞华《中国近代报刊史》，苏世军译，中央编译出版社，2013 年，第 75 页。
③ 申报馆《招人代售新报》，《申报》1876 年 3 月 28 日，第 1 页。
④ 申报馆《劝看〈民报〉》，《申报》1876 年 5 月 19 日，第 1 版。只是，《民报》之销售并不理想，"原欲开导愚蒙，而买阅者甚少"。《论义学》，《申报》1876 年 7 月 6 日，第 1 页。

晚清士人投入白话报章的创办，约在1897年后逐渐流行开来。该年在上海创刊的《演义白话报》，开宗明义，"中国人要想发愤立志，不吃人亏，必须讲究外洋情形，天下大势，必须看报；要想看报，必须从白话起头，方才明明白白"。① 这方面的声音，可以说不绝如缕。1900年《知新报》发表的《论报章宜改用浅说》也指明，"中国风气之开，多赖报纸之力，然得失未尝相揜焉"。而"中国报纸多用文言，此报纸不广之大根由"，"中国五万万人之中，试问能文者几何？"固执文言不肯变通的硕学鸿儒，欲使不懂文言的"农、工、商、贾、妇人、孺人"，处于"不议不论"的地位，是"直弃其国民矣"。② 1903年出版的《童子世界》则强调，该报文字务期浅近，以使"思想幼稚者得达于文明之极点，人人有权利思想，有一般国民之资格"。③ 这也揭示出白话报章的兴起，紧扣晚清社会的转型，是社会动员的需求催生面向更广泛受众的报章。

"欲民智大启，必自广兴学校始。不得已而求其次，必自阅报始。报安能人人而阅之，必自白话报始。"④ 1898年5月裘廷梁创办的《无锡白话报》，是众多白话报中标志性的存在。裘早已把问题的关键引向对阅读的思考，《时务报》刊行后，他在给汪康年的信中就提出："他郡县吾不

---

① 《白话报小引》，《演义白话报》第1期，1897年11月7日，第1页。
② 陈荣衮《论报章宜改用浅说》，《知新报》第111册，1900年1月11日，第1页。
③ 《本报告白》，《童子世界》第1期，1903年4月6日，告白页。
④ 裘廷梁《〈无锡白话报〉序》，《无锡白话报》第1期，1898年5月11日，第1页。

知,以无锡言之,能阅《时务报》者,士约二百分之九,商约四五千分之一,农、工绝焉。"因此,"宜增设浅报,择要译录,精为之图,以诱观者","俾天下之为商、为工、为农及书塾中年幼子弟,力足以购报者,皆略通中外古今及西学之足以利天下,为大开风气之助"。① 按其设想,出版白话报章,可以将中西有用之书,"尽以白话演之,使天下识字之人,皆能嗜书嗜报",以发挥"白话之效"。② 稍后裘廷梁还从八个方面论述了"白话之益","一切学堂功课书,皆用白话编辑,逐日讲解,积三四年之力,必能通知中外古今及环球各种学问之崖略"。"农书、商书、工艺书,用白话辑译,乡僻童子各就其业,受读一二年,终身受用不尽。"③

正是基于此,白话报章之创办,一开始考量的是促成更多人能读报,进一步还推动以白话的方式对知识进行"演义"。这也成为《无锡白话报》的追求,将各种有用的书及有益的事"演成白话":

> 这报是专门拣各样有用的书,与各种报上新奇有益处的事情,一齐演成白话,叫大家一点心思不费,

---

① 裘廷梁《致汪康年》(2),上海图书馆编《汪康年师友书札》(3),第2625—2626页。
② 裘廷梁《致汪康年》(6),上海图书馆编《汪康年师友书札》(3),第2629页。
③ 裘廷梁《论白话为维新之本》,《中国官音白话报》第19、20期合刊,1898年8月27日,第1—4页。《无锡白话报》出版4期后,改为《中国官音白话报》。

一看就可以知道古往今来的事迹,又可以知道各国的一切的情形,还可以知道现在世界上的时势,所以无论念书人、生意人、乡下种田人,与女人小孩,这白话报总不可不看的。①

难能可贵的是,担纲此项工作的,汇聚了馆内馆外的举人秀才,"都是有学问有名声的",而且立意高远,"有几个说要做公法律例书,有几个说要做格致工艺书,做成白话,都叫本馆代刻。这白话风气开了,以后做白话的,越出越多,可以做到中国四万万人,个个有见识有学问。白话的功劳,比文理极好的书还大,这都是天下人的福气"。② 第1期"演义"的西书为《富国策》,所谓"演",不只是内容上的简化,还连带介绍了相关知识。开篇是针对此书的简要介绍,接着说明天底下的书,都是"明白道理的人做出来的","有的书讲那种田做生意做各种物件的道理","也有的书讲那天上地下各样东西的道理"。如从前西洋人做的《重学》一书,"是专门讲各样东西轻重的道理";《几何》一书,"是专门讲各样东西大小的道理"。最后阐明:

> 这两部书也算做得明白的了,世上看不懂的人还很不少呢。这样看起来,要教天下念书的人都懂得那

---

① 裘毓芳《劝看白话报》,《无锡白话报》第1期,1898年5月11日,第4页。
② 《白话大行》,《无锡白话报》第1期,1898年5月11日,第1页。

富国的道理，恐怕很不容易呢。这道理虽说不容易懂，总是世界上不能不讲的，总要指望天底下的人，不要怕难，不要粗心，细细的想去，到那明白的时候，就相信这种学问，是很有用处的。①

以后"演义"的，还包括《史氏新学记》《农学新法》《泰西新史揽要》《地理初桄》《万国公法》《百年一觉》《俄皇彼得变法记》《穑者传》《治国要务：道路篇》《日本变法记》《华英谳案定章考》《印度记》《化学启蒙》等。这些所演之书，往往涉及对相关知识的介绍，《农学新法》写道："什么叫农学？农就是种田人；讲究种田的学问，就叫农学。什么叫新法？是新出种田的法子。做这本书的是英国人，叫贝德礼，翻译这书的也是英国人，叫李提摩太。"尤其说明，"西洋种田的新法，第一要讲究化学"，"自从有了化学，种田的人生出新法来，所以叫做农学新法"。② 所演之《万国公法》则表示，"西洋有部书，名叫《万国公法》，凡各国的君主，无论与别国打仗、讲和、相交，一切事体，都要照着《万国公法》的说话去做"，并强调："现在外国与中国交涉，常要说公法怎样，所以中国人不能不知道些公法了。"③

---

① 梁溪毋我室主人演《富国策》，《无锡白话报》第 1 期，1898 年 5 月 11 日，第 1—2 页。同期介绍的还有李提摩太所撰《养民新法》一书。
② 无锡侯鸿鉴演《农学新法》，《无锡白话报》第 3 期，1898 年 5 月 20 日，第 1—3 页。
③ 金匮宝士铺晓湘甫演《万国公法》，《中国官音白话报》第 7、8 期合刊，1898 年 6 月 29 日，第 1 页。

同样进行知识"演义"的，还不乏其他报章。1901年1月创刊的《杭州白话报》，第一年"自做的书有五种"，"从各种报里演出来的有四种"，"从各种书里演出来的有四种"。① 该报所"演义"的知识，并非完全针对具体的书，往往围绕某一领域的知识展开。如第一期开始连载的《地学问答》，以问答的形式介绍了"地球的样子""地球的行动"等知识。② 还针对中日甲午之战，"详细演说一番，把各种书上所说情形，纂成一书，叫做《中东和战本末纪略》"。③ 受《杭州白话报》影响创刊的《苏州白话报》，也开设有"演报"一栏，希望筹措经费，"演出各种有用的书籍，减价出售"。④ 该报第一期开始连载的《富强起源》和《对清策》，就分别"演"自傅兰雅、应祖锡所译《佐治刍言》和添田寿一的《对清策》。

白话报章之涌现，促成学科知识走向"公众"成为可能。亦可以说，白话报章对知识的介绍，也渐渐有明晰的受众。1902年创刊的《启蒙通俗报》就明示："本报为中等人说法，文义浅显，兼列白话。"⑤ 更为极端的观点还时有流露，林獬在《中国白话报》的《发刊词》写道："如今

---

① 江东雄次郎演说《本报一年期满总论》，《杭州白话报》第1年第33期，1902年6月，第1—4页。
② 独头山人说《地学问答》，《杭州白话报》第1年第1期，1901年6月，第1—2页。
③ 平情客演《中东和战本末纪略》，《杭州白话报》第2年第1期，1902年，第1—2页。
④ 《简明章程》，《苏州白话报》第1册，1901年10月21日，第1页。
⑤ 《改良〈启蒙通俗报〉第二年新广告》，《启蒙通俗报》第1年第19期，1902年12月，告白页。

这种月报、日报，全是给读书人看的，任你说得怎样痛哭流涕，总是对牛弹琴，一点益处没有的。"因此，"现在中国的读书人，没有什么可望了，可望的都在我们几位种田的、做手艺的、做买卖的、当兵的以及那十几岁小孩子阿哥、姑娘们"。文章也该写给他们看，"我为着这事，足足和朋友们商量了十几天，大家都道没有别的法子，只好做白话报罢"。① 1904 年《安徽俗话报》在芜湖创刊，陈独秀也明确表示此报有两个"主义"：第一，"是要把各处的事体，说给我们安徽人听听，免得大家躲在鼓里"；第二，"是要把各项浅近的学问，用通行的俗话演出来，好教我们安徽人无钱多读书的，看了这俗话报，也可长长见识"。②

"白话报者，文明普及之本也。白话报推行既广，则中国文明之进步，固可推矣。中国文明愈进步，则白话报前途之发达，又可推矣。"1904 年 4 月上海《警钟日报》发表的一篇文章，把白话报章与中国前途联系起来，还介绍了其所了解的白话报章之历史，强调此皆"白话之势力与中国文化相随而发达之证也"。③ 要完整勾画白话报章的兴起，无疑是困难的。《东方杂志》最初几卷刊载的《各省报界汇志》，汇集了各地兴办报章以及设立阅报所的情况，不少就涉及白话报章。各省官报刊载的信息，也表明各方颇

---

① 林獬《〈中国白话报〉发刊辞》，《中国白话报》第 1 期，1903 年 12 月 19 日，第 1—5 页。
② 陈独秀《开办〈安徽俗话报〉的缘故》，《安徽俗话报》第 1 期，1904 年 3 月 31 日，第 1—4 页。
③《论白话报与中国前途之关系》，《警钟日报》1904 年 4 月 25、26 日，第 1 版。

为积极推进白话报章之发行。如《江西官报》刊登了《〈江西新新白话报〉发刊词》，《四川官报》则发布了这样的信息："渝城杨某现纠集同志数人，组织一《开智白话报》，以兴学劝工为宗旨，现已付精宏书局排印。"① 时人也有这样的观察："各省有省会的白话报，各府也有一府的白话报，甚至那开通点的县城里、市镇里，亦统有白话报。"②

白话报章在京津地区也有很好的反响。1902年6月17日创刊于天津的《大公报》，一开始便致力于使农工商贾、妇人孺子各色人等，"莫不能阅报，莫不视报为《三字经》，为《百家姓》，为《感应篇》，为《阴骘文》，为《聊斋志异》，为《三国演义》"。③所设"附件"一版，为方便"文理不深之人观看"，多采用"演说体"的白话文。英敛之亲自担当这一工作，"每日俱演白话一段，赋于报后"。④1904年8月创办于北京的《京话日报》，"通篇概用京话，以浅显之笔，述朴实之理，纪紧要之事"。发行一度超过一万份，成为当时北京销路最大、影响最广、声誉最隆的一份报纸。⑤ 先行一步的《大公报》也对《京话日报》大力

---

① 《〈江西新新白话报〉发刊词》，《江西官报》第1期，1905年，第1—2页；《设白话报》，《四川官报》第11期，1905年，第1页。
② 铁汉《论开通民智》，《竞业旬报》第26期，1908年2月6日，第5页。
③ 《论阅报之益》，《大公报》1902年7月7日，第1—2版。
④ 方豪编录《英敛之先生日记遗稿》，1902年6月23日，文海出版公司，1974年，第516页。到1904年，《大公报》又每日随报附赠《敝帚千金》白话专版，"因为其说理平浅，最易开下等人之知识，故各报从而效之者日众"。英敛之《本馆特白》，《大公报》1905年8月20日，第1版。
⑤ 方汉奇《京话日报》，丁守和主编《辛亥革命时期期刊介绍》第5集，人民出版社，1987年，第57—69页。

扶持，表彰该报"雅俗共赏，妇雅咸宜"。①

如黄远庸解释的，晚清白话文运动的内在动因是通上下之情，故主张以与"一般人生出交涉"的"浅近文艺"作为传播"现代思潮"的利器。② 报章不仅成为分科知识成长的写照，由于需要考虑阅读对象，还逼出文字问题，促成办报者在文字的"明白晓畅"上有所追求。但问题并没有真正解决，前述高凤谦对"识字""读书""阅报"的区分，表明白话报章还不能完全解决问题，"演说""讲报"及利用新技术播放幻灯的方式，也在发挥作用。当然，推动阅读活动的展开，发行之外，还须解决场所问题，各地广设阅报所，就成为推动报章为更多人阅读的重要举措。

报章成为学科知识走向公众的重要媒介，发端于晚清，到民国时期仍在持续发生影响。最基本的，对报章文字有所要求并非仅限于这一时期，新文化运动时期推进白话文运动，也体现出这样的努力。《东方杂志》"读者论坛"的一篇来函，仍提到杂志的语言问题："言自言，文自文，达情表意，很不容易，杂志这样东西，是把大家看的，不是单纯为着上流社会浏览的，是普及的不是局部的。如此看来，杂志上面的文章，应当力求浅显，不必深奥才好。"③

---

① 《请看〈京话日报〉》，《大公报》1904 年 8 月 13 日，第 2 版。
② 黄远庸《通讯·释言·其一》，《甲寅》第 1 卷第 10 号，1915 年 10 月 10 日，第 2 页。
③ 毕立《我所要求于本志的意见》，《东方杂志》第 17 卷第 11 号，1920 年 6 月 10 日，第 95—96 页。

这也说明报章这一体裁，从出现那天起，就赋予了读者一种认知，要为更多人所接受。王汎森即阐明新文化运动培养出一个新的"阅读大众"（reading public），为争取这些新的读者，以营利为考虑的出版业者因而随之变化。①

以《大公报》来说，到民国时期已发展为一张著名的大报，其推出的10余种学术周刊，搭建起大学与社会沟通的桥梁。萧乾进《大公报》工作时就发现，这家报纸懂得如何"传播知识"，出版多种学术周刊，如司徒乔编《艺术》、张其昀编《地理》、张申府编《哲学》，以及南开大学经济研究所主编《经济》，"这些刊物的编者和作者，大多是当时平津各大学的教授。再加上《大公报》所举办的'星期论文'，它与高校的关系可以说是十分密切，从而也使它成为学术界与广大读者之间的一道桥梁。通过与高等学府的合作，报纸本身的格调和价值均有所提高"。②

科学知识之走向公众，尤其受到高度关注。1932年在南京成立的中国科学化运动协会，即是政界、学界人士推动科学化运动的产物，"致力于中国社会之科学化"。③次年推出的《科学的中国》半月刊，也强调其重要使命，体现在集合许多研究自然科学和实用科学的学者，"把科学知识送到民间去，使它成为一般人民的共同智慧"，"复兴我

---

① 王汎森《思潮与社会条件——新文化运动中的两个例子》，余英时等著《五四新论：既非文艺复兴，亦非启蒙运动》，联经出版社，1999年，第93页。
② 萧乾《我当过文学保姆——七年报纸文艺副刊编辑的甘与苦》，《新文学史料》1991年第3期，第22—45页。
③《中国科学化运动协会章程》，《科学的中国》第1卷第1期，1933年1月1日，附录。

们日渐衰败的中华文化"。① 1935年该协会制定的工作计划还指明,"凡展览会、讲演会、辩论会之能增加人民之科学常识者,必尽力促成之"。工作步骤则是要求会员,"须向社会人士,作关于国防、生产、生活等科学常识之讲演,或在报纸刊物上,发表科学常识之文字",为此"须于最短期间,征求一万会员,并以五百万人受科学常识之直接宣传为最低要求"。② 总会常务董事会通过了这一方案,还强调上述工作务于1936年底前完成。这显然是难以实现的目标,但其良苦用心,倒是溢于言表。③

中国科学社创办的《科学》杂志,发行20年后,也在调整内容,承认以往刊登的内容,过于"高深及专门化",将来应"力求通俗","除去时下言科学者粗疏浅薄之弊病",取材务求适宜。所要者"使读者发生科学兴趣""记述科学进步""传播科学消息"。总之,"力求科学知识之普遍化,以浅入深出清顺畅达之文字,论述各种科学问题,务使初学者读之不觉深,专门家对之不嫌浅,各得所需,则本志之使命达矣"。④ 在此之前,中国科学社出版的《科学画报》,早已迈出了这一步,这是接下来要讨论的。

---

① 《中国科学化运动协会发起旨趣书》,《科学的中国》第1卷第1期,1933年1月1日,第1页。
② 《中国科学化运动协会第二期工作计划大纲》,《科学的中国》第5卷第5期,1935年3月1日,第181—184页。
③ 《本会第二期工作计划大纲推行方案》,《中国科学化运动协会会报》第5号,1936年4月1日,第13—14页。
④ 《〈科学〉今后之动向》,《科学》第19卷第1期,1935年1月,第1—6页。

三 以声音、图像为媒介的知识传播

文字之外,推广学科知识走向"公众"还有值得重视的环节,那就是借助于声音、图像的方式。考虑到"识字率"及阅报能力的问题,以声音、图像的方式介绍新知,也是化解这一难题的有效办法。① 这是因为借由声音和图像的帮助,没有阅读能力的人有了获取新知的新渠道。② 而新事物、新技术的成长,也有助于与声音、图像等相关的媒介发挥更好的效应。晚清的知识传播,如何利用新的媒介,并吸引更多"受众",也值得关注。以"声音"来说,论者就揭示出,19世纪中叶以来,经过泰西文明的连续打击、诱使,在20世纪初,中国文化发生了一场整体性和取向性的变革,一个重要表现,就是出现了一场"声音转向"。③ 演说既是一种文体,也是一种社会实践,乃一时代社会是否活跃、政治是否开明、学术是否繁荣的重要

---

① 有关晚清的识字率,尚有不少争议,核心是如何定义"识字能力"。按照罗友枝的估计,18、19世纪时的中国,能粗通文字者(functional literacy 或 basic literacy),男性约占30%至45%,女性则只有2%至10%。Evelyn Sakakida Rawski, *Educational and Popular Literacy in Ch'ing China*, Ann Arbor: University of Michigan Press, 1979, p.140. 该书出版后引发众多争议,参见刘永华《清代民众识字问题的再认识》,《中国社会科学评价》2017年第2期,第96—110页。
② 罗杰·夏蒂埃《书籍的秩序:欧洲的读者、作者与图书馆(14—18世纪)》,谢柏晖译,联经出版公司,2012年,第21页。
③ 王东杰《历史·声音·学问:近代中国文化的脉延与异变》,东方出版社,2008年,第四章"近代文化的'声音转向'与知识革命"。

象征。①

"在中国还没有新闻纸以前,在朝的有公的'邸报',私的'小报';在民间的有唱的新闻,和画的新闻二种。"② 著名出版人张静庐考察中国报章的起源,特别提及流行经年的"唱卖新闻"。官方举办的各种宣讲,则是利用"声音"传播信息普遍的形式。有清一代,《圣谕广训》之颁行,以及所形成的宣讲圣谕的方式,便促成"宣讲"的盛行,"普遍推展至乡镇村里,虽无大吏从事,而地方上亦有知书小儒担当宣讲"。而且,这一方式还影响到传教士,正是看到"宣讲圣谕"和"宣讲拾遗"之类的活动,传教士也"当众宣讲"教义,从形式上说,这"与宣讲善书无异,多数不加排斥"。③

通过声音进行宣讲,固然可以提升不识字的大众对于信息的接纳,但声音同样有能否听得懂的问题,未必那么容易。新教传教士最初遭遇的困难之一,是宣教面对的人群,操持各种语言,仅仅掌握官话,显然不足以应对。1807 年马礼逊初到广州,就发现大部分中国人,"不会说官话,也不识中国字"。④ 当传教活动在广州、澳门一带受

---

① 陈平原《有声的中国:演说的魅力及其可能性》,商务印书馆,2023 年,第 61 页。
② 张静庐《中国的新闻记者与新闻纸》,上海,现代书局,1932 年,第 4 页。
③ 王尔敏《清廷圣谕广训之颁行及民间之宣讲拾遗》,《"中研院"近代史研究所集刊》第 22 期,1993 年 6 月,第 255—276 页。新教传教士对此的认识,参见廖振旺《"万岁爷意思说"——试论十九世纪来华新教传教士对〈圣谕广训〉的出版与认识》,《汉学研究》第 26 卷第 3 期,2008 年 6 月,第 225—262 页。
④ 马礼逊夫人编《马礼逊回忆录》,第 42 页。

第五章　学科知识走向公众:知识传播的媒介

阻，转向南洋一带时，又面临更多困难。1815年在马六甲建立布道站的米怜，更见识了这里的华人社区，人口比例最高的属闽语人群，其次才是粤语和官话。①

由于宣讲是传教士熟悉的形式，在知识传播方面也借助于此。李提摩太1891年在同文书会第4号年报中，便将演讲会、博物馆、阅览室的开办，作为"计划采取的办法"，希望由此介绍"有用的知识"。②广学会也曾设想"择一紧要之区，建造一堂，派人宣讲西学有益于中国之理，使人共闻而知之"。③1881年来到温州传教的苏慧廉（William Edward Soothill）则有此感受："说话清晰，或表达能力强，对布道者来说是极为有用的天赋。"④正是因为来华西人广泛利用演说这一形式，当各地开办演说会，还引起误会。1902年温州士绅创设的瑞安演说会，假县学明伦堂为会所，每月逢初一、十五日开常会，其间即发生令人玩味的一幕，听讲的人不明所以，"误为西人传教"。⑤

晚清对于演说的接纳，来自日本的影响更为昭著。在明治时代的日本，演说风气的养成，同样是欧风东渐的产

---

① 司佳《早期来华新教传教士的中文作品与翻译策略：以米怜为中心的讨论》，王宏志主编《翻译史研究》，复旦大学出版社，2015年，第149页。
② 《同文书会年报》（第四次），1891年10月31日，《出版史料》1988年第3、4期合刊，第63—64页。李提摩太在回忆录中也介绍了此项工作，《亲历晚清四十五年——李提摩太在华回忆录》，李宪堂、侯林丽译，天津人民出版社，2005年，第201页。
③ 《上海广学会第十年年会论略》，《万国公报》第108号，1898年1月，第16—17页。
④ 苏慧廉《晚清温州纪事》，张永苏、李新德译注，宁波出版社，2011年，第8、92页。
⑤ 温州市图书馆编《林骏日记》下，1903年2月6日，中华书局，2018年，第451页。

物。福泽谕吉堪称这一时期重视演说的典范，其所著《劝学篇》有《论提倡演说》一篇，指出"用文章叙述出来不大使人感兴趣的事情，一旦改用语言说出，则不但容易了解，而且感人至深"，为此也告诫致力于学问的人，要"借谈话交换知识，并以著书和演说为传播知识的方法"。① 在晚清读书人心目中，演说甚至成为明治时代的象征。梁启超曾述及犬养毅对其传达的看法："日本维新以来，文明普及之法有三：一曰学校，二曰报纸，三曰演说。大抵国民识字多者，当利用报纸；国民识字少者，当利用演说。"梁也认为日本演说之风创始于福泽谕吉，"风气既开，今日凡有集会，无不演说者矣。虽至数人相集宴饮，亦必有起演者，斯实助文明进化之一大力也"。② 1900 年创刊的《开智录》，首期即载有大井宪太郎所著《自由略论》。该文道出："新主义之万不可不研究也"，当下应致力于"播种自由、平等之新主义，以一变社会之思想"，并且强调"其法如何？演说、著书、开报，其大旨也"。③ 众多赴日留学生，不仅了解到演说具有的功效，还有了演说的机会。各省建立的同乡会，活动的主要内容就是演说。

在白话报章兴起的同时，对演说的倡导也流行开来，二者尽管形式不同，用意则一。前面提及的陈荣衮所撰《论报章宜改用浅说》已说明，由于识字人少，以浅说作报

---

① 福泽谕吉《劝学篇》，群力译，商务印书馆，1984 年，第 65—67 页。
② 梁启超《饮冰室自由书》，《清议报》第 26 号，1899 年 9 月 5 日，第 1 页。
③ 大井宪太郎著、冯自由译述《自由略论》，《开智录》第 1 期，1900 年 12 月 21 日，第 3 页。

还不能解决问题，需配合多开小学堂，多开演说社。① 时人也阐述了这样的看法："开智之术，以笔以舌以教，三者盖缺一不可。中国行其二矣，学校也，报章也。"然而，"中国人之不读书者，不识字者，十人而九，欲以此云开智，犹风马牛之不相及也"。故此，"欲有以济学校报章之穷，补学校报章之力所不逮，而其影响其效验足以贯彻上中下社会而无所沮滞者，决不能无借于口舌之功，此演说之所以为开通风气第一要具也"。所谓"口舌之功"，指的正是通过声音，"以至浅至近之语解之，以共晓共喻之理寓之，以易感易触之情发之"。该文还检讨了西方演说之兴盛，说明此一形式，在中国也不乏悠久传统，只是内容上还停留在过去，肯定四川士人改"宣讲"为"演说"，值得仿行。②

以四川作为推动演说的先行者，不确，推广演说的努力早已有之。1897 年张元济等在北京创办的通艺学堂，制定的"阅报处章程"说明："每逢星、房、虚、昴日，午前九钟至十钟请教习于西文报中择要演说。"③ 标榜"以启蒙为主"的《蒙学报》，也"专取浅明通便之法，以图说歌诀为第一要义，期于演说易晓，玩象可知"。④ 更不乏通过创

---

① 陈荣衮《论报章宜改用浅说》，《知新报》第 111 册，1900 年 1 月 11 日，第 3 页。
② 《论四川改宣讲为演说之宜仿行》（录《岭东日报》），《汇报》1905 年 7 月 31 日，第 5 页。
③ 张元济等《为设立通艺学堂呈总理各国事务衙门文》，《张元济诗文》，商务印书馆，1986 年，第 98、108—109 页。
④ 《新出〈蒙学报〉告白》，《时务报》第 46 册，1897 年 11 月 24 日，第 1 页。

办报章推广演说。1904年由演说练习会编辑、发行的《白话》，第1期刊载了秋瑾的《演说的好处》，阐明"开化人的知识，非演说不可"，还具体分析了"演说"的种种益处：第一是随便什么地方，都可随时演说；第二是不要钱，听的人必多；第三是人人都能听得懂，虽是不识字的妇女、小孩子，都可听；第四是只需三寸不烂的舌头，又不要兴师动众，捐什么钱；第五是天下的事情，都可以晓得。总之，不要把"这个演说会看轻了，唤醒国民开化知识，就可以算得这个演说会开端的了"。① 1906年《中外日报》刊登的一篇文章甚至表示，今日中国宜以"声教"补"文教"之穷，"教化之敷，原分两事，自耳入者，名曰声教；自目入者，名曰文教"。"今吾国之年齿已长而失学者，殆过于国民总数之半，而年幼之无力就学者，亦当有总数十之二三"，"急宜力行声教之教育法，于京师建立养成宣讲员之专门学校一所，以为模范，各省亦必俱立此种学校一所"。文章举证各地举办演说取得的成效，强调"声教"之大有可为：

> 试观近年津沪大埠，及于苏浙诸省通衢，常见演说之事，而今稽臻进之绩，亦必推此等地方为最，则可知声教之关系极人。②

---

① 秋瑾《演说的好处》，《白话》第1期，1904年9月24日，第2—4页。
② 《论今日宜以声教补文教之穷》，《中外日报》1906年12月9日，第1版。

演说在晚清发展为传播信息的主要方式,也体现出当日的诉求,一方面是"开民智",期望未接受教育、不识字,乃至不能读报的众生,能通过声音获得信息;另一方面则是社会动员也催生了演说这一更具感染力的形式,是基于"合群"的诉求,面向大众进行知识的启蒙。其具有的"公众性",构成要素之一。1903年12月创刊的《俄事警闻》,旨在进行广泛的社会动员,为此就有读者投函,肯定此举甚善,"然欲其大有影响于全国社会,断无其事"。解决之道是开演说会,因"演说之感化力远过于报纸","报纸所不能达者,演说皆可达之"。① 另有读者还提出:"吾国民智未开,识字者寡,唤醒国民,舌强于笔","宜购留声机器若干,副以《警闻》一一演说"。②

正因为此,白话报章与演说,在地方官员及士绅的主导下,差不多同步在推进。京师方面,"东四牌楼有医士卜广海君积资创设演报社,专演说各报,每日听者甚多,又得某大员助银百两,使之竭力推广"。③ 山西于《晋报》之外,"另设白话报以资普及",以"学堂之设,收效最迟,报章之布,仅及士流,演说则无智愚贤不肖,皆能感动"。山西巡抚对此也颇为赞赏:"白话报章专为开通风气,激发人心,欲令不识字人普行通晓,尤须注重演说,实力办理。"还明确指示:"此报既以演说为重,应即定名为《山

---

① 陈轩裔《投函》,《俄事警闻》1903年12月26日,第97页。
② 蔡邦藩、郑麟《投函》,《俄事警闻》1904年1月14日,第249页。
③ 《各省报界汇志》,《东方杂志》第2卷第8号,1905年9月23日,第102—103页。

西白话演说报》。"① 《大公报》随报附送的《敝帚千金》，还展示了演说是如何进行的：

> 今日是西马路宣讲所开讲日期，我津邑士民人等，须知官保设宣讲所的宗旨。本县是地方官，有亲民之义务，有教养之责任。今与各位白话讲讲，设宣讲所是为民智不甚开通，不知争胜，不能自强，所以请几位读书明理的先生，每晚登台演说。或讲康熙皇帝的《圣谕广训》，或讲大人先生训俗警世的书，或讲本朝的《圣武记》，或讲劝人行善的格言，总是有益人心风俗的好话。你们各人白天有事，到晚上七八点钟，正事完了，务要到这里听听，方不负官府的苦心。听了这好话回家，见着自己的弟男子侄，街坊邻舍的人，大家传说传说，叫那些未到宣讲所的人，也晓得了这好处，人的知识也就开了，不好的习气也就改了。②

演说受到重视，也催生了以此相标榜的报章。如《图画演说报》（1901）、《湖南演说通俗报》（1903）、《山西白话演说报》（1905）、《河南白话演说报》（1906）、《海城白

---

① 《山西晋报局总办程守清上山西巡抚张谭拟白话报并演说简章禀附批（白话报章程略）》，《东方杂志》第 2 卷第 8 号，1905 年 9 月 23 日，第 183—187 页。
② 《十二月初五日西马路宣讲所开讲，天津县正堂唐演说白话》，《敝帚千金》第 9 册，1905 年 12 月 29 日，第 15 页。同册还刊登了《喀喇沁王福晋在豫教女学堂的演说》，充分肯定女学堂创办之意义，并告诫"如今的女子，非有实在学问不可"。同上，第 7 页。

话演说报》(1906)、《演说报》(1912)、《广仓学演说报》(1916)等。至于报章设置"演说"一栏的,更是不少。如《童子世界》所分门类就包含"演说","本报同人每星期必演说两次,择其议论剀切确中窾要者刊入"。①《安徽白话报》也有"演说"一栏,阐述了这样的诉求:"开通风气,使人人得有普通之知识。"②

西德尼·甘博(Sidney David Gamble)旅居中国期间针对北京的社会调查也注意到:"1902年教育革命开始不久,北京开办了许多私人讲演所,向人们传授一些受过教育的人的新思想。讲演附设的阅报室也经常开放","1905年以后,私人讲演所数量迅速增加,接着1911年,辛亥革命将以前许多不为人知的新思想带给人们,私人讲演所再度兴盛"。③到民国时期仍是如此,1918年针对京师公众阅报所的调查亦说明,"京师公众阅报所大半附设于宣讲所内,计由京师学务局设立者九处"。④黄炎培曾参观北京火神庙、天津露天学校举办的演说,留下深刻印象,"其所为法,一纸可以尽之,非有深奥之理论与繁难之手续,足以致人疑沮者,所难得者人耳"。他也赞同黄远庸对此的解释:

---

① 《本报告白》,《童子世界》第1号,1903年4月6日,告白页。
② 《本报简章》,《安徽白话报》第1期,1908年10月5日,告白页。
③ 西德尼·甘博《北京的社会调查》上,陈愉秉等译,中国书店,2010年,第146—148页。"宣讲所"的具体情况,也有调查数据。同上书,下,第488—496页。
④ 《京师公众阅报所》,"北洋政府国务院档案",中国第二历史档案馆编《中华民国史档案资料汇编》第三辑,"文化",江苏古籍出版社,1997年,第129—130页。

> 京师之民有惯习焉，业务余暇，必听讲书词、小说，久乃成癖，若日用饮食之不可离。今导以宣讲，变其义，仍其形，民之听之，若犹是书词、小说也，故势至顺而易效。①

因此，就知识走向公众来说，报章之外，演说也是重要的形式。1912 年梁启超返国后，这样记录了在京活动的情形："吾在京旬日，无一日不演说，吾素不善演说，然在中国内，人人几以为闻所未闻，咸推我为雄辩家，中国人之程度亦太可怜矣。吾每演说一次，则增一次效力，吾党之热心，达于沸腾矣。"② 孙中山、黄兴等针对各界发表的演说，更是难以列举。与之相关，新文化运动形成的影响机制，也包括演说这一环节。《申报》1919 年刊登的"北京通信"言及："属于讲演一方面者，除学校正式教授外，在社会一方面，如北京前有学术讲演会，每星期日举行一次，地点三处，分别讲演。"该文还特别提及杜威（John Dewey），"前在上海、杭州、南京已讲演多次，到京后学术讲演会亦请其演讲数次，近复由教育部、北京大学、尚志学会、新学会四大机关共出资一万元，公请其讲演一年"。③ 结果，杜威在中国停留的 2 年多时间里，在 11 省发

---

① 黄炎培《参观京津通俗教育记》，《教育杂志》第 7 卷第 1 号，1915 年 1 月 15 日，第 1—3 页。
② 丁文江、赵丰田编《梁启超年谱长编》，第 657 页。
③ 静观《最近传达新思想之机关》，《申报》1919 年 9 月 28 日，第 6 页。

表了讲演，具体次数，"几乎数也数不清楚了"。① 黄炎培在日记中也表示："博士之来，于沪于杭于宁于京师，既皆有所讲演，算动一世之耳目。"② 当讲演成为风气，隔三岔五受邀发表演讲，也成为各界名流日常生活的重要部分。舒新城在回忆中就说明："当时青年求知欲之切与各校竞争之烈可称无以复加。九年秋由省教育会延请杜威、罗素、蔡元培、吴稚晖、张继、张东荪、李石岑诸先生赴长沙讲演，对于蔡等以下诸人除去公共讲演而外，各校均请莅校讲演，蔡、吴竟至声哑足软。"③ 故此，演说也成为一种新的知识生产方式，"今之学者学有所得，常即发为演讲，布诸杂志，以相讨论，以求增益"。④

相较于其他形式的知识传播方式，演说或许是成本最低的，但也需要解决一些基本问题。如何更好实现交流，自需要做出努力。一是知识的"浅显化"；二是用他人能听懂的"语言"进行表达。章太炎 1907 年在给钱玄同的信中述及，"研究会演说稿正在写出，大约一二日间可以齐集付印"，令其不满的是，"近世人多轻躁，以登坛演说为儿戏……可笑可悼!"⑤ 而是否有合适的，乃至于合法的场

---

① 胡适《杜威先生与中国》，《东方杂志》第 18 卷第 13 号，1921 年 7 月 10 日，第 121 页。
② 《黄炎培日记》第 2 卷，1919 年 6 月 8 日，华文出版社，2008 年，第 64 页。
③ 舒新城《我的教育》上册，张玉法、张瑞德主编《中国现代传记丛书》第二辑上册，台北，龙文出版社，1990 年，第 155 页。
④ 张申府《劝读杂志》，《新青年》第 5 卷第 4 号，1918 年 10 月 15 日，第 433 页。
⑤ 章太炎《与钱玄同》（五），1907 年 11 月 11 日，马勇整理《章太炎全集·书信集上》，第 168 页。

所，也是关键之一。稍后章太炎致函钱玄同就表示:"讲习会设在帝国教育会中,闻每月需费二十五元,此难为继。"①

正是因为重视演说,晚清最初出现的新式学堂,往往针对学生进行演说的训练。黄炎培在回忆中言及,其1901年考入南洋公学"特班",担任中文总教学的蔡元培就指示学生要学会"演说",要唤醒民众,开发他们的知识,固然可以靠文字,但民众识字的少,"如能用语言,效用更广"。蔡元培不仅提供几种阐述演说方法的日文书令学生阅看,还组织学生成立演说会,定期轮流学习演说。有意思的是,同学中很多人只会地方话,不会说国语,于是推请同班的李叔同教大家国语。②刘绍宽在震旦学院同样受到这方面的训练:"震旦学院最重演说,每间一礼拜,演说一次。预日出题,命学生预备,初拟临时签掣一人,令其演说。"③刘在震旦的学习不过一月有余,但对演说已有所认识,回到其任职的学堂,很快进行了尝试。在海外的留学生,更有机会得到这方面的训练。胡适在康奈尔大学读书时,就选修了一门"极有趣味的"训练讲演的课程,养成其对讲演的"乐此不疲","历四五十年而不衰"。④

善于与读书人沟通的商务印书馆,也试图将演讲加以

---

① 章太炎《与钱玄同》(六),1908年4月9日,马勇整理《章太炎全集·书信集上》,第169页。
② 黄炎培《八十年来——黄炎培自述》,文汇出版社,2000年,第55—56页。
③ 温州市图书馆编《刘绍宽日记》第1册,1903年12月18日,第344页。
④ 《胡适口述自传》,季羡林主编《胡适全集》第18卷,第203—204页。

利用。张元济 1916 年 8 月 5 日的日记记录，拟采用陈叔通建议，"请名人演讲，用蓄音器留声，制片发售"。他还从包文信那里了解到，"须在密室方可，做成后可送往日本制蜡片"。① 1917 年 3 月 10 日又记："告包文信，百代公司西人来沪制戏片时，来关照。日本东京日本桥新右卫门町蓄音器株式会社亦可制。"② 到 1920 年，梁启超组织的讲学社，希望商务襄助该社延聘欧美学者来华讲学，张元济对此表示同意，所提的条件是"演讲稿"交由商务出版。③ 这也意味着，即便演说的形态是"声音"，但受制于当时的技术条件，对"声音"的"复制"主要还是通过文字形态。故此，晚清民国时期的演讲，留下的主要还是文字记录稿，广播、录音机普及后，或许才真正实现由"看"转向"听"。

相比于声音，利用图像传播新知，对技术有更多依赖。图像原本是比文字更早出现的形式，通过图像传递思想，更是早已有之。进入近代以后，伴随新技术的推进，通过图像存留、传递信息，自是古代世界不可比拟的。与报章之结合，就构成一道独特的风景。根据相关研究，1820—1840 年，英国至少创办了 2 000 种新的报纸和期刊，其中很多都带有插图，其他国家也有类似的情况。到了 19 世纪最后 25 年，"照相制版使插图发生了革命性的变化"。④ 构

---

① 张人凤整理《张元济日记》上册，1916 年 8 月 5 日，河北教育出版社，2001 年，第 131 页。
② 张人凤整理《张元济日记》上册，1917 年 3 月 10 日，第 241 页。
③ 张元济《致任公吾兄书》，丁文江、赵丰田编《梁启超年谱长编》，第 926 页。
④ 查尔斯·辛格（Charles Singer）等主编《技术史》，第 V 卷：19 世纪下半叶，远德玉、丁云龙主译，中国工人出版社，2021 年，第 855—856 页。

成西方近代印刷业三大要素的石印法、铅印法、蒸汽机印刷等技术传入中国，也带来迥异于过去的"知识生产"新形态，研究者以"印刷文化""印刷商业"与"印刷资本主义"揭示从雕版印刷到机器时代的转变，也试图说明把产业化的印刷技术带到中国产生了重要影响。① 而上海石印业和铅印业的发展，也给那些主要利用木刻这一技术方式印制科举类用书的旧式书坊带来"灭顶之灾"。②

"海通而后，远西石印之法，流入中原，好事者取一二宋本书，照印流传，形神逼肖，较之影写付刻者，既不费校雠之日力，尤不致摹刻之延迟，艺术之能事，未有过于此者。"③ 对于石印法对印书之影响，叶德辉深有感触。申报馆1884年创办的《点石斋画报》，利用石印技术以图文的形式传播新知，便取得了很好的成效。④ 同年在广州创刊的《述报》，也是因为利用石印技术，往往配有图画介绍西学，创刊号上展示的便是"西国格致书院"。为此还说明报章是了解"西学"更好的媒介，尤胜于"西学书籍"：

> 西学书籍，每苦无从入手，且价值昂贵，购读不易。本馆聘请精通中西学问之人，逐日依次翻译登录，

---

① 芮哲非（Christopher A. Reed）《谷腾堡在上海：中国印刷资本业的发展（1876—1937）》，张志强等译，商务印书馆，2015年。
② 包筠雅《文化贸易：清代至民国时期四堡的书籍交易》，刘永华、饶佳荣等译，北京大学出版社，2015年，第2页。
③ 叶德辉《书林余话》，《书林清话》（附《书林余话》），中华书局，1957年，第37页。
④ 王尔敏《中国近代知识普及化传播之图说形式——以〈点石斋画报〉为例》，《近代文化生态及其变迁》，百花洲文艺出版社，2002年，第349页。

由浅入深,有径可寻,删去浮词,务求简括。有志实学者,得此既可为入门之资,又可省买书之费。①

石印技术只是影响知识传播的一方面事例,近代涌现的新事物、新技术,所在多有,而要对此加以介绍,利用图像即是重要的手段。结合《格致汇编》对新知的介绍,可了解图像是学科知识走向公众、取得更广泛影响的重要手段。

傅兰雅主编的《格致汇编》,明显偏重于实用工艺技术的介绍,各分科知识之外,重点关注到各种新发明、新技术,最初设置了"格物杂说"栏,后来又增加"格致释器"栏,介绍测候器、化学器、重学器、水学器、气学器、照像器、测绘器、显微镜、远镜等。何以对格致的介绍更为重视"器",是因为"格致所论多为事物之理,设不以器为重,则格致虚而无用。惟以制器是尚,则人可得极大之益,而格致始成有裨实用之学"。而"器之为类亦多",故此,"欲将各类之器,汇集成编,逐次刊印,俾阅者明器以用器,因器以制器,至能推广变化,可以运用无穷"。②

在内容的展示上,《格致汇编》也颇为用心,"先用浅近开端,一冀造乎其极";而内中所列图幅,一见如真,俾

---

① 《〈述报〉缘起》,《述报》1884 年 4 月 18 日,第 1 版。
② 《格致释器总论》,《格致汇编》第 3 年春季号,1880 年春,第 1 页。参见王扬宗《〈格致汇编〉与西方近代科技知识在清末的传播》,《中国科技史料》1996 年第 1 期,第 36—47 页。

阅者"观图易明其理，不必凭虚想象"。① 对此，梁启超也评价说：其"详言某学需用某器，显之以图，系之以说，言明用法，列其价值，专门名家者最便之书也"。② 此外，如前已言及的，该刊还设置"互相问答"栏，解答读者问题。包括电报、显微镜、千里镜、照相术等新技术，以及日常生活中逐渐开始接受的玻璃、肥皂、洋火等，都不乏读者表现出浓厚的兴趣，纷纷问询其原理及制造之法。③ 这对于搭建新事物、新技术与公众沟通的津梁，无疑是卓有成效的。

不过，通过书刊介绍的新事物、新技术，要实实在在呈现出来，原本不那么容易。"纸上得来终觉浅"，这也制约了对新事物、新技术的接纳。为此，《格致汇编》也刊出告白说明：有数门格致之学，如天文、地理、化学、热学、光学、声学、重学，"须用器具材料，亲自试验方能深明。而各器与料为中国尚未能自造者，故务必从西国购来"。内地人士如要购买器具与材料，可"致信下问，本馆当回复言明"。④ 该刊登载的告白，也表明一些器具可以通过相关渠道购买。一则伦敦各里分行的告白说明："本行开设英伦

---

① 《格致汇编告白》，《格致汇编》第 4 年第 6 卷，1881 年 7 月，告白页。
② 梁启超：《读西学书法》，《质学丛书初集》第二函，第 15 页。
③ 论者对《格致汇编》"互相问答"栏发表的 129 件读者来信做了分析，发现读者最为关注的是有关日用品方面的内容，信件有 79 件，比例最高。San-Pao Li, " Letters to the Editor in John Fryer's *Chinese Scientific Magazine*, 1876‐1892: An Analysis",《"中央研究院"近代史研究所集刊》第四期下册，1974 年 12 月，第 729—777 页。
④ 《本馆告白》，《格致汇编》第 1 年第 11 卷，1876 年 12 月，第 21 页。

敦多年，专造格致各器，并考究化学各种工艺器具"，"又有千里镜、显微镜各种器具俱为出卖"。① 发售《格致汇编》的格致书室，也曾出售一些格致器具，一则告白指出：该书室"专售西学格致书籍以及中国经史子集，并格致器具、照相镜箱与发电器、画图器等，外在天津、北京、武昌、温州、汕头、厦门、香港等埠亦有分售之处。凡来信购取书器者，开示居址名姓，当照寄上不误"。② 与此相关，《格致汇编》还成为新事物、新技术在中国展现的媒介。第1卷第11期刊登的大北公司的告白说明，已编成"《华字电报书》一本，便于中国人通电报之用"；一家照相馆的告白则告知，"欲购办照相各种器具与药材等件，无论其为业者，或为文人戏弄者，均希驾临本馆面议"。③

傅兰雅及其所苦心经营的《格致汇编》，在推广新事物、新技术方面做了种种努力，但就那个年代的中国来说，这毕竟还是小众的事。晚清办理洋务的官员接触此类新事物、新技术，往往走在前列；那些向《格致汇编》投稿，或在"互相问答"栏留下问题的，也可谓对此抱持浓厚兴趣。不过，这只能算是少数的例外。徐寿就言及，"是时声、光、化、电各种器皿运入中土者绝希"，"多方搜求，

---

① 《伦敦各里分行主人告白》，《格致汇编》第4年第1卷，1881年2月，封底页。
② 《格致书室告白》，《格致汇编》第5年春季号，1890年春季，目录页。前面提及的"格致释器"栏目，在介绍了前三种器后，也加上"识语"，指出上述各器的介绍均据伦敦格致行提供的信息，"此行专办大小各学堂须备用教格致学之器具材料"。《格致汇编告白》，《格致汇编》第5年冬季号，1890年冬季，第10页。
③ 《本馆告白》，《格致汇编》第1年第11卷，1876年12月，第42、44页。

始致什一"。① 孙宝瑄也曾提及其友人黄益斋,"精于化学、电学及一切格物学,曾备办各种仪器,征诸实验,自云所费不下三万金"。通过试验,可以获得对"电"更多的认识,但也遭遇不测,后来便"不敢再试验"。② 可见对新事物、新技术的了解,不仅需要仰赖各种仪器,征诸实验,而且花费不菲,只有极少数人有机会尝试。刘绍宽1894年在与友人谋划设置书社时,就不赞同多购西书,"如购西书,讲西学,必须兼购仪器,联学会,随看随学,方有所得"。③

1892年底,《格致汇编》不得不再度停刊,傅兰雅写下的《格致汇编馆特白》,传递出其失望之情。④ 对此,顾燮光也曾指出:"声光化电诸学,非得仪器试验,明师指授,不易为功。虽英儒傅兰雅所译格致诸书,详尽可读,卒无裨于风气者,以既乏明师,又鲜仪器也。近日江浙志士设科学仪器馆于上海,取便学者,其功甚大。"⑤

故此,新事物、新技术与"公众"的关联,也是缓慢推进的。最初是一些书院添置相关设备,以便于教学。格致书院曾聘请来自英国的白尔敦(Burton)居院教习西学格致,"当来院时,即尽心筹划画铺设,一切院内旧有之格

---

① 杨模《锡金四哲事实汇存》,中国史学会主编《中国近代史料丛刊·洋务运动》(八),上海人民出版社,1961年,第22、29页。
② 中华书局编辑部编《孙宝瑄日记》上册,1901年9月4日,第419页。
③ 温州市图书馆编《刘绍宽日记》第1册,1894年5月14日,第93—94页。
④ 《格致汇编馆特白》,《格致汇编》第7年冬季号,1892年冬季,目录页。
⑤ 顾燮光《例言》,徐维则辑、顾燮光补《增版东西学书录》,第3页。

致器具取而修整，逐件揩濯，依次位置，井井有序，复仿泰西书院之规，添设讲台，通造水管，安置煤灯，以备试用。凡院内器物有不敷用者，复拟向西国添买外，另有自英国试用各器，亦装寄来院，以便应用"。① 不料白先生骤然辞世，打断了这一计划。外人在华的各类组织也曾安排介绍新事物、新技术的观摩活动。上海文友会1892年2月举办西人会集，由一位医士讲论"人与微生物相争之事"。演讲时配备"大力显微镜六具"，使观者得以通过此观看各微生物之形。② 傅兰雅在格致书院也多次利用幻灯进行演讲，如1895年就先后举办了六次，主题分别是：采矿与采矿设备，布拉西（Brassey）女士的环球旅行，生理学与解剖学，总督大人在南京，芝加哥世界博览会，动物学。③ 1897年5月21日，傅兰雅还在格致书院演示"轻气"的提取与燃烧实验，因"来观者未能众多"，令其稍感遗憾。④

晚清推行新式教育，也需要解决器具问题。《京师大学堂暂定各学堂应用书目》附有"应用实验室图书类""教育器具标本类"的信息，《奏定学堂章程》对于各级学校也列出"屋场图书器具章"，要求按照教学的要求分别配置图书

---

① 格致书院董事《格致书院格致教习逝世启》，《格致汇编》第5年冬季号，1890年冬季，第43页。
② 《人与微生物争战论》，《格致汇编》第7年春季号，1892年春季，第29—30页。
③ 王扬宗《傅兰雅与近代中国的科学启蒙》，第87页。
④ 山东乐学谦述记、古吴叶鑫校绘《格致书院教演化学记》，《新学报》第3册，1897年9月，第1—4页。

室、器具室、药品室、标本室等。在此之前，各地在推进新式教育时，也有这方面的考量。江标到任湖南学政后，在校经书院建起藏书楼，广购经籍外，还"添置天文、舆地、测量诸仪，光、化、矿、电实验各器，俾诸生于考古之外，兼可知今"。① 1897年在杭州开办的求是书院，"天文、格致、图画、仪器悉备，屋宇俊朗"。② 蔡元培1899年参观该书院时，教习也曾"导观化学房及藏书楼"，其中之八星仪及三百倍显微镜，令其印象深刻。受此启发，蔡不久在所出课题中就有一道诗题《赋得显微镜》。③

因应这样的需求，虞辉祖等在上海办起了科学仪器馆，最初主要销售日本的各种教学仪器，随后走上"仿制"之路，"取法日本，而兼采英德之新制"。通过几年的努力，"凡普通仪器皆已先行仿制"，已逾百种。④ 随后该馆又附设理科讲学所，标榜"一切应用器械，其足以阐明理奥者，亦大要具备矣"，旨在示范这些器具的使用。⑤ 1905年陈宝泉创办的天津教育品陈列馆，则定期举办仪器讲演会，时任天津私立第一中学堂教务长的张伯苓曾受邀主讲气学，

---

① 《户部议复湖南学政奏请推广校经书院经费折》，《湘学新报》第8期，1897年6月30日，第1页。江标日记存留了关于此事更详尽的记录及向各方争取经费支持的信息。黄政整理《江标日记》（下），第631—632页。
② 中华书局编辑部编《孙宝瑄日记》上册，1897年5月17日，第108页。
③ 王世儒编《蔡元培日记》上册，1899年5月22日、1900年9月4日，第109、131页。
④ 《科学仪器馆经理虞辉祖上商部呈验仪器禀（附筹办仿制仪器说略）》，《教育杂志》第6期，1905年5月4日，第18—19页。商部也充分肯定此举"有功学界，足挽利权"。《商部奏请奖励上海科学仪器馆经理人折（附录商部批词）》，《教育杂志》第8期，1905年6月17日，第3—4页。
⑤ 《科学仪器馆附设理科讲习所章程（附招生广告）》，《教育杂志》第6期，1905年5月4日，第39—40页。

利用各种仪器做了多个试验。① 相应地，售卖各种教学仪器的商店也纷纷开张。钱玄同1906年在日记中言及，上海崇实书局改行办起"仪器馆"，后取名为"博物教材集成馆"。② 华人开设于日本的书局，也纷纷做起这方面的生意，大华书局刊布的广告表示"兼代内地学校采办图书仪器标本"；华商古今图书局也说明其"六大特色"之一，是"为内地学堂代办东西洋教育用品，以谋学界便利"。③ 鉴于学校教育初兴，所需仪器标本模型之类，大多仰赖外货，商务印书馆也按照新学制课程纲要，"编制小学中学师范等校应用之理科教具，分组发售"：

> 不属于印刷业范围而与教育至有关系者如仪器、标本、模型、文具、玩具、影片等，多仰给于东西洋各国，漏卮甚大，故特自备炉，自制机械，以供自用，并以廉价出售。其他如仪器、标本、模型、华文打字机、幻灯影片等，莫不特请专家悉心研究，以期稍进挽回利权之天职。惟幸国人垂鉴之。④

教育之外，知识之走向"公众"，尤值重视的是"幻

---

① 《天津教育品陈列馆仪器讲演会》，《直隶教育杂志》第18期，1906年11月30日，第2页。
② 杨天石主编《钱玄同日记》（整理本）上，1906年5月21、22日，第44页。
③ 大华书局《广告》，《民报》第9号，1906年12月1日，封底告白页；《华商古今图书局之六大特色》，同上，封底告白页。
④ 《商务印书馆志略》，上海，商务印书馆，1929年，第10、44页。

灯""电影"这类新型媒介。前者在晚清已流行开来,后者则在民国时期与教育结缘。从技术史的角度看,18世纪时,作为摄影术基础的光学原理和化学原理已经普及,到19世纪末,"摄影术已成为科学、医学、工业、商业、报刊图片、书籍插图和其本身的分支——电影摄影术不可或缺的技术"。① 幻灯作为新教传教士"科学传教"的重要工具,在晚清也成为介绍近代知识的重要载体。上海的格致书院、中西书院等常常面向社会大众放映,以此讲解西方科学"格致之理"。② 1876年《万国公报》刊登的《观镜影灯记》还介绍说:"美国司君游京师,携有镜影灯暨赛奇会诸图",于"灯市口会堂邀众同观","同文馆总教习丁公偕馆生辈咸至,其司翻译者,则英国牧师艾公也"。③

晚清最初创办的新式学堂,也不乏利用幻灯讲解新知的事例。1898年初,李维格(字一琴)就多次邀请皮锡瑞到时务学堂"看光学":

> 晚间到时务学堂,袁叔瑜亦至。一琴云学徒大半已去,因诸君欲看,特演之。看二十来纸,皆英国伦敦王宫、街道、桥梁、饭店、马车、小轮船军器库,及狮、象、海马、鸵鸟之类,维多里亚象甚肥泽。光

---

① 查尔斯·辛格等主编《技术史》,第Ⅴ卷:19世纪下半叶,第872页。
② 相关研究可参见孙青《魔灯镜影:18—20世纪中国早期幻灯的放映、制作与传播》,《近代史研究》2018年第4期,第65—83页。
③ 小山居士《观镜影灯记》,《万国公报》第419卷,1876年12月23日,第266页。

照布上,与在京劳凯臣处所看无异。①

后来皮锡瑞在江西时,也曾受邀"看光学"。②揆诸其他事例,可看出看幻灯在各地已逐渐流行开来,此一时期湖南士绅组织起南学会,即面向公众举办"演影灯"的活动,《湘报》刊登的告白写道:"本学会二十七日讲期改演影灯,特请时务学堂教习按图讲论,于晚间八点钟入坐,坐位可容三百六十人,坐满截止。愿来听者须先一日领取凭单。以后每月演影灯二次。特此告白。"③《南洋官报》1904年还曾报道:"山东济南公立小学堂前由校董齐集各学生,开放影灯。所现图画悉东西洋各种风俗物产……每现一影,皆由王伯安大令演说事实,侃侃而谈,曲尽情致,虽幼稚学生亦皆拍掌相和。"④

电影作为一种新的媒介,与教育结合在一起,主要是在民国时期。张元济1917年3月12日的日记留下这样的记录:"郭洪生来,谈日本有'日本活动写真会社',能制活动影片。伊晤其社长横田永之助,甚愿与中国联络,推广营业。且可制造电机,不必假电厂云。余言,极应联络,

---

① 皮锡瑞著、吴仰湘点校《皮锡瑞日记》第二册,1898年1月10日,中华书局,2020年,第543页。随后还有"演光学"的记录。同上书,1898年2月9日,第553页。李维格曾在格致书院学习,后又负笈英伦,在格致之学方面颇有造诣。曾参与《时务报》《湘报》的编辑工作,1897年12月又受邀担任湖南时务学堂英文课程总教习(梁启超任中文课程总教习)。
② 皮锡瑞著、吴仰湘点校《皮锡瑞日记》第二册,1898年7月22日,第675页。
③《南学会告白》,《湘报》第32号,1898年4月12日,第128页。
④《演说影灯》,《南洋官报》第45册,1904年5月14日,第6页。

本馆亦可做。郭允将调查所得者开示。"① 随后商务建立了电影部，开始生产影片，制片范围主要关于教育、时事、风景诸类，大多配合当时的学校教育和社会教育而摄制，涵盖特殊教育、卫生教育、军事教育、生产教育等。但制作影片实属不易，在相关专业公司成立后，商务在1927年放弃了这项业务。② 倒是幻灯片的制作得以保留，"虽不如影片之活动，而取价甚廉，映时手续亦甚简单。各地通俗教育馆及各学校等购置一份，随时应用，足补讲演等之不及"。③

教育电影真正引起关注，则与前已言及的1931年国联教育考察团对中国的考察有关。考察团成员中，有一位后期才加入的萨尔地（Baron Alessandrs Sardi），专门关注教育电影。其留下的团员工作报告书《电影与中国》表示，其致力的是结合教育电影推进中国教育发展，"使渠辈实地明了教育电影效力之大及其用途之广"。④ 萨尔地时任意大利国立教育电影馆馆长，利用这一便利，带上了该馆出品影片二万公尺，以及刊物多种。在中国考察期间，萨尔达受邀多次发表演讲，演讲之后，通常会放映其所带来的影片。

就当时的中国来说，电影尚属新事物，将此与教育结合起来，更是前所未闻。照萨尔地的观察，"余所视察之中

---

① 张人凤整理《张元济日记》上册，1917年3月12日，第243页。
② 杜云之《中国电影史》第一卷，台湾商务印书馆，1972年，第19、25页。
③ 《商务印书馆志略》，第44页。
④ 萨尔地《电影与中国》，彭百川、张培溁译，南京，中国教育电影协会，1933年，第9页。

国各市镇，公立或私人创设之教育电影团体，均付阙如"，"惟有数校校长及教授，争相承认电影之重要，及其被利用为教育工具之可能性"。依其所见，凡电影能增加与政治、社会、艺术及技术等内容，皆得称为"教育电影"，而且，放映电影，"尤能使吾人由银幕上去研究自然之奇迹并将各种奇迹，均考察深微"；如无电影，"则种种奇迹，如血液之循环，鸡雏之孵化，及各种胚芽之生长等，除少数研究者外，民众无从了解"。因此，"一国如中国之大，其目今情况，亟需促进社会及智识之进化，乃适用教育电影之良好园地也"。他还指明在推广教育电影，有三个主要方法：在学校中放映；由电影巡回车放映；在普通电影院中放映。[①]

正是受此影响，1932 年 7 月在南京成立了中国教育电影协会，充分肯定"电影绘形绘声，所表现者真切有味，感人至深且速，其效能盖十百倍于语言文字也"。对于中国发展教育电影，该会更是道出特别的需求：

> 我国教育方在萌芽，学校教育既未普遍，社会教育更不足言。微论两极探险，异地记游，山川形势，社会风俗，历史伟绩，哲人言行，造化过程，物理发明，人体解剖，微菌变态……一切较隐较远之科学知识，均有待于电影之显示；即国民道德，卫生常识，

---

① 萨尔地《电影与中国》，第 9—10、17 页。

及各国农工商业之现状，市乡政治之设施……实亦需电影为之启发介绍，以辅助教育之所不及。

中国教育电影协会的成立，旨在促进教育电影之发展，"俾教育赖电影而功效益宏，电影为教育而力有所注"，希望与教育界、学术界通力合作，推进此项工作。① 翌年，该协会成为国际教育电影协会的会员单位，参与到国际交流中。1933年，在上海还成立了"全国教育电影推广处"，除经理中国教育电影协会向国际电影协会租赁之教育影片外，还向国内外各影片公司及教育文化电影机关订购教育文化影片，在国内轮回映演。②

朱家骅入长教育部后，颇为关心如何"推行电影及播音教育"，肯定"电影教育系以娱乐方法达到教育目的，令人感受深刻之印象，故收效甚宏，为社会教育极有效之工具"。考虑到输入的外国电影，"影响于中国之风俗习惯者甚大"，苟不加检查，"则电影流毒，更将无有止境"。为此他也希望加强监管，拟"自制各项教育影片，分配全国，使与通常电影配合映演，并设法输入乡村，启发内地民智，改良内地习惯"。连带着，朱家骅还表达了对如何利用好"播音教育"的关切：

---

① 《中国教育电影协会缘起》，《电影检查委员会公报》第1卷第4期，1932年9月1日，第32—33页。
② 《教部令发全国教育电影推广处推广简则》，《新闻报》1933年12月20日，第4张。这方面的情况可参见赵惠康、贾磊磊《中国科教电影史》，中国电影出版社，2005年。

播音教育亦须利用，盖在语言不统一，文盲占全人口之大多数之我国，最为需要。故不独在重要市镇应广设无线电收音机，尤须设法巡回于乡村，使一般国民得与世界新智识相接触。同时对于有关国语及有教育价值之留声机片，亦应设法使各留声机片公司充分灌制。电影播音二者，诚能在教育上利用推广，则社会教育收效自宏矣。①

教育部对"播音教育"的推动，也不乏举措，1936年设立电影教育及播音教育委员会，1940年又将此与前述中国教育电影协会合并为电化教育委员会。参与其中的舒新城由衷表示，"广播与电影之用为教育工具，其效力比任何教育工具为大是可以断言的"。他分析了面临的很多实际问题，仍希望此项事业"有前途"，"它所利用的工具，所需的人才，和传统教育上的完全不同，要付之实施，除了充分的经费及艺术家的合作以外，还望教育家把对于教育的传统观念加以改变"。②

无论是学科知识走向公众，还是新事物、新技术之走向公众，都不是短时间内可以落实的。晚清如此，民国时

---

① 朱家骅《九个月来教育部整理全国教育之说明》，《教育部公报》第4卷第49、50期合刊，1932年12月18日，第33—34页。
② 舒新城《电化教育的实际问题》，《中华教育界》复刊第1卷第1期，1947年1月15日，第111—115页。相关情况，可参见《第二次中国教育年鉴》，第九编"社会教育"，第四章"电化教育"，第65—76页。与之相关的收音机在基层的分布情况，参见朱至刚《"新媒介"的使用成本：影响近代中国广播基层分布的关键因素》，《新闻与传播研究》2023年第2期，第109—125页。

期也只是有限地推进。幻灯、电影等媒介用于知识的传播与普及,由于需要解决放映设备与内容,显然只有在少数中心城市能够实现。因此,这里所谓"公众",只不过是"小众",接触新事物、新技术,只是少数人才有的机会;有条件利用仪器设备辅助教学,更只有少数学校才具备条件。

故此,审视学科知识走向"公众"对图像资料的运用,更要重视与之相关的各种"画报"的出版、发行。1895 年《申报》已刊文道出,中国识字者少,不识字者多,"安能人人尽阅报章"?唯有创设画报方能解决此一难题,倘若画报风行,则"无论识字不识字之人,皆得增其识见,扩其心胸也。不特士夫宜阅,商贾亦何不可阅?不特乡愚宜阅,妇女亦何不可阅?"且"最宜于小儿","启蒙之道,不当以画报为急务哉?"[①]

阿英 1940 年为《良友》画报 150 期纪念号撰文,将中国画报的成长分为四个时期。第一期为"中国画报的萌芽时代",以《小孩月报》(1875)、《瀛寰画报》(1877)、《画图新报》(1880)为代表。第二期因利用"西法石印",中国画报走向繁荣,1884 年创刊的《点石斋画报》最具影响。此外,《新闻报》还开创了随报附送画报的办法,嗣后各大报,也竞相效仿。第三期系从石印法发展到采用铜锌版,最初是李石曾 1907 年在巴黎办的《世界》,在国内发

---

① 《论画报可以启蒙》,《申报》1895 年 8 月 29 日,第 1 页。

行的是1912年高奇峰创办的《真相画报》。第四期以1926年《良友》的创办为标志，不仅内容上有很大突破，成为综合性画报，在技术上还最先用"影写版"印刷。① 就图像与知识的结合来说，这些画报多少都有所展示。而且，有的还明确与知识之"启蒙"联系在一起。1902年创刊的《启蒙画报》，致力于"合我中国千五百州县后进英才之群力，辟世界新机"，采取的办法凡三：一是"以图说为入学阶梯，而理显词明，庶能收博物多闻之益"；二是"本报浅说，均用官话，久阅此报，或期风气转移"；三是"参考中西教育课程，约分伦理、地舆、掌故、格致、算术、动植诸学，凡此诸门，胥关蒙养，兹择浅明易晓者，各因其类，分绘为图"。②

《良友》更是涉及关于科学知识的介绍，作者对此也有期待，一位肄业于重庆大学农学院的读者表示："每于读温室花卉等科学之际，均深感无图参考之苦，故特冒昧建议贵刊，请于每期增印此等图式（须用彩色精印），一幅或多幅。"一位来自杭州的读者，则道明"机械工程，对于我国近来提倡生产建设关系甚大"，希望"每期应以多量之篇幅用单色及彩色精印各种机器，并详为说明其构造与用途，此实为救国之要务"。③ 第80期起担任主编的马国亮以此

---

① 阿英《中国画报发展之经过》，《良友》第150期纪念号，1940年1月15日，第38—40页。
② 《启蒙画报缘起》，《启蒙画报》第1号，1902年6月23日，第1页。这方面的研究，参见陈平原《图像晚清——〈点石斋画报〉之外》，东方出版社，2014年，第24—39页。
③ 《读者播音台》，《良友》第104期，1935年4月15日，第56页。

总结了《良友》取得良好口碑的缘由,"从这里,人们可以毫不费神地得到最新的世界知识,最新的社会的、科学的与美术的、文学的种种学问",而且,"进步的印刷术更增加了读者的爱好和兴味":

> 因为画报所给与读者不是抽象的理论,确是摆在眼前的以图画来表现事实的学问。小学生不会嫌其太深,大学者不会嫌其太浅,甚至不识字的人,也可因看图而心领神会。最能实施普及教育的工具,除了电影,大概要算是画报了,可是要说到随时可看,随地可看,和能自己永久保存占有的话,则又非电影所能及的。①

以"知识"之名,也是那个年代容易借力的符号。良友公司1926—1945年间出版的《万有画库》,即标榜"系统地用图画介绍世界万象、近代知识"。② 同时,技术的进步,也有助于实现以图像的方式介绍知识。当然,要真正落实知识与图像之结合,"图像"之外,还需要解决知识的"普及化"问题,非专业人士未必容易驾驭,长期坚持下去,更属不易。1936年良友公司投资创刊了《知识画报》,以"介绍最新知识,提供现代文化"为诉求,"专为大家介

---

① 马国亮《本刊百期言》,《良友》第100期,1934年12月15日,第4页。
② 此系《万有画库》的广告语,还说明《万有画库》"出足四十种,已销四十万册"。《良友》第123期,1936年12月15日,封底。

绍世界科学知识的工作",还强调"介绍实际智识是比介绍什么抽象的学问还来得重要"。① 但该刊仅出版了七期就夭折了。

中国科学社1933年创办的《科学画报》,也将这样的努力展示出来。"要中国真正科学化,我们要极端注意的,就是本国的国民和儿童。"中国科学社之所以发行《科学画报》,为的是"把普通科学智识和新闻输送到民间去",并且用简单的文字和有意义的图片或照片,把世界最新科学发明、事实、现象、应用、理论以及于谐谈游戏都加以介绍,"逐渐地把科学变为他们生活的一部分,使他们看科学为容易接近"。② 创刊时,《申报》《新闻报》《时报》《大公报》《时事新报》等大报均予以报道,对此高度关注。

《科学画报》初为半月刊,后改为月刊,经常能维持二万余份的销路。作者—编者—读者三要素,成为《科学画报》得以持续发挥影响的关键,"取材和编辑方针",主要体现在配合"介绍最新科学知识"和"补充实用理科教材"的宗旨,确立"齐""均""新"三个标准,以及"通俗普及"和"插图丰富"两个要素。还特别介绍"给予读者们帮助的是谁",指出"本报所聘的专家们都是科学界中极富名望的,都曾在研究院大学中执教多年的老前辈。他们不但替本报阅稿,并且常常替本报撰稿,又替读者们解答疑难"。关于读者,该报也说明,编辑部每天平均要收到一百

---

① 《致读者》,《知识画报》第1期,1936年8月1日,第1页。
② 王季梁《发刊词》,《科学画报》第1卷第1期,1933年8月1日,第1页。

封以上的信,"有的投稿,有的贡献意见,咨询疑难,请求代办事务(如代为化验,代向国外订购书籍仪器,代办申请专利手续等),以及参加读者联谊会等等"。① 该刊发行到第 15 年之际,时任中国科学社总干事的卢于道,也道出令人欣慰的一面,"本刊的生命从来不曾中断,并且其声誉有增无减","就是在普及方面还未能达到我们理想中的进步程度"。②

学科知识之走向公众,既涉及传播知识的载体,还有关受众的知识程度,故此报章与教科书,以及演说、图像等,皆构成重要的"媒介"。尚可补充的是,各种面向更广泛读者的"丛书""文库"的出版,也有这样的用意。商务印书馆以此引进新知,也发挥了重要影响。李欧梵曾言及:除了学校教科书,商务的"东方文库"和"万有文库"两套著名的文库,即致力于"提供使社会的每一个成员都获得的基本知识"。③ 实际上,商务介入这方面的工作颇早,围绕各分科知识,陆续出版了"百科小丛书""自然科学小丛书""社会科学小丛书""少年自然科学丛书""少年丛书""国民教育文库""民众基本丛书"等。1923 年开始编纂的"百科小丛书",是王云五进入商务后策划的第一套丛书,"以百科知识为介绍之对象,每题一书,由国内专家分

---

① 同庚《作者—编者—读者:从科学画报的编辑到发行》,《科学画报》第 13 卷第 9 期,1947 年 9 月,第 554—555 页。
② 卢于道《十五年来》,《科学画报》第 13 卷第 9 期,1947 年 9 月,第 551—552 页。
③ 李欧梵《上海摩登——一种新都市文化在中国(1930—1945)》,毛尖译,北京大学出版社,2001 年,第 54 页。

任执笔,深入浅出,叙述务求简明"。由此还带动了其他丛书的出版,后续所出"国学、师范、自然科学、医学、体育、农学、商学、工学、史地各种小丛书,虽系分科编辑,体例实与此大同小异"。① 正是在三四百种丛书的基础上,才推出"万有文库"。这不只是"以人生必要学识,灌输于一般读书界",还体现在"以整个图书馆用书,供给于各省图书馆"。② 王云五为此也表示:"本文库之目的,一方在以整个的普通图书馆用书供献于社会,一方则采用最经济与适用之排印方法,俾前此一二千元所不能致之图书,今可以三四百元致之。"③

这里未能加以介绍的近代意义的图书馆、博物馆在中国的成长,同样构成重要的载体。尽管形式不同,但对于知识传播,尤其是推动知识走向"公众",皆发挥了重要作用。只是,这些方面的情况,还不很理想。一则针对图书馆、博物馆及科学馆的统计说明:全国图书馆数量,1929年为1131所,1936年增加到1848所(含学校附设)。抗战军兴,各地图书馆被摧毁或停办者甚多,1945年全国仅有图书馆704所(不含学校附设)。博物馆在中国更是尚未普遍设置,中央办理者仅国立故宫博物院。抗战前教育部特在南京成立国立中央博物院筹备处,旋因战事西迁。各

---

① 《本馆四十年大事记》(1936),《商务印书馆九十五年——我和商务印书馆(1897—1992)》,商务印书馆,1992年,第691页。
② 庄俞《三十五年来之商务印书馆》,庄俞、贺圣鼎编《最近三十五年之中国教育》卷下,第22页。
③ 王云五《印行〈万有文库〉缘起》,《申报》1929年5月10日,第3张第11版。

省设立之博物馆，因战事影响，大多停办，1945年全国博物馆只有12所。科学馆在灌输一般民众通俗之科学知识，其施教范围以当地全体民众为对象，但各省市也尚未普遍设置科学馆。截至1945年，全国科学馆仅15所，其中国立者1所，省市立者12所，县立者2所，"正在筹备中者计有国立重庆科学馆，及新疆、安徽、河北、宁夏、陕西、青岛五省市立科学馆"。①

就不同的"媒介"来说，成长的历程各异，影响机制自然也各不相同。不管怎么说，"宣讲、讲报与演说"的出现，表明新知识、新观念在下层社会的传播也取得了一定成效，"即使在乡镇村落，因为地方政府、士绅的努力，启蒙的理想也不是遥不可及"。② 而且，"强化的传播交流逐渐改变了中国的时空概念"，使越来越多的普通人增加了对中国和世界的了解。③ 当然，不可否认的是，上述"媒介"在晚清还是新生事物，接触的人还有限，到民国时期才影响到更多人。而伴随技术的推进，促进知识走向公众的媒介需要也不断增加。这里所展示的甚为有限，还有不少内容值得梳理。

---

① 主计部统计局编《中华民国统计年鉴》，1948年6月，第329页。
② 李孝悌《清末的下层社会启蒙运动：1901—1911》，河北教育出版社，2001年，第240—241页。
③ 罗友枝、黎安友、姜士彬主编《中华帝国晚期的大众文化》，赵世玲译，北京师范大学出版社，2022年，第587页。

第六章 重塑过去:"学科史"的书写

"为什么现代科学没有在中国(或印度)文明中发展,而只在欧洲发展出来?""为什么从公元前1世纪到公元15世纪,在把人类的自然知识应用于人的实际需要方面,中国文明要比西方文明有效得多?"[①] 所谓"李约瑟难题"及其牵涉出的一系列问题,无法在此展开讨论,但亦昭示出,追踪各学科成长的历史,建立古代与现代的联系,构成理解学科知识成长的重要一环。前述英国皇家学会,所开展的第一个项目,即是编纂力学、天文学、贸易、农业、航海、制衣和染色等各种"史志",恰如培根对学问发展情况进行的"一个概括的、可靠的巡查",以"了解学问的哪些部分还仍是荒芜之地,还没有经过人类的耕耘和修整"。[②] 西方世界较为重视从哲学史的传统中派生出的"学科史",最早引起关注的是修辞学的历史和历史学的历史,随后是法学史、医学史。而对大多数其他门类的学科史而言,18

[①] 李约瑟《文明的滴定——东西方的科学与社会》,张卜天译,商务印书馆,2016年,第176页。
[②] 保罗·罗西《现代科学的诞生》,第276页;弗朗西斯·培根《学术的进展》,刘运同译,上海人民出版社,2007年,第63页。

世纪是一个转折点，出现了天文学史、数学史、化学史等。而且，学科史的书写，不仅成为"发明史"，还努力把该学科的发展置于社会、政治和文化的背景下讨论。① 可见"学科史"的书写，实际构成学科知识落地生根的象征。通过对传统的"发明"，重建某一学科之知识谱系，也是接引学科知识的题中之义。

审视近代学科知识在中国的成长，也不可回避与之相关的问题。明清之际滥觞的"西学中源"说，自构成追踪问题的起点；进入近代以后，中国是否有"科学"等问题，也不免引起激烈争辩。尤值重视的是，20世纪初年由"新史学"推动形成的"专史"，明显是成长中的分科知识——"他学"——影响于"史学"的结果，并催生了追踪近代学科知识成长历程的各种"学科史"。此类基于中国历史资源梳理的"专史"，也成为"新史学"的主要遗产，并重塑了"中国之过去"。

一 "他学"催生的"新史学"

言及"新史学"的诞生，有必要稍稍虑及差不多同时围绕"有史"与"无史"的争论。如王汎森揭示的，问题之实质，或需援据晚清同时发展的政治概念才能很好把握，

---

① 彼得·伯克《文化史的风景》，第13—16页。

但在中国这样一个有着深厚史学传统的国家争论这样的问题，无疑意味着人们对历史的理解逸出了传统范畴，重新提出了"历史是什么"的问题。① "新史学"的发萌，紧扣的是对史学新的界说，用梁启超1902年在《新史学》中的话来说，"欲创新史学，不可不先明史学之界说。欲知新史学之界说，不可不先明历史之范围"。② 梁稍前发表的《中国史叙论》，紧接"史之界说"，关心的也是"中国史之范围"。③ 这些明显由学科意识生发的问题，表明伴随各分科知识的成长，"他学"成为思考史学走向的重要资源。

"新史学"特别关注"历史之范围"，主要着眼于拓展历史研究的领地。所谓二十四史不过是帝王之家谱，"地球上空前绝后之一大斫书"，通常认为发端于梁启超之《新史学》，实际上稍前徐仁铸已云："西人之史，皆记国政及民间事，故读者可考其世焉。中国正史，仅记一姓所以经营天下、保守疆土之术，及其臣仆翼戴褒荣之陈迹，而民间之事，悉置不记载。然则不过十七姓家谱耳，安得谓之史哉！"④ 严复译《群学肄言》，不仅提出审视过去当关切"一群强弱治乱盛衰之故"，同时指出，前史体例，"于帝王

---

① 王汎森《晚清的政治概念与"新史学"》，《中国近代思想与学术的系谱》，第165—196页。瓦格纳也曾撰文讨论中国"新史学"的诞生，重点揭示了罗振玉及日本因素的重要性。Rudolf G. Wagner, "Importing a 'New History' for New Nation: China 1899," in Glen Most ed., *Historization-Historisierung, Aporemata, Kritische Studien zur Philologiegeschichte*, vol. 5, Göttingen: Vandenhoeck & Ruprecht, 2001, pp. 275 - 292.
② 梁启超《新史学二》，《新民丛报》第3号，1902年3月10日，第1页。
③ 梁启超《中国史叙论》，《清议报》第90册，1901年9月3日，第1页。
④ 徐仁铸《辀轩今语：学语（续）》，《湘学报》第30册，1898年3月13日，第5页。

将相之举动,虽小而必书,于国民生计之所关,虽大有不录"。① "无史"论的流行,更表达了对新的"史家"和新的"史识"的期待,"非无史也,无史家也;非无史家,无史识也"。② 马叙伦甚至发出这样的疑问:"若是推史,则何必二十四史而为史?何必三通、六通、九通而为史?更何必六经而为史宗?"③ 王舟瑶在京师大学堂讲述"中国通史",对"无史"的主张,也持同情立场,"其言虽过,却有原因":

> 盖西人之史,于国政、民风、社会、宗教、学术、教育、财政、工艺,最为究心,所以推世界之进状,壮国民之志气。中国之史,重君而轻民,陈古而略今,正闰是争,无关事实,纪传累卷,有似志铭,鲜特别之精神,碍人群之进化。所以贻新学之诮,来后生之讥。④

梁启超对"新史学"的阐述,特别提到昔之史家的两项弊端,也规划了新史学的方向:其一,"知有一局部之史,而不知自有人类以来全体之史"。指出欲求人群进化之

---

① 斯宾塞《群学肄言》,严复译,商务印书馆,1981年,第8页。
② 邓实《史学通论一》,《政艺通报》壬寅第12号,1902年8月18日,第1页。
③ 马叙伦《史界大同说》(续),《政艺通报》癸卯第16号,1903年9月21日,第3页。
④ 王舟瑶讲述《京师大学堂中国通史讲义》,北京,学务处官书局,1904年,第1—3页。

真相,必当合人类全体而比较之,通古今文野之界而观察之;其二,"徒知有史学,而不知史学与他学之关系"。在梁看来,地理学、地质学、人种学、人类学、言语学、群学、政治学、宗教学、法律学、平准学,"皆与史学有直接之关系";其他如哲学范围所属之伦理学、心理学、论理学、文章学,及天然科学范围所属之天文学、物质学、化学、生理学,"其理论亦常与史学有间接之关系"。① 这两点也构成"新史学"关切的要点,意味着当"历史之范围"拓展为"全体之史",需考量用新的样式书写历史。

梁启超围绕史学与"他学"的论辩,意味着将史学置于各分科知识加以检讨,且赋予史学特殊的位置:"历史者,普通学中之最重要者也。无论欲治何学,苟不通历史,则触处窒碍,伥伥然不解其云何。""欲治政治、经济、法律诸学者,则历史尤要,必当取详博之本读之。"② 结合各分科为史学寻求新的定位,并借助于"他学"重新规划史学,在当时也形成一种趋向。章太炎1902年言及撰修《中国通史》之设想,同样是围绕"他学"思考史学的位置,只是所设想之编纂体例,不脱"典志"与"纪传":

> 今日作史,若专为一代,非独难发新理,而事实亦无由详细调查,惟通史上下千古,不必以褒贬人物、

---

① 梁启超《新史学二》,《新民丛报》第3号,1902年3月10日,第6页。
② 梁启超《东籍月旦》(续),《新民丛报》第11号,1902年7月5日,第1页。

胪叙事状为贵。所重专在典志，则心理、社会、宗教诸学，一切可以熔铸入之。典志有新理新说，自与《通考》《会要》等书，徒为八面锋策论者异趣。①

同年陈黻宸发表的《地史原理》，谈的是地理，也接受了这样的看法，治地理一学，"必合历史学、政治学、人种学、物理学、生理学及一切科学、哲学、统计学而后能精能审"。② 后来言及史学，他也是自觉结合其他学科对史学进行界定：

> 史学者，凡事凡理之所从出也。一物之始，而必有其理焉；一人之交，而必有其事焉。即物穷理，因人考事，积理为因，积事为果，因果相成，而史乃出。是故史学者，乃合一切科学而自为一科者也。

不只强调学各有科，而且将史学作为科学复兴之起点，"科学不兴，我国文明必无增进之一日。而欲兴科学，必自首重史学始"。③ 黄节著《黄史》，也论及新兴学科对于史学大有裨益，"西方诸国，由历史时代进而为哲学时代，故其人多活泼而尚进取。若其心理学、政治学、社会学、宗

---

① 章太炎《章太炎来简》，《新民丛报》第13号，1902年8月4日，第3页。
② 陈黻宸《地史原理》，《新世界学报》壬寅第4期，1902年10月16日，第13页。
③ 陈黻宸《京师大学堂中国史讲义》，陈德溥编《陈黻宸集》下册，第675页。

教学诸编,有足裨吾史科者尤多"。① 围绕《奏定学堂章程》,王国维则阐明研究史学须具备哲学、社会学、人类学、教育学等多学科的知识。② 后来还表达了这样的看法,"为一学无不有待于一切他学,亦无不有造于一切他学","治科学者,必有待于史学上之材料,而治史学者,亦不可无科学上之知识"。③

晚清士人针对史学与"他学"阐述的这些见解,表明对史学的思考,成长中的各分科知识,成为得以借鉴的新资源。上海通雅书局1903年编印的《新学书目提要》,卷二之"历史类"便强调:"历史一门最切于今日学界,亦莫杂于今日学界。"④ 而且不只是"他学"有裨于史学,史学有功于"他学",二者之结合尚可产生"他学"之"史"——学科史。1898年《格致新报》一篇讨论学问源流、门径的文章,已明确提到"各学皆有史"的问题。⑤ 陈怀1902年也注意到,西人之学,"无论为政治,为法律,为宗教,为教育,为经济,为天文,为地理,为格致,为社会中种种现象,莫不有史"。⑥ 宋恕1905年则明确表示:"有一学必有一学之史,有一史必有一史之学,数万里之原

---

① 黄节《黄史·总叙》,《国粹学报》第1期,1905年2月23日,第2页。
② 王国维《奏定经学科大学文学科大学章程书后》(续),《教育世界》第119号,1906年2月,第5页。
③ 王国维《〈国学丛刊〉序》,《国学丛刊》第1册,1911年春,第1页。
④ 《新学书目提要》,上海,通雅书局,1903年,《历史类总叙》卷二,第1页。
⑤ 《学问之源流门径》,《格致新报》第1册,1898年3月13日,第9—12页。
⑥ 陈怀《学术思想史之评论》,《新世界学报》壬寅第9期,1902年12月30日,第42页。

案咸被调查,数千年之各断悉加研究,史学极盛,而经、子、集中之精理名言亦大发其光矣!"①

所谓"有一学必有一学之史",甚为关键,明确建立起"学"与"史"的关联,表明伴随分科观念逐渐成长,史学的学科定位较之过去也有所不同,尤其体现在与其他分科有着密切的关联。影响所及,围绕各学科进行"专史"的书写,成为史学新的方向。

二 "专史":新的历史书写样式

"一部十七史,何从说起?"有着悠久历史书写传统的中国,一直困惑于这样的问题,也致力于通过新的书写样式化解由此产生的"紧张"。不可否认,"专史"成为重要的选项,也是本土资源被广泛借鉴的结果。但"西学中源"说的流行,通过发掘各学科的中国资源,证明"西学"之"中源",进而书写"学科史",也值得重视。这既有助于拓展"历史之范围",又有裨催生新的书写样式,恰好能配合"新史学"的期待。

由杜佑《通典》开创的典制体史书,在纪传体史书之书志基础上,发展出分门别类的书写架构,算得上"专史"的雏形。郑樵《通志》二十略,便试图"总天下之大学术

---

① 宋恕《粹化学堂办法》,胡珠生编《宋恕集》上册,第380页。

而条其纲目"。① 对此刘节就指出："《通志》二十略,包括学术史、制度史、社会史三方面的史料。其可贵处在能自辟蹊径,这样的才识,从司马迁以后就少有了。""假定能按此路径向前发展,各种专史就要不断出现了","可以研究出一门学问的新途径来"。② 中西会通之际,《通志》等著述也为时人所借鉴,如1902年出版的《西学三通》,单从书名即可看出是对"三通"之继承。《西史通志·凡例》写道:"郑氏《通志》之作,盖病断代史之隔绝不通而通之也,故汇采历代之史,一以贯之,法至良也。若西史更琐杂不一,非贯不能通。特施其义,不同效颦。"这表明随着史学范围的拓展,逼出了体例问题,"西史通志"所分类目,除国别志外,主要涉及疆域、沿革、兴盛、战伐、礼俗、图集、人物方面的"专志",以此为书写"西史"的主要架构。③

本土资源之外,"专史"之流行,还与学科知识的成长密切相关。这是晚清获得的新资源,有了这些学科知识,以"学科史"重塑中国历史,也成为可能。

前已言及,耶稣会士之"援西入中"本有迎合中国之一面;其译介工作也往往有中国士人参与其中。由此,中国士人基于本土资源想象西方知识,也成为题中之义。"西

---

① 郑樵《通志二十略》,中华书局,1995年,第5页。
② 刘节《中国史学史稿》,中州古籍出版社,1982年,第230—233页。
③ 《西史通志·凡例》,袁宗濂、晏志清辑《西学三通》,"西史通志"卷一,第1—2页。

学中源"说出现于明末,就是为"缩小中西学术的隔阂,引进西方科学(主要是天文历法和数学)而提出的"。① 所谓"天子失官,学在四夷",或曰"礼失而求诸野",都构成"西学中源"说的基干,在中国士人中产生了持续影响。康熙颁令编写的《数理精蕴》,就保留了有关"西学中源"的一番说辞:

> 我朝定鼎以来,远人慕化,至者渐多,有汤若望、南怀仁、安多、闵明我,相继治理历法,间明算学,而度数之理渐加详备。然询其所自,皆云本中土所流传。粤稽古圣,尧之钦明,舜之睿哲,历象授时,闰余定岁,璇玑玉衡,以齐七政,推步之学,孰大于是?至于三代盛时,声教四讫,重译向风,则书籍流传于海外者,殆不一矣。周末,畴人子弟,失官分散,肆经秦火,中原之典章既多缺佚,而海外之支流反得真传,此西学之所以有本也。②

降至晚清,随着西学内容的不断拓展,"西学中源"说涉及的范围,也由最初的天文、历算扩大到格致诸学。王韬评说艾约瑟所译《格致新学提纲》就言明:

---

① 王扬宗《明末清初"西学中源"说新考》,刘钝、韩琦等编《科史薪传》,辽宁教育出版社,1997年,第74页。
② 清圣祖敕编《数理精蕴》上编,卷一《周髀经解》,上海,商务印书馆,1936年,第8页。

> 格致之学，中国肇端乎《大学》，特有其目，亡其篇，后世虽有究其理者，绝少专门名家。近日西人精益求精，几于日新月异而岁不同。盖格致一门，所包者广，如算学、化学、重学、电学、气学、声学、地学、矿学、医学、机器、动植，无乎不具；皆由古人所特创，后乃渐造其微。观此书可以略窥一斑矣。①

同样是为化解"采西学"造成的紧张，王之春1882年在《广学校》中还明确指出："西学者，非仅西人之学也。名为西学，则儒者以非类为耻；知其本出于中国之学，则儒者当以不知为耻。"依其所见，文字、天文、历算、化学、重学、光学、汽学、电气、机械等，其源出中国，"班班可考"，"泰西智士从而推衍其绪，而精理名言、奇技淫巧，本不能出中国载籍之外。儒生于百家之书，历代之事，未能博考，乍见异物，诧为新奇，亦可哂矣"。② 在为丁韪良所著《格物入门》做序时，李鸿章也由衷表示："余喜西学格物之说，不背于吾儒。"③ 可见这样的见解在晚清并不鲜见。

王仁俊编撰的《格致古微》一书，则成为"西学中源"说的集大成者。该书从中国典籍中，辑录500余条资料，

---

① 王韬《弢园著述总目》，《弢园文录外编》，中华书局，1959年，附录，第390页。
② 王之春《广学校》，《瀛海危言》（五），王锡祺编《小方壶斋舆地丛钞》第十一帙，上海，著易堂，1891年，第513—514页。
③ 李鸿章《〈增订格物入门〉序》，丁韪良《增订格物入门》，北京，同文馆，1889年，第1—2页。

附会西学21个方面的知识原本中国:"格致之学,中发其端,西竟其绪。伟烈之《数学启蒙》,合信之《全体新论》,类能引吾中书敷畅厥恉,夷而中国,则中国之兼罗外籍,比物此志也。"① 林颐山一番话,也道出该书何以引起共鸣。林涉猎西书,曾陷入种种迷茫中,于是"借重学之理证以《考工记》郑注,借化学之理证以《抱朴子》黄白等篇",只是"草草劳人,未遑卒业"。得读《格致古微》,"益扩所闻见也",因是书对于群书中与格致相关者,"必为之条分缕析,兼蓄并收"。② 俞樾为该书所作序,也欣慰于"西法之新奇可喜者,无一不在吾儒包孕之中","天下之人但喜西法之新,而不知皆本吾儒之故","苟取吾儒书而熟复之,则所谓光学、化学、重学、力学,固已无所不该矣"。③

刘岳云所著《格物中法》一书,成于1870年,历年增改,一直持续到1900年。之所以撰写此书,为的是"与戎争工艺之长","居今之时,欲移易其耳目,莫若即中国所自有者著之,俾知夫中国之才百倍于戎狄,特屏弃弗为,别求其至远至大者也"。在其看来,"夫显镜、远镜,孰与照胆之奇;日晷、钟表,孰与元帝殿漏之幻;汽机之繁重,孰与水碓、风车之简;轮船、火车、气球,孰与飞车木鸢、木牛流马之巧;研穷物质,孰与始知药性化、化炼丹永、

---

① 王仁俊《〈格致古微〉略例》,《格致古微》,吴县王氏刊本,1896年,第1—2页。
② 林颐山《〈格致古微〉叙》,王仁俊《格致古微》,第1页。
③ 俞樾《〈格致古微〉叙》,王仁俊《格致古微》,第1—2页。

种羊炕鸡之奥"。故此,"忘其至奇至幻至简至巧奥者,而惟戎是好,不亦颠乎?"进一步还说明:"中国之攻木、攻石、攻金,皆重学也;冶人卭人,皆化学也。"此外,中国的许多发明,所体现的正是汽学、光学、电学、化学、重学之日用,总之,"西戎之法,皆中国之法";今日西人之法,"虽神明变化,精益求精,然非中国启其知而能若此哉?"①

据此不难看出,"西学中源"说的流行,实际促成对中国传统的重新认识,是在中国本土资源中寻找与西方的分科知识相"契合"的内容。而"西学中源"说与"中体西用"论的密切关联,也意味着其中包含维系自我文化优越感的努力。屠仁守1896年在一篇文字中,一方面传递了有关"西学中源"的见解,"凡西士递创新法,动谓中土所未闻",殊不知在西人未悟其理之前,《大戴礼》《尚书考》《墨子》等书皆"言之凿凿",且"奥旨可寻"。另一方面又明确表示:"中土伊古教法,体用赅贯,初无阙遗",因此,当"以古道为经,以新学为纬,收礼失求野之近效,峻夷以变夏之大防"。唯其如此,则"本末不至于倒置,体用不至于乖违"。② 该年8月孙家鼐所上奏折,明确传递了"中学为体,西学为用"的主张,此论也有"西学中源"说的

---

① 刘岳云《自序》,《格物中法》,刘氏家刻本,第1—2页。有关刘岳云其人及《格物中法》一书的编纂情况,参见张明悟《刘岳云的"西学中源"论及其构建的科学知识体系——〈格物中法〉初探》,《自然科学史研究》2012年第31卷第2期,第152—166页。
② 屠仁守《奏陈变通书院章程疏》(代山西巡抚胡聘之拟),《屠光禄疏稿》卷四,文海出版社,1967年,第253—261页。

影子："中学有未备者，以西学补之，中学其失传者，以西学还之。以中学包罗西学，不能以西学凌驾中学。"①

按照分科知识梳理本土资源、并烙上"学科史"印痕的，最突出的是刘师培1905年为撰写《周末学术史》提出的设想。照刘之自诩，此书之作，乃"采集诸家之言，依类排列，较前儒学案之例，稍有别矣"，并且解释说："学案之体，以人为主。兹书之体，拟以学为主。义主分析，故稍变前人著作之体也。"岂止是"稍有别矣"，"以学为主"的结果，是依照西学分类的方式重新梳理中国学术，所列序目包括心理学史、伦理学史、论理学史、社会学史、宗教学史、政法学史、计学史、兵学史、教育学史、理科学史、哲理学史、术数学史、文字学史、工艺学史、法律学史、文章学史等。② 这样的分科之说，或有可商之处；所持之论，也烙上其"中国文化西来说"之痕迹，令人印象深刻的是充斥其中之"学科史"。有意思的是，在诸多学科史中，反倒没有"史学史"。这也正是分科知识成长起来后史学的遭遇，1920年代中期，梁启超就留意到"很奇怪的一种现象"，素称发达之中国史学，本有独立做史的资格，实际却无史学之专史。③ 20年后，齐思和仍有同样的遗憾，"自清季以来，以西法整理国故之风气寖盛，文学

---

① 孙家鼐《议复开办京师大学堂折》，北京大学校史研究室编《北京大学史料》第1卷（1898—1911），北京大学出版社，1993年，第23—25页。
② 刘师培《周末学术史总序》，《国粹学报》第1期，1905年2月23日，第5页。
③ 梁启超《中国历史研究法补编》，上海，商务印书馆，1933年，第216、219页。

史、哲学史、经学史等书层出不穷,惟史学史尚付缺如"。[1] 齐是针对金毓黻出版于1944年的《中国史学史》一书有感而发,相对于其他学科,对史学史的清理,确实稍晚了些。

20世纪初年各分科知识的成长,促成对史学新的认识,受此影响,被"解放"的,就不仅是史学,清理其他学科的资源,书写与中国相关的"学科史",同样可以借鉴此方式。而"新史学"规划的书写历史新的形式,也发生了持续影响。这有助于推动"专史"的进一步发展,尤其是如何呈现各"专史"的内容,也成为思考的枢机。

有必要说明的是,所谓"专史",需区分为两种不同的类型,一种是"学科史"或"学史",一种则是对应于"通史"之"专门史"。前者主要梳理各学科在中国的历史,后者则基于对历史进程的把握,把历史划分为政治、经济、文化等不同的层面。在当时的言说中,并未严格加以区分。1920年代梁启超围绕"中国历史研究法"的演讲,倒是用"专门史""普通史"加以区分,认为"今日所需之史,当分为专门史与普通史之两途","专门史如法制史、文学史、哲学史、美术史……等等;普遍史即一般之文化史也。治专门史者,不惟须有史学的素养,更须有各该专门学的素养"。[2] 胡适在《〈国学季刊〉发刊宣言》中,言及如何针

---

[1] 齐思和《书评·中国史学史》,《燕京学报》第32期,1947年6月,第249—250页。
[2] 梁启超《中国历史研究法》,上海,商务印书馆,1922年,第46、54—55页。

对"国故"进行"专史式的整理",就将"学史"与"专门史"混杂在一起。一方面说明应系统梳理经济史、政治史、思想学术史、制度史等等,另一方面又指出,应"用现在力所能搜集考定的材料,因陋就简的先做成各种专史,如经济史、文学史、哲学史、数学史、宗教史"等。① 周予同1941年总结"新史学",则皆以"通史"命名,认为所谓"通史"包含两种意义,一是中国固有的"通史",即与"断代史"相对的"通贯古今"的"通史";另一种是中国与西方接触后输入的"通贯政治、经济、学术、宗教等等"的"通史"。② 但后一种"通史",实际即"专门史"。此类按照社会结构区分出的"专门史",也构成历史书写的主要样式。③

接下来重点要检讨的是可命名为"学科史"或"学史"的"专史"。不过,展开问题之前,有必要进一步说明,借助于"他学"推动史学的发展,民国时期仍得到持续关注,钱玄同便力主"旁搜博采域外之智识,与本国学术相发明":

> 大凡学术之事,非知识极丰富,立论必多拘墟,前此闭关时代,苦于无域外事可参照,识见拘墟,原

---

① 胡适《发刊宣言》,《国学季刊》第1卷第1号,1923年12月1日,第7、13—14页。
② 周予同《五十年来中国之新史学》,朱维铮编《周予同经学史论著选集》,上海人民出版社,1996年,第535—536页。
③ 这方面的讨论参见章清《重塑"中国历史"——学科意识的提升与"专门史"的书写》,《学术月刊》第8、9期,上海,2008年8、9月,第124—130,121—131页。

非得已。今幸五洲交通，学子正宜多求域外智识，以与本国参照。域外智识愈丰富者，其对于本国学问之观察亦愈见精美。①

进入20世纪二三十年代，通过制度化的努力，近代学科知识初步成形，这也为史学与"他学"之结合奠定了基础。傅斯年创建的历史语言研究所，可为此添一注解。《历史语言研究所工作之旨趣》，堪称一篇宣言，特别是最后的表态，更富意味：

> 一、把些传统的或自造的"仁义礼智"和其他主观，同历史学和语言学混在一气的人，绝对不是我们的同志！二、要把历史学、语言学建设得和生物学、地质学等同样，乃是我们的同志！三、我们要科学的东方学之正统在中国！

除指出新材料于历史研究的意义之外，该文试图凸显的是，"现代的历史学研究，已经成了一个各种科学的方法之汇集。地质、地理、考古、生物、气象、天文等学，无一不供给研究历史问题者之工具……若干历史学的问题非有自然科学之资助，无从下手，无从解决"。② 这也是很多

---

① 杨天石主编《钱玄同日记》（整理本）上，1917年1月20日，第303页。
② 傅斯年《历史语言研究所工作之旨趣》，《历史语言研究所集刊》第1本第1分，1928年10月，第6、10页。

史家的共识，张荫麟 1933 年致函张其昀，也结合"他学"大谈其治学理路，"国史为弟志业，年来治哲学治社会学，无非为此种工作之预备。从哲学冀得超放之搏观与方法之自觉，从社会学冀明人事之理法"。①

伴随史学成长为近代学科，对史学理论与方法的思考也成为关注的重心，不仅翻译出版了不少这方面的著作，中国史家也撰写了不少以"史学概论"命名的论著，这些检讨史学理论与方法的论著，同样重视结合"他学"发展"专史"。何炳松在为《新史学》所写《译者导言》中就指出："旧日史家又有偏重政治史的毛病，实则政治一端那能概括人类活动的全部呢？"这样的史学，也不是"科学的"。所谓"新史学"，"就是要打破俗套，去利用各种新科学上的新学说，而且要使历史同入各种学问革命的潮流里面去"。何倒是意识到"学科史"可能因此而"瓜分"历史，不过他却表示不必为此担忧：

> 近来有人说，现在各种科学各有历史，历史本身恐怕要瓜分尽了。其实历史的分工研究，不但不会将历史瓜分了，而且同历史本身，有相得益彰的妙用。而且各种分类研究的结果，断不能概括人类活动的全部，融会贯通的责任，还是要历史家独负的。②

---

① 张荫麟《与张其昀书》，1933 年 3 月 7 日，周忱选编《张荫麟先生纪念文集》，汉语大词典出版社，2002 年，附录，第 359—360 页。
② 何炳松《译者导言》，鲁滨生《新史学》，何炳松译，上海，商务印书馆，1924 年，第 2、3、7 页。

对此也不乏史家提出质疑。陈寅恪明确指出:"'以科学方法整理国故',是很有可能性的。不过也有时不适用,因为中国的材料有时在其范围之外。"这是因为据此整理的"国故","看上去似很有条理,然甚危险"。① 张尔田对于史学与各分科知识的结合,也表示理解,"为史学者,于各种专科之学,皆须略知其概",其反对的是"取各种专科之学,越俎而代之"。原因无他,"其所谓正确表现者,亦仅就历史上一时之事实而言","安知所表现者不过一二,而不能表现者不有千万乎?"② 章太炎为此也指出:"今日有为学之弊,不可盲从者二端,不可不论。夫讲西洋科学,尚有一定之轨范,决不能故为荒谬之说。其足以乱中国者,乃在讲哲学讲史学,而恣为新奇之议论。"③

问题仍要回到两种不同的"专史",该如何书写。梁启超《中国历史研究法》曾表明其设想,"此种事业,与其责望诸史学家,毋宁责望各该专门学者",因为"此决非一般史学家所能办到,而必有待于各学专门家分担责任"。④ 这里显然指的是"学科史",并且认为具备相关学科知识者才有能力承担。《中国历史研究法补编》还论及"研究专史如何下手",以及"各种专史研究法",梁亦强调:做学问,

---

① 卞僧慧《怀念陈寅恪先生》(未发表),见蒋天枢《陈寅恪先生传》,收入张杰、杨燕丽编《追忆陈寅恪》,社会科学文献出版社,1999年,第460页。
② 张尔田《与大公报文学副刊编者书》,《学衡》第66期,1928年11月,第3—4页;又见《与吴宓》(三),梁颖等整理《张尔田书札》,上海人民出版社,2021年,第266页。
③ 太炎先生讲、诸祖耿记《历史之重要》,《制言月刊》第55期,1939年8月25日,第5—6页。
④ 梁启超《中国历史研究法》,第55页。

切勿以为"一物不知,儒者之耻","应该在全部学问中,划出史学来,又在史学中,划出一部分来,用特别兴趣及相当预备,专门去研究它。专门以外的东西,尽可以有许多不知;专门以内的东西,非知到透彻周备不可"。① 吕思勉也有类似的看法,指出研究史学"要有科学的眼光","现存的材料都要用科学方法去整理",最要紧的有两层:一是把不关史学的析出,以待专门家研究(如天文、律、历);一是把所存的材料,用种种科学的眼光去研究,以说明社会进化的现象(如用经济学的眼光,去研究食货一类的史实)。②

这里显示出,有别于按照社会结构区分出的"专门史",主要体现为"学史"或"学科史"的"专史",谁有资格、有能力来书写,已经构成问题。更多史家倾向于书写"学科史"需具备相关专业知识,甚至认为作为学科的"专史"不是史家能够担任的。问题的关键还在于,近代学科知识毕竟是"援西入中"的产物,能否在古代中国找到适配的资源,完成"学科史"的书写,也免不了陷入种种分歧。

三 "有"还是"无":"学科史"书写的难局

"治一学而不深观其历史演进之迹,是全然蔑视时间关

---

① 梁启超《中国历史研究法补编》,第22—23页。
② 吕思勉《白话本国史》,上海,商务印书馆,1923年,第9页。

系,而兹学系统终未由明了。"① 梁启超《中国历史研究法》阐述的看法,成为推动学科史书写的主要动力。梁本人1923年在《先秦政治思想史》再版自记中,也述及问题之缘起:"国故之学,曷为直至今日乃渐复活耶？盖由吾侪受外来学术之影响,采彼都治学方法以理吾故物,于是乎昔人绝未注意之资料,映吾眼而忽莹,昔人认为不可理之系统,经吾手而忽整,乃至昔人不甚了解之语句,旋吾脑而忽畅。"他也毫不讳言:"吾侪所恃之利器,实'洋货'也。坐是之故,吾侪每喜以欧美现代名物训释古书,甚或以欧美现代思想衡量古人。"② 存在的问题,不可回避,但导致的结果,更值得关切。"学科史"的书写,涉及如何看待"过去",不免纠结于中国之"有"还是"无"。前述"西学中源"说,即构成致力于书写"有"之滥觞,当然,也应该警惕,由于所见到的史料有限,"以不知为不有",或"以不见不知为不存不在",这在傅斯年看来,都是史家应尽力避免的"大病"甚或"罪恶"。③

胡适曾表示:"我不认中国学术与民族主义有密切的关系。若以民族主义或任何主义来研究学术,则必有夸大或忌讳的弊病。我们整理国故只是研究历史而已,只是为学

---

① 梁启超《中国历史研究法》,第55页。
② 梁启超《先秦政治思想史》,上海,商务印书馆,1923年,第22页。
③ 傅斯年《战国子家叙论》,欧阳哲生主编《傅斯年全集》第2卷,湖南教育出版社,2003年,第265页;《性命古训辨证》,同上书,第592页。对此的检讨,参见章清《"有""无"之辨:重建近代中国历史叙述管窥》,《近代史研究》2019年第6期,第102—122页。

术而作工夫，所谓实事求是是也，从无发扬民族精神感情的作用。近时学者很少能了解此意的。"① 认识中国陷入的"焦虑"，是由多重因素造成的，在各个方面都有所展现。"学科史"的书写，因牵涉文化上的"认同"（identity），也深深烙上民族主义的印痕。

不妨先从"中国科学史"的书写说起。1914年杨铨在《科学与中国》一文中指出：中国乃"四千年不重科学之国"，"不特不重，并未尝有"。杨并不否认中国之种种发明，且以为"未尝无研究科学之人"，算数九章及博物志之志生物，"皆有科学的趋向"，只是"卒以嗣后响无人，遂成陈迹"。杨还明确表示："世界科学史中之发明有两种，一顺自然，一出研究"，中国之所有乃"自然发明之显例"，而非"出于研究者也"，"科学致用之道万殊，而其真理与方法，虽历万国无变，不求其所以然，则虽死书籍，老工厂，终不能有得"。② 无独有偶，紧接着任鸿隽在《科学》创刊号上也表示："今欲论吾国科学之有无，当先知科学之为何物"，"科学者，智识而有统系者之大名。就广义言之，凡智识之分别部居，以类相从，井然独绎一事物者，皆得谓之科学。自狭义言之，则智识之关于某一现象，其推理重实验，其察物有条贯，而又能分别关联，抽举其大例者，谓之科学"。还指出方法之重要："无归纳法则无科学"，

---

① 胡适《致胡朴安》，1928年11月，《胡适来往书信选》（上），第497页。
② 杨铨《科学与中国》，《留美学生季报》第1卷第4号，1914年12月，第65—69页。

"今之物质与数千年前之物质无异也，而今有科学，数千年前无科学，则方法之有无为之耳"。而"持此以与吾国古来之学术相较，而科学之有无可得而言"，"秦汉以后，人心梏于时学，其察物也，取其当然而不求其所以然，其择术也，惊于空虚而引避乎实际，此之不能有科学不待言矣"。即便先秦时期有各种"发明"，也只是"足以显吾种胄之灵明，而不足证科学之存在"，"以其智识无统系条贯故也"。① 稍后，胡明复也撰文说明科学诞生于近代，"科学之发达不在中古以前，而在文化再兴（Renaissance）以后也，此理至明"。②

有科学背景的杨铨、任鸿隽、胡明复等，皆为1915年发起成立的中国科学社的骨干成员，他们都认为"中国无科学"，自然也无从书写"中国科学史"。然而，同样是中国科学社中人，却不乏研究中国古代科学史者，《科学》杂志发表的李俨、茅以升、赵元任、王琎、竺可桢等人的论文，就奠定了中国科学史，或某一专科"学科史"之基调。

这方面也有持续的推进。1936年朱谦之在中山大学发起成立中国科学史社，"发扬中国固有之科学文化，提倡新型历史，并谋历史学者与自然科学者通力合作"。确立的首项任务，是"研究中国各专门科学史如天文学史、算学史、物理化学史、生物学史、医学史、心理学史、地理学史、

---

① 任鸿隽《说中国无科学之原因》，《科学》第1卷第1期，1915年1月25日，第8—13页。
② 胡明复《科学方法论一：科学方法与精神治大概及其实用》，《科学》第2卷第7期，1916年7月，第722页。

农业史、工艺史之类"。① 寄望于该校学生"从事于中国科学史之研究，以唤起国内学术界研究中国科学史之趣味"。② 1941年毛子水还提出应在大学中设立科学史系，以为把"政治史"看作唯一的"正史"，实大谬不然。过去人类的事业，最有关于现在或将来的，"第一是人类求自由的志行，第二是人类在科学上的造就"，只有这两件事，算得上"人类过去几千年奋发努力的成绩"，"真正足资我们考镜"。还指明规模较大的大学，所开设的课程应涵盖八科之"专史"：（一）算学史，（二）天文学史，（三）物理学史，（四）化学史，（五）生物（包括心理）学史，（六）地理学史和地质学史，（七）人类学、人种学、社会学史，（八）医学史。③

一旦落实"科学史"的书写，也有助于化解中西古今之"紧张"。其中的关键，恰如1947年朱伯康所阐明的："科学在我们的理解，即为欧洲近代之科学，以对自然之认识为中心。科学之产生，实出于欧洲之近代文化。""中国最大的特殊处，至今尚无一种像欧洲近代文化一样的文化。科学技术发达的条件，尚付缺如。故现代意义的科学与技术，在中国历史上，无法寻求。至于中世纪或中世纪以前

---

① 《中国科学史社章程》（草案），《现代史学》第3卷第1期，1936年5月25日，第3页。
② 《史学研究会全体会员大会纪略》，《国立中山大学日报》1936年4月18日，第2版。
③ 毛子水《论大学中设立科学史系事》，《文史杂志》第1卷第3期，1941年5月1日，第2—6页。

的所谓科学技术,则颇发达"。此文之重要主要体现在,既肯定现代科学出于欧洲,又提出历史上的科学与技术的问题,为此道出:"中国古代科学技术之进步,不仅在天文、气象、历算,其他地方亦有不少令人惊奇之处。就其对于世界史之发展有影响者而论,则指南针及火药之发明与应用,对于人类贡献之功绩,实不可磨灭。"因此,"中国古代之科学技术,若与欧洲同时代比较,则中国并不落后。在若干方面,且较欧洲为进步",但"近代之科学与技术,中国人除稗贩西洋者外,自己并无贡献。中国只有古代的科学与技术,而无近代的科学技术"。[①] 区分古代与近代的科学技术,甚为要紧,这样一来,"学科史"的书写,也转换成清理古代某一学科的历史遗存,实际是消解了"学科"(discipline)的现代意义,并避开了古代与近代的科学技术是否存在关联的问题。

就"学科史"的书写来说,中国算(数)学史堪称走在前列,李俨为其中之代表。1917年他在《科学》发表的《中国算学史余录》,述及其研究中国算学史之心路历程:"吾少好习算,而于中算亦时有研诵,深以阮元《畴人传》未具系统而中国算籍浩瀚未能尽诵为憾",及至年长,"读欧籍,见其于吾国算学,时有论著,深叹国学坠亡反为外人所拾"。[②] 针对李俨的中国数学考源工作,张嵩年也大为

[①] 朱伯康《论中国科学技术之发展与中断》,《科学》第29卷第4期,1947年4月,第97—100页。
[②] 李俨《中国算学史余录》,《科学》第3卷第2期,1917年2月,第238页。

赞赏："中国本土的数学，现在是废了，没有多人讲了。但是要创造将来，不可不察敷过往。"近来西人、日本学者都在关心中国数学史，"晓得这个，吾们自考索，自纂纪，便越觉得不容缓"。①

以后，李俨在《科学》杂志多次发布其搜集的中国算学书目录，并刊发了多篇有关中国算学史的论文，还出版了多部著作，包括《中国算学小史》（1930），以及列入"中国科学社丛书"的《中国数学大纲》上册（1931）、列入"中国文化史丛书"的《中国算学史》（1937）；其撰写的一系列论文，又自编为《中算史论丛》第1—4集，均由商务印书馆出版。《中国算学小史》一书，奠定了李俨研究中国算学史的基调，指明"公元十七八世纪以降，欧美论述算史，代为专家。其在国中，则宋景德二年（1005）敕撰《册府元龟》卷八六九，明算条，说述国算事实，为中算史之嚆矢"。阮元所撰《畴人传》及后续补编，"算家事迹，稍告完备。民国以来，研此者益多，此学正方兴未艾也"。②据此可看出，李俨对中国算学史的梳理，对于中算、西算是分别叙述的；对相关学者的审视也较为关注运用的是"中法""西法"，还是"兼用中西法"。

留学英国并长期在大学讲授数学的钱宝琮，同为研究中国数学史的先驱。钱也曾言及开展中国算学史研究之经

---

① 张嵩年《〈中国数学源流考略〉识语》，《北京大学月刊》第1卷第4号，1919年4月，第21—22页。
② 李俨《绪言》，《中国算学小史》，上海，商务印书馆，1930年，第1页。

历："宝琮年二十，略知西算，任教苏州工业学校时，偶由旧书肆购得中国算学书数种，阅之，颇有兴趣，遂以整理中国算学史为己任。顾头绪纷繁，会通匪易，乃先就分科探讨，稍有心得，辄复著书。"[①] 1921年钱在《学艺》发表的《九章问题分类》，是其研究中国算学史的出发点，指明古人九数之目，"方田、粟米、差分、步广、商功、均输、方程、赢不足、旁要，前六名咸从实用立名，使学者知事物之所在，可以按名以知术也，后三者义理稍深，应用亦较狭，故从其专术得名"。综合多家之研究，钱就各题性质，分列于九类：乘除、互换、面积、体积、句股、衰分、合率、推解、方程。[②] 这明显是将中国传统数学置于现代数学的脉络中进行辨析。在《学艺》杂志刊登的六篇文字的基础上，钱又撰写了《校正与增补》，作为附录，汇为《古算考源》一书，1930年由商务印书馆出版。1932年，钱还出版了《中国算学史》上卷，是其早期研究中国算学史的代表作。该书大体上也立足现代数学对"中国算学"进行梳理，"整理各代算书，遇有疑义者，辄博引异说，参以己见。务使事皆征实，言必近真，庶几中国算学之发展得以存其梗概"。[③]

李俨、钱宝琮梳理中国数学史的工作，主要致力于发

---

① 钱宝琮《序》，《古算考源》，上海，商务印书馆，1930年，第1页。
② 钱宝琮《九章问题分类考》，《学艺》第3卷第1号，1921年5月31日，第1—10页。
③ 钱宝琮《凡例》，《中国算学史》上卷，北平，中央研究院历史语言研究所，1932年，第1页。

掘古代中国所遗存的与"数学"相关的史料。1947年李俨总结近30年来之中国算学史研究也指出:"前清末叶,国内志士深知非研治科学无以自强,又以算学为科学基础,专力修治中外算学者,为数日多","民元以来,各项科学研究工作,由科学社主持,并出版《科学》杂志,中国算学史研究,亦同时开始"。所取得的成就主要在史料发掘上,包括"收藏图书之发现""各项文卷之征集""中算史料之考订"。① 由此可看出,上述研究往往就"中算"与"西算"分别叙述,并没有更多涉及古代数学与现代数学有哪些不同,以及作为学科的数学有什么特质。这恰恰是书写学科史需要处理的基本问题,之所以未就此多做论述,多少表明在学科史上会通中西,直面二者之差异,并不那么容易。

竺可桢同样认可"中国古代没有产生自然科学"。② 如果这一判断成立,则自然无从书写中国古代自然科学的历史,1920年竺发表的《气象学发达之历史》即指出:"气象学之发轫虽甚早,然常囿于迷信,无足称道者。至近世赖天文、地文、物理、化学诸科之新发明,而气象学乃始日增月进,而自成为科。"该文勾画的是气象学作为"学科"成长的历史,主要聚焦17、18世纪的欧洲;将东亚各国的进展,归于"西学东渐"的产物,并没有结合历史上

---

① 李俨《三十年来之中国算学史》,《科学》第29卷第4期,1947年4月,第101页。
② 竺可桢《为什么中国古代没有产生自然科学?》,《科学》第28卷第3期,1946年4月,第137—141页。

的相关资源。① 但竺同样关切中国天文、地理等学科的历史，1926年撰写的表彰沈括的长文，就对中国古代的"科学"赞誉有加。该文为沈贴上"潜心研究科学"的标签，肯定其在当时"能以近世之科学精神治科学"，"足为中国学术史增光"，如"专心致力于科学，其成就当有可观"。还具体说明沈括在"地学"方面的贡献，主要体现在"地形测量与地图""地质学""气象学""人生地理"等多个方面。②

王琎在《科学》杂志发表的文字，主要关心的是化学。他将泰西化学进化之历史，约分为点金术、医药化学、科学三时期，指明自17世纪至今的"科学时期"，"异于前二期者，在于其理论与学说，皆根据乎事实与试验，而不专尚悬想与幻说，故发明愈多，材料愈富，遂使化学成今日各科学中极伟大之学术，可云盛矣"。同时又说明："回视吾国古代之化学史，其进化之阶级，虽不若欧洲之明了，然为便利起见，吾人亦可分之为点金、医药、科学之三时期"，"自周末以至于唐，可认为点金术时期；自宋以至明清，皆可认为医药化学时期；自清末至今，方渐入科学时期"。做这样的划分，意图很明显：

> 吾人研究中国古代之化学，能见堪以自慰之一点，

---

① 竺可桢《气象学发达之历史》，《科学》第5卷第3期，1920年3月10日，第250—253页。
② 竺可桢《北宋沈括对于地学之贡献与纪述》，《科学》第11卷第6期，1926年6月，第792—807页。

即科学进化之状况，东西皆循一极相同之轨道。吾国之点金时代与医学时代，与欧洲之点金与医学时代，皆遥遥相对，且以成绩相比，未必东劣于西，则当此科学时代，吾国又岂可不起而急追，以冀十数年中可与欧人相媲美哉。①

受梁启超《中国历史研究法》的启发，学化学出身的李乔苹完成了《中国化学史》一书，同样致力于书写过去之荣光，"中国化学有光荣悠久的历史，惜无史书，以表现过去之陈迹，甚至于世不知中国古代有化学，今欲发挥而光大之，非我化学界之责欤？"于是其"搜撮旧籍之有关于化学史实者，上自炎黄，下逮明清，分门别类，悉心考稽。举凡器物之源流，以及古法之鳞爪，无不旁罗博证，荟萃成书"。② 相应地，"关于化学史实，有为中国之特色及所发明者，本书特别表彰，且述其与西法之关系，或其西传之经过，参互考核，以资证实"。③ 尽管作者也指出，中国古代之化学，"徒有制造，而无理论，故中国化学史者，其实化学制造史耳"，但仍要证明"中国古代化学不在欧西之下"，故研究中国化学史也应确立这样的方向：

（一）知中国化学制品古今演变之过程，或其盛衰

---

① 王琎《中国古代金属化合物之化学》，《科学》第 5 卷第 7 期，1920 年 7 月，第 555—564 页。
② 李乔苹《序》，《中国化学史》，上海，商务印书馆，1940 年，第 1 页。
③ 李乔苹《例言》，《中国化学史》，第 1 页。

之状况;(二)考索创始之人物及其功绩,而表扬之于世界;(三)参考古法可以发见新学理与新发明;(四)比较古今方法之得失,而从事于制品之改革,故其意义视一般科学史,及外国化学史,均为重要,而中国炼金术,开世界化学之先河,尤足与吾人以极深长兴味也。①

中国医学史的书写,更是遭遇如何处理中医、西医的问题。陈邦贤为中国医学史书写之先驱,1919年完成的《中国医学史》,确立编纂中国医学史的基调:"吾国之医学,肇自上古,备于炎汉,中兴于唐,衰弱于魏晋,纷歧于宋元,因循于明清,其新说至咸同时代而始见,民国以来,医学始渐有端绪"。还道出其选择的维度系当下流行的医学史,"晚近世界研究医史学之问题,可分为三大类,一关于医家地位之历史,一为医学的知识之历史,一为疾病之历史",此书"亦本此意"。② 伍连德为该书撰写的《序》,肯定此书"洵为空前之杰作",指出有着悠久历史的中国医学,在今日反居人后,"医史阙如"是重要的原因,各国之医学,莫不有医学史者,恰恰是中国,无医学史可为外人借鉴,"盖统系既不可稽,斯沿革莫由参考,年湮代远,可资科学之研究者,只有陈陈相因、各立门户之旧籍耳"。不过,伍也强调:"列国之医学,至于今日,可云极

---

① 李乔苹《中国化学史》,第3—4、4—5页。
② 陈邦贤《自序》,《中国医学史》,上海,上海医学书局,1929年,第2页。

盛，固非一蹴而几也。其苦心孤诣，精益求精，已曾历数百年之改良而致之。吾国医师则墨守旧法，不知变通，好古已非，又不敏求，所以日益退步，又何论乎进化。""余深愿吾国之业医者，悉心考究其所业，并极力提倡医学图书室、标本陈列所，俾国人有所参观取证焉。庶几吾国医学，有得与列国医学方轨并骛之一日。"所谓"方轨并骛"，点出了问题的关键，明示中西医不是一回事。最后还指出："阅是编者，观感兴起，知医学各科，皆古疏今密，古拙今巧，由简单而日趋于繁赜，实足为促进吾国医学之良导线也。"①

实际上，伍连德与王吉民合著之 *History of Chinese Medicine*（《中国医史》），其中四分之三皆论及近代医事，重点介绍西洋医学对中国的种种影响，对以前之医事，则简略述之。② 1936 年发表于《科学》的文章，伍连德同样阐明："新旧医学之不同，实由于观察点之各异。新医之所谓医学，乃一种科学，其中包括多数科目，并预防疾病之学，而普通之人，即以患病服药为医学焉。"伍并不否认中国古代医家对于医学的贡献，甚至"已知解剖学及生理学为医学之基础"，但他也强调："中国旧医之依然存在，对于科学的医学之进步，实有相当之窒碍，加之旧式药商，

---

① 伍连德《中国医学史序》，《中国医学史》，第 1 页。
② K. Chimin Wong, Wu Liande, *History of Chinese Medicine: Being a Chronicle of Medical Happenings in China from Ancient Times to the Present Period*, The Tientsin Press, 1932.

根深蒂固，不易改进，是以我国新医之推进似亦应分负其责。"① 不过，特殊的时空格局，也影响到伍连德在这些问题上的看法，如1937年谈论《中国医学之过去与现代》，就有这样的论调："中国古时医学上之见解，与现代医学实大同小异。然古时医学上之发见，大多被人遗忘，遂致失传耳。至于现代新医学之成功，吾人不可过于满意，必须努力促其进步始可耳"。②

陈邦贤1937年为商务出版的"中国文化史丛书"撰写的《中国医学史》一书也宣称："本书的目的在宣扬文化，提倡科学，整理国故，复兴民族；由神祇之医学进而为实验的医学，由玄学的医学进而为科学的医学。"显然，这是在进化的架构下叙述中国医学史，认为"医学史就是研究医学何以能达到现代医学进化的地步"。③ 此亦撇开了古代医学与现代医学存在根本性差异这一关键问题，遑论中医、西医本属不一样的知识系统，也无法简单按照古代与现代加以区分。这也构成那一时期围绕中医、西医争论的焦点。1947年《中西医学》提出《中国医学史分类法》，希望化解中医、西医的问题。第一类：中国医事变迁史；第二类，新医药发达史；第三类：医药学分科史（各科中并附中医

---

① 伍连德《中国医学之复兴》，《科学》第20卷第4期，1936年4月，第259—266页。
② 伍连德《中国医学之过去与现在》，《中华医学杂志》第23卷第5期，1937年5月，第761—762页。
③ 陈邦贤《中国医学史》，上海，商务印书馆，1937年，例言，第1页；绪言，第1页。

旧说，不另列目）；第四类：疾病史；第五类：治疗学沿革史；第六类中国药物沿革史；第七类：中国医药著述史。最难处理的即是旧说与新说，亦即是中医与西医，为此也说明："中医特有史料，间有不能纳于近代分科之范畴者，亦各为列举。"①

自然科学方面的学科史书写，遭遇的正是上述问题。不能否认有历史上的数学、医学以及各种技术，但其与现代意义上的各学科，是否存在关联，却值得深思，中西存在的差异，不可回避。如前已述及的，学科是特定历史时空的形式，古代和中世纪的科学传统起到哪些作用？西方科学史学界同样有长期争辩。因此，对科学发展的检讨需限定在特定的语境与时空中。对于非西方世界来说，尤其有必要结合其自身的知识、社会与文化传统，审视"科学""技术"的成长。如论者强调的："古人在做我们今日称为'科学'的时候，并不知道其将大用于世。他们之所以孜孜然于兹，自有他当时当地的意义和动力。"不能昧于此一端，以今日之想，附会历史的发展。②

张尔田就反复论及"附会"之弊，在给王国维的信中就表示："迩来风气，讲中学者多喜附会西籍，久之必使中学渐失其独立精神，为祸于学术盖不小也。"③"国学真精

---

① 《中国医学史分类法》，《中西医药》第 39 期，1947 年 11 月 1 日，第 80—81 页。
② 吴以义《天象异常诠释异同——科学史比较研究一例并议》，《溪河溯源：吴以义科学史论集》，新星出版社，2008 年，第 94 页。
③ 张尔田《与王国维》（五十四），梁颖等整理《张尔田书札》，第 197 页。

神、真面貌，我辈自当发挥之，以贡饷于世界，而断不可以远西思想先入之说进。有先入之见，则吾之国学，非吾之国学矣。"明显针对胡适等对戴震及王念孙、王引之父子的表彰，张也道出："休宁、高邮所用以考核经史之术，其有合乎科学方法与否，吾所不敢知。即谓其全合乎科学方法，以国学方面之多，有断断非仅恃乎科学方法所能解决者。"令其叹息的是，"挽近学者则多偏重于彼而略于此，见有可与远西相缘饰者，则相与诧之曰科学方法"。"为此言者，不特不知休宁、高邮之术，抑亦不知科学也乎？"①

故此，各学科史的书写，重点需考虑古代中国存在的究竟是什么，这未必容易做到。胡适就道出清理古代资源值得关注的一面："当时发生那些学说的特别时势、特别原因，现在都没有了。当时讨论最激烈的问题，现代都不成问题了。当时通行的学术名词，现在也都失了原意了。"因此，做历史的人，千万不可存"主观的成见"，"东西的学术思想的互相引证、互相方面，至多不过可以见得人类的官能心理大概相同"，"谁也不配夸张自豪"，更要避免穿凿附会，自己夸耀。②胡先骕围绕植物学这一学科，也示范了可资借鉴的处理方式："自周秦以来，博物学研究，即已发轫"，而"自陶隐居以次，代有增益，至明李时珍而集大成，已足与欧洲中古之本草学抗衡矣。至清中叶吴其濬之

---

① 张尔田《与友人论学术书》，《亚洲学术杂志》第4期，壬戌（1922）年八月，第2页。又见梁颖等整理《张尔田书札》，第125—126页，文字略有差异。
② 胡适《中国哲学史大纲》卷上，上海，商务印书馆，1919年，第30—32页。

著古今《植物名实考图》，则着眼已出本草学范围，而骎骎入纯科学之域。在吾国科学前期而有此伟著，不能不引以为自豪也"。同时指明，"近代式之植物学之发达，则为入民国以后事"。① 这样的表述方式，避免了因"名""实"混淆造成的误解，指明历史上存在的是博物学、本草学，而非近代才有的作为学科之"植物学"。

结合人文方面的学科史，这样的辨析就更为必要。以中国哲学史来说，梁启超20世纪初年撰写的《中国学术思想变迁之大势》便有所考虑，不过，他却拒绝"中国哲学史"之名，坚称"鄙论标题为《学术思想变迁之大势》，非欲为中国哲学史也"。② 这方面的著作，较早引起重视的是谢无量1916年出版的《中国哲学史》。该书直面这样的问题："哲学之名，旧籍所无，盖西土之成名，东邦之译语，而近日承学之士所沿用者也。"不过，其所秉持的论学原则是"道一而已"，"地虽有中外之殊，时虽有古今之异，而所学之事，所究之理，固无不同者矣"。为此，是书也指明"道术无所不统，方术则各明其一方。道术即哲学也，方术即科学也"。还试图结合"哲学之分类，今昔略有不同"，解决存在的难题："近世学者，论其大别，率分形而上学、认识论、伦理学三种，吾国古有六艺，后有九流，大抵皆哲学范围所摄。至于哲学史之作，则在述自来哲学变迁之

---

① 胡先骕《二十年来中国植物学之进步》，《科学》第19卷第10期，1935年10月，第1555页。
② 梁启超《〈周末学术余议〉附识》，《新民丛报》第6号，1902年4月22日，第8页。

大势。"具体说来,"起自上古,暨于近代,凡哲人巨子,树风声于当时,标新义于后来者,皆掇其学说之要,用今世哲学分类之法述之"。① 这明显消解了中国哲学史书写需要面对的中西差异,并将差异化约为"古今"问题,以"上古哲学史""中古哲学史""近世哲学史"三编梳理中国哲学史。

其他中国哲学史的著作,尽管注意到中西之差异,但仍坚称以"西洋哲学"为参照清理古代思想资源的正当性,似乎舍此也别无办法。胡适1919年出版的《中国哲学史大纲》卷上,直言"所用的比较参证的材料,便是西洋的哲学",尽管其指明"虽用西洋哲学作参考资料,并不以为中国古代也有某种学说,便可以自夸自喜",但仍强调:"若想贯通整理中国哲学史的史料,不可不借用别系的哲学,作一种解释演述的工具。"② 蔡元培评点该书,也认同这一做法,特别提到"形式问题","中国古代学术从没有编成系统的记载。《庄子》的《天下篇》、《汉书·艺文志》的《六艺略》《诸子略》,均是平行的记述"。故此,"我们要编成系统,古人的著作没有可依傍的","不能不依傍西洋人的哲学史","非研究过西洋哲学史的人,不能构成适当的形式"。肯定留学美国的胡适"于西洋哲学史是很有心得的,所以编中国古代哲学史的难处,一到先生手里,就比

---

① 谢无量《中国哲学史》,上海,中华书局,1916年,第1—3页。
② 胡适《中国哲学史大纲》卷上,第31—32页。

较的容易多了","给我们一种研究本国哲学史的门径"。①冯友兰进行中国哲学史研究,说得更为直接:"哲学本一西洋名词,今欲讲中国哲学史,其主要工作之一,即就中国历史上各种学问中,将其可以西洋所谓哲学名之者,选出而叙述之。在作此工作之先,吾人须先明在西洋哲学一名词之意义。"进而还指出:"西洋所谓哲学,与中国魏晋人所谓玄学,宋明人所谓道学,及清人所谓义理之学,其所研究之对象,颇可谓约略相当。"这样也解决了书写中国哲学史的基本问题:"所谓中国哲学者,即中国之某种学问或某种学问之某部分之可以西洋所谓哲学名之者也。所谓中国哲学家者,即中国某种学者,可以西洋所谓哲学家名之者也"。而"中国哲学史取材之标准"也得以确立:按照西洋所谓"哲学之内容"作为标准,以搜集中国哲学史之史料,则"虽不中,不远矣"。②

这看起来是书写中国哲学史可取的办法,但在此前后已有很多批评。曾经力主在大学堂开设"哲学"一科的王国维,1907年在刊于《教育世界》的文字中,已言及梳理"中国哲学史"之困难,"古之儒家,初无谓哲学也,孔子教人言道德,言政治,而无一语及于哲学","儒家之有哲学,自《易》之系辞说卦二传及《中庸》始",而且,"《中庸》虽为一种之哲学,虽视诚为宇宙人生之根本,然于西

---

① 蔡元培《〈中国古代哲学史大纲〉序》,《中国哲学史大纲》卷上,第1页。
② 冯友兰《中国哲学史》上册,上海,商务印书馆,1934年,第1、7—8页。

洋近世之哲学，固不相同"。故此，"如执近世之哲学，以述古人说，谓之弥缝古人之说则可，谓之忠于古人则恐未也"。原因在于，"夫古人之说固未必悉有条理也，往往一篇之中，时而说天道，时而说人事，岂独一篇之中而已，一章之中，亦复如是"。尤其是用"他国语"，则"不贯串不统一之病，自不能免"，"欲求其贯串统一，势不能不用意义更广之语"。然而又有新问题，"语意愈广者，其语愈虚，于是古人之说之特质，渐不可见，所存者其肤廓耳"。① 在各种专史流行后，张尔田也有这样的批评："若今所行哲学史、文学史等等，模仿外人，空论居多，以严格论之，实皆不成为史。即有注重材料者，其正确与否又自难言，非重经史家审定不可。不然，中国此后殆将无史。"②

这方面最值注意的是陈寅恪、金岳霖针对冯友兰《中国哲学史》上册所写的《审查报告》。陈特别提醒中国哲学史的书写，"最易流于穿凿附会之恶习"。一方面，"今日所得见之古代材料，或散佚而仅存，或晦涩而难解，非经过解释及排比之程序绝无哲学史之可言"，另一方面，"若加以联贯综合之搜集，及统系条理之整理，则著者有意无意之间，往往依其自身所遭际之时代，所居处之环境，所熏染之学说，谈其自身之哲学者也"。为此，他也批评"今日

---

① 王国维《书辜氏汤生英译〈中庸〉后》，《教育世界》第160号，1907年10月，第1—4页。
② 张尔田《与大公报文学副刊编者书》，《学衡》第66期，1928年11月，第3、5页；又见《致吴宓》（三），梁颖等整理《张尔田书札》，第267—268页。

之谈中国古代哲学者,大抵即谈其今日自身之哲学者也;所著之中国哲学史者,即其今日自身之哲学史者也"。甚至表示,这样的哲学史,"其言论愈有条理统系,则去古人学说之真相愈远"。① 金岳霖据此也批评胡适的《中国哲学史大纲》,乃"根据于一种哲学的主张而写出来的","简直觉得那本书的作者是一个研究中国思想的美国人",颇多牵强附会之"成见",而且书中流露的成见"是多数美国人的成见"。照金的看法,"哲学有实质也有形式,有问题也有方法",哲学问题有地缘及时代差异,"现在的趋势,是把欧洲的哲学问题当作普通的哲学问题。如果先秦诸子所讨论的问题,与欧洲哲学问题一致,那么他们所讨论的问题,也是哲学问题"。尽管金也认为这种趋势不容易摆脱,但同时也指出,先秦诸子讨论的问题,"或者整个的是,或者整个的不是哲学问题;或者部分的是,或者部分的不是哲学问题","这是写中国哲学史的先决问题",也是困难所在。为此,他也言明书写中国哲学史无非确立两种"根本的态度":一是"把中国哲学当作中国国学中之一种特别学问,与普遍哲学不必发生异同的程度问题";一是"把中国哲学当作发现于中国的哲学"。前一种办法,"恐怕不容易办到",后一种办法,倒是容易做到,"可以根据一种哲学的主张来写中国哲学史"。金显然不赞同后一种办法,对胡适的批评,即本于此。②

---

① 陈寅恪《审查报告一》,冯友兰《中国哲学史》下册,"附录",第1—2页。
② 金岳霖《审查报告二》,冯友兰《中国哲学史》下册,"附录",第5—6页。

胡适对此也在反省。照其计划，对中国哲学史的梳理，同样是按照古代、中古、近世三段展开。《中国哲学史大纲》卷上出版后，胡适就着手准备撰写秦汉以来的中古哲学史，但他已打算放弃"哲学史"之名，而改称"思想史"。这多少受到傅斯年的刺激。1926年在给胡适的信中，傅即道出，将来自己写"中国古代思想集叙"，定当遵守下列"教条"：其一，尽量避免"把后一时期，或别个民族的名词及方式来解他"，无论是印度的还是西洋的名词和方式；其二，避免用"同一方法和材料"去梳理古代的方术论者、六朝之玄学、唐之佛学、宋明之理学等，而且，"以二千年之思想为一线，而集论之，亦正未必有此必要"，当尽力"一面不使之于当时的别的史分，一面亦不越俎去使与别一时期之同一史合"；其三，在方法上，也应严追顾炎武、阎若璩之遗训，再加上些"近代科学所付我们的工具"，但"决不使他像一部哲学史"。① 后来在与顾颉刚的通信中，傅斯年又明确表示："我不赞成适之先生把记载老子、孔子、墨子等等之书呼作哲学史。中国本没有所谓哲学。"甚至"思想一个名词也以少用为是。盖汉朝人的东西多半可说思想了，而晚周的东西总应该说是方术"。② 此

---

① 傅斯年《致胡适》，1926年8月17、18日，王汎森等主编《傅斯年遗札》第1卷，第45—46页。傅斯年后来也颇为推崇阮元《性命古训》一书，认为其方法"足为后人治思想史者所仪型"。这个方法，即是"以语言学的观点解决思想史中之问题"。傅斯年《性命古训辩证》，欧阳哲生主编《傅斯年全集》第2卷，第505页。
② 傅斯年《与顾颉刚论古史书》，《国立第一中山大学语言历史学研究所周刊》第2集第13期，1928年1月23日，第320页。

外，任教中山大学留下的讲义中，傅斯年还阐述了这样的看法："哲学"断难在中国发生，"是很自然的"，"拿诸子名家理学各题目与希腊和西洋近代哲学各题目比，不相干者如彼之多，相干者如此之少，则知汉土思想中原无严意的斐洛苏非一科"。因此，"为什么我们反去借来一个不相干的名词，加在些不相干的古代中国人们身上呀？"①

正是傅斯年的意见，刺激胡适重新思考以什么方式清理中国的思想资源。胡适这样说过："孟真有绝顶天才，他替我解决了《中国哲学史》上不能解决的问题。我接受了他的观念，写了一篇五万字的文章，叫做《说儒》，从这个观念来讲古代思想，根本推翻了我过去对于中国古代思想史的见解。"② 不过，胡适从哲学史转向思想史，更主要的还是处理先秦的问题与先秦以后的问题大异其趣，仍聚焦于名学或逻辑方法已不合适。1930 年代胡适在中国公学和北京大学任教期间，就留下《中国中古思想史长编》和《中国中古思想小史》的讲稿。在晚年的回忆中胡适也表示："我个人比较欢喜用'思想史'这个名词，那比'哲学史'〔更为切当〕。"③ 更说明问题的是，胡适 1926 年给傅斯年的一通信，已显示其与哲学的疏离，"这几年我自己竭力学善忘，六七年不教西洋哲学，不看西洋哲学书，把西

---

① 傅斯年《战国子家叙论》，欧阳哲生主编《傅斯年全集》第 2 卷，第 253—254 页。
② 胡适《傅孟真先生的思想》，《胡适作品集》第 25 集，远流出版公司，1986 年，第 57、60 页。
③ 《胡适口述自传》，季羡林主编《胡适全集》第 18 卷，第 399 页。

洋人的蛛网扫去不少，自己感觉很痛快"。① 1929年在上海大同中学演讲《哲学的将来》，胡适也直陈"过去的哲学只是幼稚的、错误的或失败了的科学"，"过去的哲学学派只可在人类知识史与思想史上占一个位置，如此而已"。进一步还指出："将来只有一种知识：科学知识"，"将来只有一种知识思想的方法：科学证实方法"，"将来只有思想家而无哲学家，他们的思想已证实的便成为科学的一部分，未证实的叫做代证的假设（Hypothesis）"。② 这样的认知，影响更为卓著。哲学难以在中央研究院占据一席之地，多少和胡适、傅斯年等人对哲学的看法有关。胡适1931年出任北京大学文学院长时就表示，办文学院其实是办历史系，甚至主张哲学系关门。③

当然，以"思想史"替代"哲学史"，未必就解决了其中的问题。针对蔡元培的看法，缪凤林指明胡适《中国哲学史大纲》所讲的是"中国古代哲学家的思想发达史，不是中国民族的哲学思想发达史"，并明示梁启超《中国学术思想变迁之大势》更值得参照。④ 梁氏此文，算得上是较早以"学术思想"之名清理中国资源的文字。该文把截至20世纪初的中国学术思想史划分为八个时代，从地理上、

---

① 胡适《致傅斯年》，1926年8月24日，季羡林主编《胡适全集》第23卷，第499页。
② 胡适《哲学的将来》，季羡林主编《胡适全集》第8卷，第6—8页。
③ 钱穆《八十忆双亲　师友杂忆》，生活·读书·新知三联书店，1998年，第169页。
④ 缪凤林《评胡适〈中国古代哲学史大纲〉》，《时事新报》1920年7月17日，第1版。

政治上、文学上揭示影响学术思想变迁之要素。开篇就表示："学术思想之在一国，犹人之有精神也；而政事、法律、风俗及历史上种种之现象，则其形质也，故欲睹其国文野强弱之程度如何，必于学术思想焉求之。"① 仅由此不难看出，这并非按照"学科"架构梳理中国本土的相关资源，同样是"专史"，却将历史分割为政治、经济、思想等板块，"学术思想"已与政治、经济、文化等结合在一起，同样构成历史的一个面相；而且，"学术思想"还可以继续分割为更多的组成部分（其他如政治、经济亦然），意味着已成为"专门史"。这也解释了为何纯粹以"思想史"为名的著作反不多见，更多是以"政治思想史""学术思想史""社会思想史""教育思想史""宗教思想史"等为名的著作，似乎"思想史"可以据此分出若干子目。罗志田就留意到，在很长时间里，学术、思想和文化这些名相以及学术史、思想史和文化史，一直有着剪不断理还乱的关联。②

即便用"思想"之名，也难以解决问题。1933年陈垣就道出所谓思想史、文化史之类，皆"颇空泛而弘廓，不成一专门学问"。言下之意，"欲成专门学者，似尚须缩短战线，专精一二类或一二朝代，方足动国际而垂久远"。③ 张

---

① 梁启超《中国学术思想变迁之大势》，《新民丛报》第3号，1902年3月10日，第1页。
② 罗志田《史无定向：思想史的社会视角稗说》，《开放时代》2003年第5期，第140—146页。
③ 陈垣《致蔡尚思》，1933年6月24日，陈智超编注《陈垣来往书信集》（增订本），生活·读书·新知三联书店，2010年，第383页。

荫麟也指出:"以现代自觉的统系比附古代断片的思想,此乃近今治中国思想史者之通病",因此种比附,实际"预设"一"无法证明之大前提",似乎"古人之思想皆有自觉的统系及一致的组织",然这恰好是极晚近才发生的,"以统系化之方法治古代思想,适足以愈治而愈梦耳"。① 郭湛波 1935 年出版的《近三十年中国思想史》,就被认为"没有一定的范围","思想这个名词太为空泛",部门太多,作者"心目之中必有其一定的范围",本书却未加斟酌,"读完这部书之后,只知其为一部史,但不知其为什么史"。而且,由于该书"组织太散漫",毫无系统,毫无计划,"连思想史也不配称得"。② 今天的研究者对此也在检讨,桑兵阐明"思想史存在与生俱来的紧张","尤其是近代的思想系统,往往是输入的域外新知,没有这些后出外来的系统,很难将所有的言论片断连缀为思想"。但由此又不免"脱离原来的时空联系,失去了本来的意涵,变成一种外在的附加认识"。③

1942 年,侯外庐针对中国思想史的研究也进行了检讨:

> 过去研究中国思想史者有许多缺点,有因爱好某一学派而个人是非其间者,有以古人名词术语而附会

---

① 张荫麟《评冯友兰〈儒家对于婚丧祭礼之理论〉》,《大公报》1928 年 7 月 9 日,《文学副刊》第 27 期,第 9 版。本文原为评《燕京学报》第三期中之一节。
② 高名凯《评近三十年中国思想史》,《大公报》1936 年 7 月 3 日,第 11 版。
③ 桑兵《思想如何成为历史》,《华东师范大学学报》2020 年第 2 期,第 1—12 页。

于现代科学为能事者,有以思想形式之接近而比拟西欧学说,从而夸张中国文化者,有以历史发展的社会成分,轻易为古人描画脸谱者,有以研究重点不同,执其一偏而概论全般思想发展的脉络者,有以主观主张而托古以为重言者,凡此皆失科学研究的态度。①

侯对以往中国思想史研究缺点的指认,切中肯綮,但就其与他人主编的《中国思想通史》来看,仍难以解决思想史研究的基本范畴。1947年该书第一卷出版时,侯在序中简要说明:"斯书更特重各时代学人的逻辑方法之研究,以期追踪着他们的理性运行的轨迹,发现他们的学术具体的道路,更由他们剪裁或修补所依据的思想方法,寻求他们的社会意识以及世界认识。"②《中国思想通史》修订版出版时,新的一篇序言又表示:此书"综合了哲学思想、逻辑思想和社会思想在一起编著的,所涉及的范围显得比较广泛;它论述的内容,由于着重了基础、上层建筑和意识形态的说明,又显得比较复杂"。③看起来,对于思想史范围的"比较广泛""比较复杂",侯多少有所保留,似乎思想史应该确立其"边界"。但涵盖"哲学思想""逻辑思想""社会思想"的"思想史",实际是将"思想史"分割为不同

---

① 侯外庐《自序》,《中国古代思想学说史》,重庆,文风书局,1944年,第1页。
② 侯外庐《序》,侯外庐等《中国思想通史》卷一,上海,新知书店,1947年,第1页。
③ 侯外庐《序》,侯外庐等《中国思想通史》第一卷,人民出版社,1957年,第1页。

的部门，恰与当日更为流行的"文化史"的情形相似，其内容已无所不包。这也留下值得深思的问题，或许是因为"思想"与"文化"本身不构成一门学科，造成所写就的"专史"难以确立其范畴，也不同于"学科史"与"专门史"。

"中国哲学史"书写遭遇的难局，是众多"学科史"书写共同面对的问题。哲学史转化为思想史，思想史又划分为政治思想史、社会思想史之类，表明以"学史""学科史"为标志的"专史"，更多转向与"通史"对应的按照社会结构划分出的"专门史"。如中国政治思想史较早出现的论著，就偏重于"政治史"，多为历史学者撰写，以此作为"中国社会思想史"的组成部分，并未围绕"政治学"这一学科梳理中国资源。梁启超1923年出版的《先秦政治思想史》，一开篇就指出："人类全体文化，从初发育之日起，截至西历十五六世纪以前，我国所产者，视全世界之任何部分，皆无逊色。"不过，梁也承认，"如希伯来人、印度人之超现世的热烈宗教观念，我无有也；如希腊人、日耳曼人之瞑想的形而上学，我虽有之而不昌；如近代欧洲之纯客观的科学，我益微微不足道"。指出这一点，为的是突出使中国在全人类文化中尚能占一席之地的，是"人生哲学及政治哲学所包含之诸问题"。① 相较而言，接受政治学

---

① 梁启超《先秦政治思想史》，第1—2页。这方面的著作还包括：刘麟生《中国政治思想》，上海，商务印书馆，1929年；陶希圣《中国政治思想史》，上海，新生命书局，1932年；陈安仁《中国政治思想史大纲》，上海，商务印书馆，1932年；杨幼炯《中国政治思想史》，上海，商务印书馆，1937年；吕振羽《中国政治思想史》，上海，生活书店，1947年，等等。

训练的学者，在处理这一问题时，就不能不考虑这一点。萧公权的《中国政治思想史》旨在从政治学出发梳理中国的资源，言明"本书采政治学之观点，用历史之方法，略叙晚周以来二千五百年间政治思想之大概，以供各大学政治系学生参考之用"。之所以从晚周讲起，也是因为之前的零星材料，"究非学术思想之记录"，"就政治学之观点论，殊觉其鲜裨实用"。故此，"吾人今日欲取中国政治思想作较有系统之研究，至早只能以周代为起点"。①

对中国经济学历史的梳理，遭遇同样的困难，所取办法也差不多。熊梦所著《墨子经济思想》是较早涉及梳理中国经济思想的论著，之所以从事此项工作，是因为"吾国未有有系统有条理而合于科学之著述，以供学者之研究"。② 胡已任为该书写序，对此也表示理解："愚曩习经济学史于他邦，每苦中土无此类专籍，足资借镜。"③ 因于此，该书对中国经济思想的梳理，也大致从现代经济学出发，分析的包括欲望论、生产论、人口论、交易论、分配论、消费论。稍后出版的《中国经济思想小史》一书，也围绕这些问题展开。④ 这方面，唐庆增所著《中国经济思

---

① 萧公权《中国政治思想史》（一），上海，商务印书馆，1948年，第1页。
② 熊梦《自序》，《墨子经济思想》，北京，佩文斋，1925年，第1页。
③ 胡已任《胡序》，《墨子经济思想》，第1页。
④ 李权时《中国经济思想小史》，上海，世界书局，1927年，第1—2页。该书指明梳理中国经济思想，可围绕经济制度论、欲望论、生产论、消费论、交易论、分配论、租税论、人口论、货币论、唯物史观等十个方面展开。经济史方面的著作也同样以"经济学"为出发点，侯厚基撰写的《中国近代经济发展史》也道出，最为困难的是"经济之范围，又至广泛，内容挂一漏百，自所不免"。侯厚基《中国近代经济发展史》，上海，大东书局，1929年，第1页。

第六章　重塑过去："学科史"的书写

想史》，对此有深入检讨。在其看来，"中国在今日仅有经济思想（economic thought）而无经济科学（economic science），内容固属简单，与政治及伦理思想，混淆不分，且乏显明之经济派别，不足与言科学也"。甚至指明："中国经济思想史并非为中国经济科学史，因中国现今尚无经济科学也。"涉及对分期问题、派别问题的处理，该书也以此为出发点，认为"西洋经济思想，有已成科学与未成科学之别，分作二时期，甚为适当"；"治中国经济学说，不能采此项办法"，只能以笼统的上古、中世、近代划分出三个历史时期。与之相关，"中国原无经济科学，故无经济科学上之派别"，而西洋各国则不然，"盖西方各国固有其经济科学在也"。对于如何研究中国经济思想史，该书也强调："当预先于他种有关系之学识，广为涉猎，至少下列各项智识，有一精密之研究。"首先提及的是"经济学原理全部及西洋经济学说之精华"，强调"其于研究中国经济思想史者，尤为一种不可缺少之基本智识"。这是因为"经济学原理中尤以欲望、分配、荒政、租税货币、人口、土地及农业经济等问题为最要，盖中国历代思想讨论之焦点，皆集中于上列各项目也"。①

结合上述论著，多少可以解释无论是政治还是经济方面的著作，往往都以"思想"为名。如针对相关学科史的梳理，由该学科的学者担当，也不免立足于该学科梳理

---

① 唐庆增《中国经济思想史》上册，上海，商务印书馆，1936年，第5—10、29页。

"学科史"。此所具有的正当性，似乎也不容置疑。唐庆增就表示：为研究便利起见，中国经济思想史"当划入经济智识门研究，犹之政治思想归入政治门"。① 这也是延续至今的安置方式。而不管是由治史学者还是治分科学者承担，"学科史"的书写，导致中国学术系统全然改观，也值得特别关注，"不仅将原来浑然一体的思想文化历史肢解成相互脱离的部分，而且扭曲变形，或化有为无（如经学），或无中生有（如哲学、政治学、社会学以及相关各种专史等），或名同而实异（如文学、'经济'学等）"。② 若说对中国历史的"重塑"，此较之于"新名词"之入"史"，影响同样昭著，有必要结合起来检视其如何改变了对"过去"的认知。

鲁迅20世纪初年已提出，"世之评一时代历史者，褒贬所加，辄不一致"，往往"以当时人文所现，合之近今，得其差池，因生不满"。欲以今知古，须"自设为古之一人，返其旧心，不思近世，平意求索，与之批评，则所论始云不妄"。③ 陈寅恪诠释"了解之同情"的治史取向，于此也有论述："必神游冥想，与立说之古人，处于同一境界，而对于其持论所以不得不如是之苦心孤诣，表一种之同情，

---

① 唐庆增《中国经济思想史》上册，第6页。
② 桑兵、关晓红主编《分科的学史与历史》，第58页。
③ 鲁迅《科学史教篇》，《鲁迅全集》第1卷，人民文学出版社，1981年，第26页。

始能批评其学说之是非得失，而无隔阂肤廓之论。"① 据此亦可知，这实际是纵横古今的历史学的自处之道。

检讨学科史书写之得失，也当围绕此加以反省。关键在于，伴随近代学科知识在中国的确立，按照相关的学科清理古代的资源，建立起古代与现代的联系，有其必要性，尤其是学科的制度化确立后，大学已设立相关系科，各级学校也据此开设相关课程，完成对该学科本国史的梳理，有助于对该学科的认识。然而，学科知识毕竟是近代的产物，其所发端的西方，要建立起与古代世界的关联，已有不小分歧，中国方面所遭遇的，不仅存在古今之别，中西之差异也不可忽略。晚清民国时期做出的尝试，多少是消解了中西之差异，并且立足于"普遍性"与"现代性"理解"学"。王国维论辩"学无中西"就表达了这样的看法："世界学问不出科学、史学、文学，故中国之学西国类皆有之，西国之学我国亦类皆有之，所异者，广狭疏密耳。"进而还道出："虑西学之盛之妨中学，与虑中学之盛之妨西学者，均不根之说也。中国今日实无学之患，而非中学西学偏重之患。""居今日之世，讲今日之学，未有西学不兴而中学能兴者，亦未有中学不兴而西学能兴者"，"学问之事，本无中西，彼鳃鳃焉虑二者之不能并立者，真不知世间有学问事者矣"。② 再以胡适来说，可以说终其一生，都确信

---

① 陈寅恪《审查报告一》，冯友兰《中国哲学史》下册，"附录"，第 2 页。
② 王国维《〈国学丛刊〉序》，《国学丛刊》第 1 册，1911 年春，第 2 页。

在古代中国的知识遗产里可望找到移植西方哲学和科学的土壤，他的整个学术活动，尤其针对中国哲学史、中国思想史的研究，更是主要围绕会通中国思想与西方思想展开——为现代的科学思想找出一个中国的根。在其面对外人用英文发表的论著，更突出了这方面的意思。①

但这些问题，显然不那么容易解决。1905年《万国公报》发行至200册时，华人编辑范祎结合所谓"西艺""西政""西教"说明该刊之"要义"："中国二十年以前，惊西方之船坚炮利，知有西艺矣。而于西政，则以为非先王之法，不足录也。十年以前，亲见西方政治之美善者渐多，其富强之气象，似实胜于中国，知有西政矣。而于西教，则以为非先圣之道，不足录也。"依其所见，"知西艺最易，知西政已较难，更进而知西教，则如探水而得真源"。② 这样的见解，自可归于作者特定的信仰，但中西之差异，即便在"学"这一层面的会通，也有种种歧义。直至今日，国际学界仍在争辩中国有无"哲学"。③ 不只是哲学，将与"道"紧密关联的"教"与"政"，归于"宗教"与"政治"

---

① 最具代表性的一是1959年7月胡适出席美国"东西方哲学讨论会"宣读的长篇论文"The Right to Doubt in Ancient Chinese Thought"，二是1960年7月10日胡适在美国华盛顿大学召开的"中美学术合作会议"开幕式上宣读的论文"The Chinese Tradition and the Further"。
② 范祎《〈万国公报〉第二百册之况辞》，《万国公报》第200册，1905年9月，第1—2页。
③ Carine Defoort, "Is there such a thing as Chinese Philosophy? Arguments of an implicit debate," *Philosophy East and West*, Vol.51, No.3, Eighth East-West Philosophers' Conference (Jul., 2001), pp.393-413. 中国方面对此的回应参见葛兆光《穿一件尺寸不合的衣衫——关于中国哲学和儒教定义的争论》，《开放时代》2001年第11期，第49—55页；桑兵《近代"中国哲学"发源》，《学术月刊》2010年第11期，第1—11页。

之学，同样存在类似问题。何况无论是"学"还是"科学"，都不能替代"政""教"在历史上曾经发挥的作用。参照韦廉臣所著《古教汇参》对古今中西之教的考察，谭嗣同曾表示，不论何教，皆有相同之"公理"二：一曰慈悲，一曰灵魂。依托这样的"公理"，则"地球之教可以合而为一"。[①] 不用特别指明，谭所设想的基于"公理"使"中西各教得以会通"，至今仍困难重重；"文明冲突论"激起广泛反响，自有其缘由。[②] 问题的答案，或许需要长时期的沉淀，才能逐渐明晰。

[①] 谭嗣同《上欧阳中鹄书》（十），蔡尚思、方行编《谭嗣同全集》下册，第464—465页。
[②] 塞缪尔·亨廷顿（Samuel Huntington）《文明的冲突与世界秩序的重建》，周琪等译，新华出版社，2010年。

结语 "学归于一"：近代中国学科知识成长的意义

"什么是学科知识史"不是容易回答的问题，究其实质，是要考察近代学科知识在中国是如何成长起来的。问题本身涉及多种面相，自不待言，若再结合与之相关的"文化交流""西学东渐"等话题，则其所涵盖的内容，更牵涉各种复杂因素。不仅时间上跨越 16—20 世纪差不多 400 年的历史，所存留的资料还包含多种语言，散布于世界各地。但此一问题近些年得到持续关注，也充分表明近代学科知识的"援西入中"，有助于从新的维度理解近代以来的中国历史。可以毫不夸张地说，近代中国所有重要问题的展开，都受到这期间所接受的学科知识的影响，最具象征意义的即是 1923 年发生的"科学与人生观"的论战。胡适总结这场论战阐发的"根据……知识，教人知道……"，表明今日统称为自然科学、社会科学及人文学科的近代学科知识体系，逐渐为中国社会所接纳。[①] 张君劢甚至讲出这样的

---

① 胡适《〈科学与人生观〉序》，《科学与人生观》，第 1—42 页。

话：“今国中号为学问家者，何一人能真有所发明？大家皆抄袭外人之言耳。各人读书，各取其性之所近者，从而主张之。”① 其他论战，如中国社会性质问题的论战等，也莫不如此，展现出对这个世界的认识，对各种问题的辩护，皆主要由各学科知识提供依凭。不宁唯是，这一过程不仅持续影响到当下中国学术的理论和实践，而且还通过基于学科知识的历史追溯，重新塑造了"中国之过去"。

围绕如何进行近代学科知识史的研究，本书做了大致梳理。在结语部分，有必要就其中所涉及的关键环节，做进一步申论，重点要回答开展近代学科知识史的研究，何以要立足于古今中外的视野，将对问题的检讨做出相应区分；同时也要揭示确立"整体性"的观念、守护"历史的维度"的重要性。

一 立足于中西古今的视野

"居今之世而言学问，无所谓中学也，西学也；新学也，旧学也；今学也，古学也。皆偏于一者也。惟能贯古今，化新旧，浑然于中西，是之谓通学，通则无不通矣。"② 孙宝瑄1897年在日记中表达的看法，点出了中西、新旧、古今乃把握"学问"之枢机。治中国近代史的学者，

---

① 张君劢《再论人生观与科学并答丁在君》，《科学与人生观》，第1—98页。
② 中华书局编辑部编《孙宝瑄日记》上册，1897年3月17日，第88页。

往往也以此总结这段历史的特质。蒋廷黻1938年出版的《中国近代史》，一开篇就做了这样的定位："中华民族到了十九世纪就到了一个特殊时期"，和以往历史上所发生的全然不同，"来和我们打麻烦的不是我们东方世界里的小弟们，是那个素不相识而且文化根本互异的西方世界"。① 明确提示中西问题构成中国近代史的基本问题。今之学者，更是将中西新旧（以及满汉）作为把握近代史的核心问题。② 审视学科知识在中国的成长，中西古今也是问题之核心，只是存在阶段性差异。先是针对"西学"，随后则围绕"中学"与"西学"，最后才思虑"中西学"如何"会通"。对此稍加辨析，有裨于更好把握其中之要害，了解晚清士人颇有差异的应对策略。

晚清士人在面对"采西学"这一问题时，一开始是纯就"西学"立说。由于来华西人所传播之"西学"，是结合"教"与"学"展开的，故此将西学加以区分，也构成晚清"采西学"一开始最关注的事。梁启超1896年撰写的《西学书目表》，即按照"学""政""教"对西书进行分类。这并非梁启超个人的看法，晚清持相似见解者，所在多有，或直指"西政""西学"无关"西教"。或阐明格致之学、政治之学，与"西教"无关；西学之兴、西学之盛，亦与"西教"无关。③

---

① 蒋廷黻《中国近代史》，上海，商务印书馆，1938年，"总论"，第1—3页。
② 罗志田《道出于二：过渡时代的新旧之争》，北京师范大学出版社，2014年，第105页。
③ 易鼐《论西政西学治乱兴衰俱与西教无涉》，《湘学报》第28号，1898年2月21日，第7—9页；刘桢麟《论西学与西教无关》，《知新报》第49册，1898年4月11日，第1—4页。

这表明针对西来学说加以区分，围绕西学、西政、西教进行取舍，构成当日读书人试图重点辨析的问题。

单纯针对西学，多少可以超脱的方式展开，甚至称之为"冷眼旁观"亦无不可，于是可以围绕西学之次第阐释看法，以探索"西学门径"。《西学书目表》便是梁启超为了回答门人关切的问题——"应读之西书及其读法先后之序"，为此也指明"各书之长短，及某书宜先读，某书宜缓读"，虽非详尽，然初学观之，"亦可略识门径"。① 1899 年徐维则辑成《东西学书录》，同样强调编辑该书乃是因为"学者骤涉诸书，不揭门径，不别先后，不审缓急，不派源流，每苦繁琐，辄难下手"。还具体说明考察"政""学"之准则："言政以公法公理之书为枢纽，言学以格致算学之书为关键。"②

从中西学术交流的长程看，这第一步自有其重要性，唯有区分西学，才能更好辨析西学门径之所在；别立中外，也才有对中外学问不同的安置——"体"与"用"，或"道"与"器"。重点在于，"中体西用"论的流行，意味着是针对"中学"与"西学"立说，并在"中学"与"西学"二者间论辩长短，无中西之别，也难以催生相关话题。

与关注"西学门径"相比，"中体西用"论明显是致力于辨析"中西学门径"，一字之差，涵盖的意味全然有别。

---

① 梁启超《〈西学书目表〉序例》，《时务报》第 8 册，1896 年 10 月 17 日，第 3—6 页。
② 徐维则《例目》，徐维则辑《东西学书录》，第 1—2 页。

前者是纯就"西学"立说,"中体西用"论的浮现,却直接将"中学"与"西学"置于"学"的背景下进行认识。这也如同罗振玉后来总结的:"海禁未开以前,学说统一,周孔以外无他学也。自西学东渐,学术乃歧为二。"① 代表晚清士人共同见解之"中体西用"论,可理解为面临"西学"与"中学"的选择时,强调"西学必先由中学"。这既为采"西用"乃至"西学""西政"大开方便之门,同时也为捍卫中国那个"体"找到了依凭。孙家鼐1896年所上奏折即阐明:京师大学堂之"立学宗旨",乃"中学为主,西学为辅;中学为体,西学为用"。②

只是,所谓"中体西用"论之"体",究竟有多少实质性内容,大可质疑;反而是所谓"西用"之类倒引出诸多话题,并促成按照"学"规划教学。这是因为伴随所采"西学"的内涵不断拓展,"中学"所捍卫之"体",已逐渐变得空洞,往往只是一种说辞,一种"姿态"。这也是将"中学""西学"同样置于"学",不免陷入的困局,在分科知识的架构中已难以安置"中学"。甚至可以说,在中西两种文明对话中产生的"中体西用"思想,乃中国近代学科知识建立过程中的一段插曲,起点是别立"中西",而归途却是"学无中西"。这一步的迈出,也富有深意,唯有化解"体用"之紧张,消除中西之壁垒,完成对"学科"的现代

---

① 罗振玉《本朝学术源流概略》,上虞罗氏辽居杂著乙编本,1933年,第45页。
② 孙家鼐《议复开办京师大学堂折》,北京大学校史研究室编《北京大学史料》第1卷(1898—1911),第23—25页。

性论述，近代学科知识之奠立才成为可能。

当对问题的论辩走向"中西学"，也促成"中学""西学"之会通。如同晚清推进新式学堂，大行其道的是"西学"，中西学之会通，是将中西置于同样的时间脉络中，不仅有学术之"新"与"旧"，也催生了超越"国别性"的"学"。1890年薛福成出使欧洲途中留下的日记就直面时人或还不敢面对的问题，那就是中西学术"会通"的问题，薛明确表达了自己的愿望："蕲使古今中西之学，会而为一，是则余之所默企也夫！"[①] 将古今中西之学"会而为一"，这在当时还是颇为大胆的看法。关键在于薛所论及的"学"，逐渐摆脱"格致之学"的纠缠，而是更为广义的"学"。更深远的影响，则是越来越多的士人真切感受到当时的天下已发生由"道出于一"向"学归于一"的巨变。

感受到斯时的天下不再是"道出于一"，只是问题的一面，与之相关的另一面则是，晚清以降的读书人还努力思考是否有"无中外""无殊同"之"道"。既然"道出于二"，能体现"无中外""无殊同"的，则只能归于"学"。宋儒陆九渊所谓"东海西海，心同理同"，明清之际成为读书人化解中西紧张之重要资源，活跃于清初的梅文鼎甚至发出"法有可采，何论东西；理所当明，何分新旧"的论调，明确主张为学当"去中西之见，以平心观理"。[②] 实际

---

① 薛福成《出使英法义比四国日记》，钟叔河主编《走向世界丛书》，岳麓书社，1985年，第71—73页。
② 梅文鼎《堑堵测量二·郭太史本法》，梅毂成编《梅氏丛书辑要》卷四十，承学堂乾隆二十六年（1761）刊本，第26页。

上，只要中学与西学该如何选择成为必须面对的问题，则不免着力于此。阮元编纂《畴人传》一书时也表示，其所致力的是"网罗今古，善善从长，融会中西，归于一是"。① 降至晚清，郭嵩焘等"先时之人物"更是确信："西洋以智力相胜，垂二千年"，"诚得其道，则相辅以致富强，由此而保国千年可也"。② 为此，也不乏士人坦然接受"西学中学，将来必有合一之时"，所忧心的只是"将来五大洲合一，必有同用一文，同尊一教者，将何所从?"③

正是有西学的参照，时人辨析中西之差异也渐渐落于"学"。严复1895年发表的《原强》道出："夫唯数学（包括数学、名学、力学、质学）者明，而后有以事群学，群学治，而后能修齐治平，用以持世保民以日进于郅治馨香之极盛也。"④ 进一步，严复还针对古今学问之差异做了这样的区分："古人之史，将以究天人之际，遍取一切，稍有关系，莫不著录。至于近世不然，盖诸学皆有专门，其间各有历史。"⑤ 这里特别提及成长于近世的，乃"专门"之学，是以分科为标志的近代知识。章太炎《訄书》重订本列为首篇之《原学》，也区分了不同时代的学问，明示当今

---

① 阮元《〈畴人传〉凡例》，《畴人传》，文选楼丛书本，扬州阮氏藏板，第6页。
② 郭嵩焘《伦敦与巴黎日记》，1876年1月2日，钟叔河主编"走向世界丛书"，第91页。所谓"先时之人物"，来自梁启超对康有为之表彰。梁启超《南海康先生传》，《清议报》第100册，1901年12月21日，第1页。
③ 项芳兰《项申甫日记》，1896年11月15、16日，温州市图书馆编《温州市图书馆藏日记稿钞本丛刊》第4册，中华书局，2017年，第52—53页。
④ 严复《原强》，王栻主编《严复集》第1册，第6—7页。
⑤ 严复《与熊曾佑书》(3)，约1906年8月10日，孙应祥、皮后锋编《〈严复集〉补编》，第264页。

之学已超越地缘因素而具有"普遍性":古之学术,"各因地齐、政俗、材性发舒,而名一家",而到了"九隅既达"之世,"民得以游观会同",故"今之为术者,多观省社会,因其政俗,而明一指"。①

进而中西学问之分界,也有别样意味。读了严复所译《天演论》后,孙宝瑄就提出:"今日中西学问之分界,中人多治已往之学,西人多治未来之学。曷谓已往之学?考古是也。曷谓未来之学?经世格物是也。"② 如何会通中西学问,实现"中外无异学",也成为关注的中心,越来越多的读书人逐步有了这样的见识,"昔之学在贯天人,今之学在赅中西"。③ 为此,严复也对广为流行的"中体西用"论严加指斥,强调"中国所本无者,西学也,则西学为当务之急明矣"。④ 梁启超在《清代学术概论》也指明,他与康有为、谭嗣同辈,于此种"学问饥荒"之中,冥思枯索,期望创出一种"不中不西即中即西"之学。⑤ 而叶德辉对康梁等人的批驳,也落在"不中不西""非今非古"。⑥ 随着时间的推进,所谓"学",也超越了"国别性",认定其为具有"普遍性"的"近代知识"。

在这个意义上看,以分科为标志的近代学科知识在中

---

① 章太炎《原学第一》,《章太炎全集》(三),第133—134页。
② 中华书局编辑部编《孙宝瑄日记》上册,1897年12月28日,第172页。
③ 谢若潮《西学三通·叙》,袁宗濂、晏志清辑《西学三通》,第2—3页。
④ 严复《与〈外交报〉主人书》,王栻主编《严复集》第3册,第557—565页。
⑤ 梁启超《清代学术概论》,朱维铮校注《梁启超论清学史二种》,第80页。
⑥ 叶德辉《〈长兴学记〉驳义叙》,苏舆编《翼教丛编》卷四,第103—104页。

国的成长，其影响既深且巨，晚清读书人认识到有别于"中学"之"西学"后，也积极图谋二者之"会通"。不单将中西之间的区别归于"学"，中西之间的竞争归于"学"，进一步地，学无新旧、学无中西的看法，也暂时化解了中西学术交流所陷入的"紧张"。① 那些进入新式学堂接受新知训练的学人，"学科"意识也牢固树立起来，并以此检讨中西学术的区别。傅斯年 1918 年在《新青年》撰文称：中西学术之差异，主要体现在中国学术"以学为单位者至少，以人为单位者转多"，"其名其实，皆以人为基本，绝少以学科之分别而分宗派者"；西洋近代学术"全以学科为单位"，"苟中国人本其'学人'之成心以习之，必若枘凿之不相容也"。连带着的问题则是，中国学人"各思以其道易天下"，"惟有己之所肄，卓尔高标，自余艺学，举无足采"，"所学之范围愈广，所肄之程度愈薄"，如此不解分工之理，"误人诚不浅也"。②

当然，正如前面一再强调的，学科是特定历史时空的形式，西方学科知识的形成同样走过漫长的历程。学科知识于西方来说同样是社会转型的产物，天主教神学传统中对"自然研究"某种意义上的肯定，以及西方社会实现"政教分离"之转型，都构成理解西方近代知识成长不可忽视的维度。自 19 世纪以来，近代知识的建构也成为全球性

---

① 章清《学、政、教：晚清中国知识转型的基调及其变奏》，《近代史研究》2017 年第 5 期，第 35—62 页。
② 傅斯年《中国学术思想界之基本误谬》，《新青年》第 4 卷第 4 号，1918 年 4 月 15 日，第 329—331 页。

的普遍问题。希尔斯（Edward Shils）即将"中心价值"得到更广泛的承认，视为现代社会最惊人的变化之一，这一过程既可能是经由中心社会向边缘社会扩张而实现的，部分也是边缘社会认同于中心社会的结果，导致"人们普遍渗透和参与中心体制"。[1] 吉登斯（Anthony Giddens）对"现代性"的思考，也聚焦于"文化全球化"的现象，尤其指明技术进步造就了"共享知识"，构成现代区别于传统的象征："自从机械印刷术引入欧洲以来，通讯方面的机械化技术剧烈地影响着全球化的所有方面。它们构成了现代性的反思与断裂的重要方面，而正是反思与断裂，将现代从传统中分离出来。"[2]

思考近代中国学科知识的成长，也应纳入全球知识史的脉络中展开。中国社会近百年来的变迁，是19世纪以来人类世界呈现为世界性的"中心—边缘"格局的直接结果。[3] 张灏阐述的"转型时代"，旨在说明1895年至1920年前后大约25年时间，是中国思想文化由传统过渡到现代的关键年代。[4] 不过，其间发生的变化，还不仅仅是制度

---

[1] 希尔斯《中心与边陲》，苏国勋、刘小枫主编《社会理论的诸理论》（二十世纪西方社会理论文选II），华东师范大学出版社，2005年，第215—226页。
[2] 吉登斯《现代性的后果》，田禾译，译林出版社，2000年，第67—68页。
[3] 这方面的论述，最具代表性的是沃勒斯坦阐述的"世界体系理论"（The Theory of World System）。《现代世界体系》（四卷本），郭方等译，社会科学文献出版社，2013年。
[4] 张灏《中国近代思想史的转型时代》，《二十一世纪》总第52期，香港中文大学，1999年4月，第29—39页。对"转型时代"的阐述在不同时期略有区别，后来张将"转型时代"修订为"1895—1925年"，见《转型时代中国乌托邦主义的兴起》，《新史学》第14卷第2期，2003年6月，第1—41页。围绕此的讨论参见王汎森等著《中国近代思想史的转型时代》，联经出版公司，2007年。

性传播媒介的大量涌现，以及新的知识阶层的出现，其实质是知识传播与知识转型所带来的关键性转变。按照任达的看法：

> 在1898年百日维新前夕，中国的思想和体制都刻板地遵从中国人特有的源于中国古代的原理。仅仅12年后，到了1910年，中国人的思想和政府体制，由于外国的影响，已经起了根本性的变化。①

这个时间节点，值得斟酌，变化固然剧烈，但其过程远比这里所描绘的更为曲折。可以明确的是，中国近代学科知识的形成，可视作近代以来世界范围内全方位文化迁移的结果，不仅构成近代中国学术变迁的重要一环，也成为全球性学术发展的一部分。换言之，且不说自然科学方面的各学科，一百多年来塑造中国人文学科与社会科学品质的，就是具有超越"国别性"意义的以分科为标志的近代知识。它不仅垄断了对社会理念合法性的论证，还构成了培育中国现代文明的决定性因素。故此，以分科为特质的近代知识体系在中国的奠立，也堪称"数千年来未有之变局"的写照，其影响也延续至今。

略说近代学科知识在中国成长的背景及其影响，相应地，也可以据此确立揭示这一过程需要秉持的视野与方法。

---

① 任达《新政革命与日本——中国，1898—1912》，第215页。

值得强调的是，将学科知识的成长视作推动近代世界诞生的重要一环，表明其构成全球性的现象，意味着具体到不同的国度、不同的学科，在成长的线索上大相径庭，对此稍加辨析，或许才能确立考察中国近代学科知识成长合适的视野与方法。不仅如此，中国近代学科知识体系的建立，固可归于"援西入中"的产物，但所援之"西"为何，本身便是问题；"西学"之外，"东学"的影响也值得高度重视。而本土长期积累而形成的对于"知识"的理解，同样在发挥影响，可视作"传统的发明"或"传统的创造性转化"。正是因为学科知识的成长并不存在单纯的"知识移植"，"本土"的作用影响甚巨，又意味着有必要立足于"古今"加以辨析。近代学科知识在中国的成长，实际构成古今中外交错的问题，这是需要重点应对的。

二 确立"整体性"的观念

要回答"什么是学科知识史"，意味着需全面审视近代学科知识在中国的成长，前述各章安排的内容，也旨在说明基于中国检讨近代学科知识成长，应确立合适的视野与方法，重点需考虑两类相互联系的问题，其一是西方以分科为标志的近代知识是如何传入的；其二是中国本土是如何接引的。就前者来说，自当关注"西学"（包括"东学"）传入中国所涉及的相关著述；各学科专门术语的翻译及标准术语词汇的出现等问题。就后者来说，则关乎"分科知识"成长的制度和社会环境，如各层次教育中新课程的输入和介绍、相关研究机构的建立和发展、公众对新学科的反应、学科史的书写等问题。将分科知识在中国的成长略区分为传播与接引不同的层面，可以更好说明各分科知识及学科术语如何由"西"入"中"，明确所谓"西学"或"西方知识"都是历史性范畴。同时，来华西人对西学的引介也有高度选择性，甚至努力迎合中国本土对知识的认知。问题转向中国本土对分科知识的接引，重点则要关注这些分科知识如何在中国落实。此亦表明需重视各分科知识成长的制度和社会背景，不仅要关注"学科的制度化"，还要考虑这些分科知识如何走向公众，以及如何开展学科史书写等问题。

无论确立怎样的视野，或都难以涵盖近代学科知识成长涉及的面相，也无法避免所要遭遇的诸多难题。一方面，近代学科知识涉及的诸学科，成长线索并不同步，其图景是逐渐清晰起来的；另一方面，一个学科的成长还涵盖从学科术语到学科史书写等一系列复杂问题。显然，本书确立的思考上述问题的视野与方法，是基于"分"展开的，分解出不同层面的问题，在此基础上，又有必要强调树立"整体性"观念的重要性。

原因在于，学科知识的成长构成推动近代世界诞生的重要一环，故此在处理不同层面的问题时，重视各部分之间的结构性关联，也颇为要紧。如何理解近代世界的诞生，各有不同的维度。马克思、恩格斯主要从生产方式切入，充分肯定"资产阶级在它的不到一百年的阶级统治中所创造的生产力，比过去一切世代创造的全部生产力还要多，还要大"。① 还阐明"各民族的原始封闭状态由于日益完善的生产方式、交往以及因交往而自然形成的不同民族之间的分工而消灭得越是彻底，历史也就越是成为世界历史"。② 马克斯·韦伯则通过解析"世界的祛魅"（disenchantment of the world），重点揭示宗教改革如何催生资本主义精神，指明"西方世界发展出了他处所没有的资本主义的种类、形式与方向"。③ 而伴随全球史的兴起，越来越多的人意识到需要"走出西方的兴起这一母体本身"，"构建关于世界之所以成为今天这样的另一种叙事"，这是因为"如果不能理解亚洲的发展，我们就无法理解现代世界如何并为何形成了现在的面貌"。④

当然，有关"近代世界的诞生"这一话题，还可以基于概念史、环境史、技术史、海洋史等多重角度加以审视。亨利·列斐伏尔（Henri Lefebvre）引发的空间研究的"转向"，产生了广泛影响。他将空间视作"行走在大地上"的现实，即"某种被生产出来的社会空间中的现实，是社会

---

① 马克思、恩格斯《共产党宣言》，《马克思恩格斯选集》第1卷，人民出版社，2012年，第405页。
② 马克思、恩格斯《德意志意识形态》，《马克思恩格斯选集》第1卷，第168页。
③ 马克斯·韦伯《新教伦理与资本主义精神》，康乐、简惠美译，广西师范大学出版社，2010年，第7页。
④ 马立博（Robert B. Marks）《现代世界的起源：全球的、环境的述说，15—21世纪》（第三版），夏继果译，商务印书馆，2018年，第14、20页。

关系的生产和再生产"。还将此与历史进程结合起来，阐明每个社会都生产出某种空间，"一场没有生产出新空间的革命，其实是没有充分实现其潜力的革命"，"真正具有革命性的转变，必须证明它对日常生活、语言和空间具有创造性的影响"。① 从列氏所区分的"空间实践""空间表象""表征性空间"，尤其是"感知的""构想的"与"亲历的"社会空间加以检视，亦可认识到，唯有跨越海洋所实现的"空间的生产"与"物质与知识生产"，才能形成真正的"世界"，促成全球范围内的文明交流。这在很大程度上又体现在火车、轮船等交通工具的利用以及电报、电话等媒介工具的使用上。从世界范围的技术史来看，西方的技术和生产方法在其他国家的推广，正发生在 19 世纪下半叶，并且对于普通人的生活带来更加直接和有益的影响。② 亚当·斯密在《国富论》曾预言了 19 世纪的运输革命，蒸汽船的发明，以及同步发生的通信革命，使这一预言成为现实，促成了"海洋的全球化"。③ 一项聚焦于航运的研究，也揭示了轮船在航运网络内各个港口间穿行，"形成了新的物质和社会空间"。④

---

① 亨利·列斐伏尔《空间的生产》，刘怀玉等译，商务印书馆，2021 年，《法文第第三版前言（1986）》，第ⅩⅩⅢ页；第 80—82 页。
② 查尔斯·辛格等主编《技术史》，第Ⅴ卷：19 世纪下半叶，前言，第ⅷ页。
③ 米夏埃尔·诺尔特（Michael North）《海洋全球史》，夏嫱、魏子扬译，生活·读书·新知三联书店，2021 年，第 203—213 页。参见斯蒂芬·K. 斯坦因（Stephen K. Stein）编著《海洋的世界史：探索、旅游与贸易》上下册，陈菲、冯维江译，中国社会科学出版社，2021 年，第六章"革命的世界：1750 年至 1900 年"。
④ 罗安妮（Anne Reinhardt）《大船航向：近代中国的航运、主权和民族建构（1860—1937）》，王果、高领亚译，社会科学文献出版社，2021 年，第 14 页。

无论是针对近代历史开展研究，还是聚焦学科知识的成长，或都有必要紧扣这样的"问题意识"。守望于此，也才能确立"整体性"的视野，避免"碎片化"。

就近代学科知识来说，是以分科为标志的，本书提示的研究视野，也是将学科知识涉及的诸多环节，分别加以说明，这里却要强调"整体性"的观念，似乎有些矛盾。其实不然。一则中西相遇时，各自对知识的看法，都是从知识的"整体"出发的，二则即便接受了分科知识，对此的安置也呈现出"整体性"的视野。本书避免将学科知识理解为各分科知识的叠加，只是在梳理问题时，举证一些分科知识，也是基于这样的考量。实际上，对于西方科学传统的把握，往往强调其"整体性"：并非是一堆孤立的观念、学说、发明、技术、人员的集合，而是从某些共同问题和观念所衍生出来的一整套理论、观察、论证、方法，它们互相结合，成为具有发展潜力与方向的有机体系。[①] 只不过，不同时期展现出来的"整体性"，有显著区别。而在专门化知识流行经年之后，也引发了种种不满的声音，逐渐认识到"专门化"知识带来的"希望与悲怆"，"其潜能既是解放的，也是疏离的；既打开了新世界，也在创造新的不平等"。这也推动各方人士重新思考"专门化"知识与另一种形式——"普遍化"或"一般化"知识的"整

[①] 陈方正《继承与叛逆——现代科学为何出现于西方》（下），生活·读书·新知三联书店，2011年，第772—773页。

合"。① 而对"交叉学科"的重视，也试图打破学科之"边界"，"辨析学科间交叉渗透的共有领域"，以便在"广泛性"与"专一性"之间进行选择，实现多学科知识的"交叉"与"融合"。② 彼得·德鲁克为此也强调了，正是知识的专业化，意味着要使知识具有生产力，须学会"既见森林又见树木"，应致力于从现有的知识中去开发、利用，做到"融会贯通"。③

耶稣会士所援之"西"，即是科学还没有与哲学分离的状况；知识仍被视为一个整体，所谓"科学"也没有分化成众多门类，据此也才能理解耶稣会士介绍的西学隐含的意味。艾儒略的《职方外纪》和《西学凡》，论及欧洲各国在学制上的安排，或介绍大学分为"四科"，或按照"六科"介绍欧洲各国的状况，就有必要从这样的背景去理解，而且，对"道学"的定位颇为用心，明显赋予"道学"特殊的位置，指其为"超生出死之学"，总括"人学之精"与"天学之奥"。换言之，耶稣会士开启的中西交流，是将"教"与"学"结合起来，论学的基本出发点，是强调"学不归原天帝，终非学也"。即便传递为学各有分科的观念，也努力在各分科知识中辨析其次第。以"穷理学为百学之门"，堪称这一时期所传递的对知识的基本看法，试图对知

---

① 麦克·扬、约翰·穆勒《课程与知识的专门化：教育社会学研究》，第169—181页。
② 托尼·比彻、保罗·特罗勒尔《学术部落与学术领地：知识探索与学科文化》，第74、86页。
③ 彼得·德鲁克《知识社会》，第188—189页。

识进行"整体性"把握。1683年南怀仁向康熙进呈的《穷理学》，即是当时传教士翻译工作的"总汇"。较早见到该书残本的冯承钧也有此评断："是编所述形上形下诸学皆备，可谓集当时西学之大成。"①

19世纪开启的新一轮中西文化交流，展示出类似的情形。最突出的是，来华西人也试图从整体上对"西学"进行介绍。傅兰雅1880年所撰《江南制造总局翻译西书事略》特别说明，在规划译述工作时，颇希望顾及"所译各书若何分类，若何选择"，表明西人之译书也试图按照"大类编书"的方式进行，然而却受制于中国方面对"紧用之书"的渴望，译书也不能按照"西国门类分列"。② 即便如此，这方面的努力也有结果呈现出来，如前已述及的，傅兰雅1882年便组织了一套《格致须知》的出版工作，益智书会也曾制订一项大的计划，汇编出版格致书42种。最具影响力的当属艾约瑟编译的"西学启蒙十六种"，《万国公报》也称道此乃"西法南针"。这些都展现出来华西人对西学的介绍希望系统性呈现近代知识，便于中国从整体上加以把握。

中国本土所形成的对"知识"的看法，同样重视"整体性"的观念。张尔田在致王国维的信中就表示："中古学

---

① 此系冯承钧翻译费赖之《在华耶稣会士列传及书目》一书时所加按语，见《在华耶稣会士列传及书目》，中华书局，1995年，第356页。关于《穷理学》一书的编纂情况，参见尚智丛《南怀仁穷理学的主体内容与基本结构》，《清史研究》2003年第3期，第73—84页。
② 傅兰雅《江南制造总局翻译西书事略》，《格致汇编》第3年第5卷，1880年6月，第12页。

术，实以三种合成，曰政，曰教，曰学。"且"教其精神，学其血脉，而政譬则躯壳也"。能一以贯之的顾炎武，能"度越诸子"，"实在于此"。① 前已说明，学、政、教构成把握晚清中国知识转型的关键词，实际上，无论是"政""教"，还是"道""学""政"，一向视作不可分之整体，强加区分，也是立足于"教"为"政"本，或遵循"道"—"学"—"政"之次第。同时，中国读书人言"学"，也一向强调当"无所偏倚"，朱熹论为学之方即言道："常人之学，多是偏于一理，主于一说，故不见四旁，以起争辩。圣人则中正平和，无所偏倚。"② 即便分出所谓道与器之类，也看重二者之相合。章学诚《文史通义》就表示："知道器合一，方可言学；道器合一之故，必求端于周孔之分；此实古今学术之要旨，而前人于此，言议或有未尽也。"③ 与之相关，道与器、学与术难以"合一"，也常常被视作问题之症结。理想的状态，自然是道、学、治，"一而已也"。晚清读书人接引西学常常加以联系的"孔门四科"与"经世文编"，体现的也是"整体性"的观念。就前者来说，读书人往往致力于强调，尽管所得乃"其性之所近"者，"各为一科"，但须明了"合之而圣人之学乃全"，若"四科有

---

① 张尔田《与王国维》（九），梁颖等整理《张尔田书札》，第171页。
② 黎靖德编《朱子语类》第1册《学二·总论为学之方》，中华书局，1994年，第130页。
③ 章学诚《与陈鉴亭论学》，《文史通义·外篇三》，古籍出版社，1956年，第311页。

其一而亡其三","岂圣人之教乎?"① 至于后者,以贺长龄之名编纂的《皇朝经世文编》,计分八纲六十五目,所确立的也是"以学术为纲领,以六政为框架"的整体性架构。②

受本土资源的影响,中国士人安置西来之学问,也烙上相应的印痕,"整体性"的观念随处有所体现。徐光启将利玛窦之学分为三种,"大者修身事天,小者格物穷理,物理之一端,别为象数,一一皆精宝典要,洞无可疑,其分解擘析,亦能使人无疑"。③ 杨廷筠《代疑篇》则指明:"西国学者以义理为养性之粮,穷理为升天之具","其学有次第,其入有深浅,最初有文学,次有穷理之学"。④ 无论是区分西学为三种,还是认定其学有次第,言下之意,都在强调其所具有的整体性。1628年刊刻的李之藻辑《天学初函》,更富有深意。该书合为两编:一为理编,主要包括介绍天主教理及世界地理的诸书;一为器编,为论数学、天文、水利各科的译书。各收书10种,共计20种。以"道""器"整合西学,反映出那个时代对西学整体上的认识。⑤

晚清对西学知识的接纳,同样有整体性的考虑。1893

---

① 陈澧《东塾读书记》(外一种),生活·读书·新知三联书店,1998年,第14—15页。
② 黄克武《经世文编与中国近代经世思想研究》,《近代中国史研究通讯》第2期,1986年9月,第83—96页。
③ 徐光启《刻〈几何原本〉序》,朱维铮主编《利玛窦中文著译集》,第304页。
④ 杨廷筠述《代疑篇》,《天主教东传文献》,第541—546页。
⑤ 李之藻《刻〈天学初函〉题辞》,《天学初函》(一),第1页。

年张之洞表达了对此的关切:"近今译出外洋各书及时人纪述,或言一国之政令,或记一时之事情,或采专门之艺术,无关全体。"正是考虑这一层,张延聘王韬"搜罗外洋书籍,详加采择,依类编纂",还聘请精通中西文字的傅兰雅、布茂林(Charles Budd)等"广购洋书,选择翻译":

> 将全书重加编纂,乘辑考订,提要厥元,删其繁复,补其未备,务期义例精审,考据详明,使各国今昔之情形,政治之得失,富强之要图,犁然备载,深切著明,俾我志士学人开卷了然,得以博考通筹,无虞隔膜,裨益时局,实非浅鲜。①

文廷式1896年初"请旨编类成书",也希望"特开文馆,汇纂西书","凡今日切要事宜,邦交为一类,国用为一类,商务为一类,兵学为一类,广搜博译,提要钩元,分别部居,加之论断……先辑已译之书,续翻未译之书。随译随编,日新月积"。② 1902年清廷还下旨由翰林院开馆

---

① 张之洞《札北盐道筹拨纂洋书经费》,苑书义等主编《张之洞全集》第4册,第3133—3134页。该书书名后定为《洋务辑要》(或称《夷务类要》),但最后未刊刻。钟天纬《刖足集》所附年谱解释了个中之缘由。显然,张之洞对该书是不满意的,以其"繁而不杀,无当著作之林"。为此,张希望钟天纬能对《洋务辑要》一书进行一番"修饰"。钟天纬未接受此项工作,只是给出了应增补"格致"方面内容的建议。钟天纬《刖足集·外篇》,1901年刻本,附录,第12页。此事周振鹤曾撰文进行辨析,并指明上海图书馆藏有《洋务辑要初编》的稿本,计107册。周振鹤《知者不言》,生活·读书·新知三联书店,2008年,第24—29页。
② 文廷式《外交日繁请编类成书以资典学而开治法折稿》,汪叔子编《文廷式集》上册,中华书局,1983年,第81页。

纂辑《各国政艺通考》，由恽毓鼎担任总纂，历时六载全书才告成。是书之编，也是缘于"东西载籍，传译不齐，散见众编，网罗非易"。①

有道是"要把金针度于人"，因应于"采西学"的需求，晚清出现了针对西学的"汇编"工作。这些资料表面上看不乏按照知识分科的架构对中译西书进行分类，但不可忽视的正是其中所体现的"分"与"合"，汇集诸书为一书，为的是"总其大成"。王韬为较早出版的《西学大成》所写《序》就指明，此类书籍的出版具有的特别意义："近时所译西国各书，纷然错出，亦甚伙矣，门径既多，头绪又繁，阅者如适宝山，茫然不知所取材，何则？以无贯串之者也。"肯定该书于西学能"总其大成"。② 不仅如此，该书区分"西学"为算学、天学、地学、史学、兵学、化学、矿学、重学、汽学、电学、光学、声学12门，也并非随意为之，而是因为"西国格致之学，以数理为入门，上而量天测地，下至制造律吕，无不神明理数，故是编以算学为全书之冠，而各门则递次而降"。③ 后续出版的张荫桓辑《西学富强丛书》（1896）、孙家鼐编《续西学大成》（1897），以及《西政丛书》（1897）、《新辑各国政治艺学全书》（1902）等，均有类似的属性。

上述种种，都展现出晚清对西学之接纳，颇为关注

---

① 《翰林院奏编书处所编〈各国政艺通考〉全书告成补进总目折》，《北洋官报》第2047册，1909年4月22日，第3—4页。
② 王韬《序》，王西清、卢梯青编《西学大成》，第1页。
③ 《例言》，王西清、卢梯青编《西学大成》，第1页。

"知识"的整体性，是从"合"走向"分"，或暗含"合"与"分"。故此，对中国近代学科知识成长的检讨，固然需要确立不同的视野，但"整体性"的观念，却有必要贯穿于对问题的把握中。

"分门别类之专家学，是否当尽弃五千年来民族传统之一切学问于不顾？"对于西学输入引发的问题，钱穆曾由衷表达这样的看法："民国以来，中国学术界分门别类，务为专家，与中国传统通儒之学大相违异。循至返读古籍，格不相入。此其影响将来学术之发展实大，不可不加以讨论。"① 钱穆担心受西方分科之学的影响，丧失所谓"通人之学"。照其所见，中国过去并无从事于专精自然领域一事一物之理想，亦无人文领域专门探求某一种知识与专门从事某一种事业之理想，"任何知识与事业，仍不过为达到整个人文理想之一工具，一途经"，"若专一努力于某一特殊局部，将是执偏不足以概全，举一隅不知三隅反"，"以一偏之见，孤往直前，有时反更对人文整体有害无益"。②

分科知识传入后，中西学问存在的明显差别，确实困扰着众多读书人。钱穆甚至表示："东西文化孰得孰失，孰优孰劣，此一问题围困住近一百年来之全中国人，余之一生亦被困在此一问题内。"③ 这是因为如前所说的，中国读书人言"学"，一向强调当"无所偏倚"，还将道与器、学

---

① 钱穆《序》，《现代中国学术论衡》，第1页。
② 钱穆《国史新论》，生活·读书·新知三联书店，2001年，第13页。
③ 钱穆《八十忆双亲 师友杂忆》，第46页。

与术之难以"合一",视作问题之症结。故此,分科之学传入中国,部分读书人难以接受,也自有原因。或许难以实现如钱穆所谓"必回就中国以往之旧,主通不主别","求为一专家,不如求为一通人",然比较中西异同,批评得失,会通求之,却是应当坚守的。这也恰如钱穆所要开示的:"惟分新旧,惟分中西,惟中为旧,惟西为新,惟破旧趋新之当务,则窃恐其言有不如是之易者。"①

史家所熟悉的"整体史"或"总体史",主要来自法国年鉴学派的主张。这或可视作是针对单纯的经济史、政治史或社会史的"反动";重视"整体性",并非要写出完整的历史,而是强调在面对问题时,应秉持"一种有系统地超越局限的愿望"。② 问题的暧昧性在于,年鉴学派"整体性"的理想,却难以为继,甚至出现了"对整体观念的放弃",导致其"内部的重大裂痕","一些人主张细碎的历史和照搬各种社会科学的方法;另一些人则主张全面的历史和在吸取社会科学成果的同时保持史学的根基,即追求总括的雄心"。③ 年鉴学派走向"新史学",有值得理解的一面,如勒高夫(Jacques Le Goff)强调的:"新史学渴望建设一种从人体到生物、置于社会历史时段中的总体的人的历史。"④ 不管怎样,如何防止"总体的历史"被分割为许

---

① 钱穆《序》,《现代中国学术论衡》,第6页。
② 彼得·伯克《法国史学革命:年鉴学派,1929—1989》,刘永华译,北京大学出版社,2006年,第106—107页。
③ 弗朗索瓦·多斯《碎片化的历史学——从〈年鉴〉到"新史学"》,马胜利译,北京大学出版社,2008年,第234、239—240页。
④ 勒高夫等主编《新史学》,姚蒙编译,译文出版社,1989年,第30—31页。

多各行其是的"专门化"部门（经济史、思想史等等），也需重视。从社会背景中抽离出来的"专门史"，"肯定会使人误入歧途"。① 受"文化转向"的影响，对此的思考也展现出新的气象，不仅科学被看作文化的组成部分，不再建立在文化之上，而且，文化、实践、相对主义、真理、话语、叙事、微观历史，以及各种其他术语，已"跨越许多（虽然不是全部）社会科学学科并为它们所共有"。这也带来对19世纪末一个独特的历史阶段形成的"学科"的反思，"知识是借助于专门化和碎片化增长的，可是理解那种知识意味着什么，也许需要某种重新整合"。这是因为，"某种东西既能从学科分类又能从多科性（interdisciplinarity）中获得"。②

之所以强调有必要确立"整体性"的观念、立足近代世界的诞生开展研究，是缘于近代中国学科知识的成长，涉及面极为广博，无论是考察西方以分科为标志的近代知识如何传入中国，还是审视中国本土如何接引各分科知识，都有诸多问题值得进行个案分析。举例来说，涉及"学科的制度化"，值得检讨的自不乏众多大学乃至中学的相关学科；有关"学科术语"，各学科也都留下许多术语可资辨析。甚至可以说，缩小"历史研究的单位"，开展个案分析，有助于问题的深化。但个案的分析与所涉及的问题稍

---

① 巴勒克拉夫《当代史学主要趋势》，杨豫译，译文出版社，1987年，第55—56页。
② 理查德·比尔纳其（Victoria E. Bonnell）等《超越文化转向》，方杰译，南京大学出版社，2008年，第12、21—22页。

加结合，也是必要的。即使不能关照到近代世界的诞生这类宏大的问题，但对相关问题的史实重建，基于"学科的制度化""学科史书写"等环节展开，也多少可以避免"碎片化"，揭示更多的问题。柳诒徵论及文化史之写作曾道出："凡陈一事，率与他事有连，专治一目者，必旁及相关之政俗，苟尽芟重复，又无以明其联系之因果，此纵断之病也。"① 陈寅恪读到沈兼士的论文，显是因为此文符合其治学取径，故对此赞誉有加，并且有"解释一字即是作一部文化史"的论断。② 杨联陞对此也发挥说："一个字牵涉许多重要事物，则其研究皆可构成一部（不必是全部亦不可能是全部）文化史。"③

三 守护"历史的维度"

"对于古人之学说，应具了解之同情，方可下笔。盖古人著书立说，皆有所为而发；故其所处之环境，所受之背景，非完全明了，则其学说不易评论。"④ 陈寅恪诠释的"了解之同情"的治史取向，辨明了守护"历史的维度"的

---

① 柳诒徵《弁言》，《中国文化史》上册，南京，正中书局，1947年，第1—2页。
② 沈兼士《"鬼"字原始意义之试探》，《国学季刊》第5卷第3号，1936年7月，"附录"，陈寅恪先生来函，第60页。
③ 杨联陞《中国文化中"报""保""包"之意义》，贵州人民出版社，2009年，"引言"，第2—3页。
④ 陈寅恪《审查报告一》，冯友兰《中国哲学史》下册，"附录"，第1页。

重要性。关键是如何落实？治学者往往有自身的体会。吴虞在1916年一则日记中曾言及其学佛的感受："讲佛学者，于当看之书，言人人殊，故余先看《高僧传》，观自来高僧所重何经，即依之以次购读，庶不至摇惑无主。求门径于时人，不如求门径于古人也。"① 所谓"历史的维度"，体现的正是这样的精神，"求门径于古人"，当能更好把握问题。对于学科知识在中国的成长进行历史性分析，也颇有必要进行一番"去熟悉化"（defamiliarized）的努力，摆脱"后见之明"。② 唯其如此，才能更好理解问题之枢机，把握变迁之轨迹。

强调守护"历史的维度"，旨在为审视近代中国学科知识的成长确立更好的起点，以及更合适的视野。这似乎是再自然不过的选择。将学科知识在中国的成长归于"援西入中"的产物，也大致确立了问题的起点，那就是结合传入的"西学"论著（包括译作及独立文本），以此发现分科知识成长的线索。但问题绝非如此简单。由于分科知识是逐渐成长的，并且认知上前后颇有差异，往往导致看起来似乎明确的问题却并不容易处理。按照西方分科观念对应中国所接纳的分科知识，是基于知识的"移植"消解中西之差异，本身就会产生歧义；而根据晚出的甚至当下对分科知识的定义进行分析，也未必合适，这是肯定"西学"

---

① 中国革命博物馆整理《吴虞日记》上册，1916年1月13日，四川人民出版社，1984年，第237页。
② 王汎森《中国近代思想文化史研究的若干思考》，《新史学》第14卷第4期，2003年12月，第177—194页。

一开始便呈现为清晰的分科知识。

不宁唯是,审视学科知识在中国成长所涉及的基本环节,或都面临这样的问题。往大的方面来说,近代中国学科知识的成长,构成"西学东渐"重要组成部分。不过,稍稍梳理"西学东渐"图景的塑造过程,尤其是在这一图景中"学科知识"占据的位置,就不难看出问题之枢机。事实上,对此的勾画,自有其抉择,并且多有起伏。较早前对"西学东渐"历史图景的勾画,往往是在较为宽泛的中西比较的视野下展开,"文化冲突""文明比较"是颇为热门的问题,并没有基于清晰的分科知识来进行把握。然而,尽力展示"西学东渐"较为清晰的图景,始终是围绕此开展研究的目标所在,这也导致愈到后来,分科观念愈发明晰,甚至有了可资量化的数据分析。

如对于江南制造总局翻译馆的总结,一般皆利用陈洙所辑《江南制造局译书提要》,认为该局所译西书包括:史志6种,政治3种,交涉7种,兵制12种,兵学21种,船政6种,学务2种,工程4种,农学9种,矿学10种,工艺18种,商学3种,格致3种,算学7种,电学4种,化学8种,声学1种,光学1种,天学2种,地学3种,医学11种,图学7种,补遗2种,附刻10种,总计160种。[①] 对此就有必要指出,《江南制造局译书提要》出版于1909年,反映的分科观念已是成书年代的认知,不能因此

[①] 陈洙辑《江南制造局译书提要》,江南制造局,1909年刊本。

指认分科观念已主导翻译馆的工作。对比傅兰雅1880年分期发表的《江南制造总局翻译西书史略》一文，不难发现傅所列出的"各门之学"，与陈洙的分类有明显差异。①

实际上，此类研究往往皆秉持现在的立场进行量化分析。论者梳理自16世纪末叶以来中国所开展的译书活动，曾列表揭示"过去数世纪中译书所涉及的主要知识领域（1580—1940）"，为此亦将译书活动按照具体的分科知识加以展示：人文科学（含哲学、宗教、语言、文学、艺术）2 995种，占比39.2%；社会科学（含政治、经济、教育、社会、史地）2 405种，占比31.5%；自然科学（含数学、天文、物理、化学、地质、生物、其他及通论）1 183种，占比16.0%；应用科学（含医学、农业、工程、军事科学、其他及通论）877种，占比11.5%；杂录141种，占比1.8%。② 以此展示"西学东渐"在分科知识的译介方面取得的进展，有其必要性，要整体梳理这段历史，不按照当下所形成的分科观念，恐怕也难以下手；甚至可以说，要获得量化方面的信息，舍此也没有更好办法。各种统计信息亦可提供一些线索，以此回溯既往，也便于揭示近代中国各学科成长的脉络。这也是长期困扰研究者的问题。

---

① 该文按照算学测量、汽机、化学、地理　地学、天文行船、博物学、医学、工艺、水陆兵法、年代表新闻纸、造船、国史、交涉公法、零件等进行分门。傅兰雅《江南制造总局翻译西书事略》，《格致汇编》第3年第6卷，1880年7月，第11页。
② Tsuen-hsuin Tsien, "Western Impact on China through Translations," *Far Eastern Quarterly*, vol. 13, no. 3, May, 1954, pp. 305 - 328. 由戴文伯译为中文，题作《近世译书对中国现代化的影响》，《文献》1986年第2期，第176—204页。

李约瑟开展的工作，主要以现代科学知识及相关概念梳理古代科学的成长，便引发不少争议。或认为以现代的立场难以把握古代尤其是非西方世界的知识语境；或指出缺少现代立场的参照，无法建立起古代与现代、西方与非西方之间联系的纽带。两方面的意见看起来都言之成理，难以有理想的选择。不过，就这里关注的问题来说，确有必要指出，对分科知识成长的把握是逐渐清晰的；各分科知识的出现并非同步，且对此的认识不断发生变化，需谨慎处理"归类"问题。譬如，要追溯"政治学""经济学"学科的形成，很难不言及《佐治刍言》一书，但必须清楚，该书1885年翻译出版时，并没有"政治学""经济学"的分科观念，遑论该书直译的名称"政治经济学"。梁启超《西学书目表》中，称其为"言政治最佳之书"，但当时并无"政治学"的学科分类，故列入"无可归类之书"。[①] 就整个"无可归类之书"来看，都说明分科观念的形成有一个过程，对各书的安置也受制于此。[②]

尤值检讨的是，这些统计信息往往都依托晚清出版的各种西学汇编资料或各种提要目录书籍，这样的统计实际

[①] 梁启超《西学书目表》，《质学丛书初集》第二函，第1页。该书英文底本为钱伯斯兄弟（William Chambers & Robert Chambers）所编教育丛书中的一种：*Political Economy, for Use in School, and for Private Instruction*, Edinburgh: William and Robert Chambers, 1852，直译当作《政治经济学（适合学校教育及参考用）》。

[②] "无可归类之书"总计收有这样一些著作：《佐治刍言》《辨学启蒙》《华语考原》《美国博物大会图说》《幼学操身》《幼学初阶》《初学阶梯》《发蒙益慧录》《启悟要津》《造洋饭书》《西法食谱》《古教汇参》《救世教益》《圣会史记》《二约释义丛书》《昕夕闲谈》《百年一觉》。梁启超《西学书目表》，《质学丛书初集》第二函，第3页。

上是二度创造的产物：其一，主要依据的西学书录，反映的学科观念是书录成书年代的认知，并非原书出版时的认知；其二，研究者依据这些书录进行统计时，又援引了当下的学科观念进行取舍。这样二度取舍的结果，自会影响到对晚清西书中译的"历史性"把握，不免产生歧义。秉持"历史的维度"对这些西书及提要、目录方面的书籍进行分析，才能回到历史语境中检讨得失。这方面，鲁迅也提供了他的经验："倘要论文，最好是顾及全篇，并且顾及作者的全人，以及他所处的社会状态，这才较为确凿。"还进一步提醒各种选本实际体现的主要是"选者的眼光"。①

不仅"西学东渐"历史图景的塑造有一个过程，聚焦于学科知识，也当关注从什么时候开始，"学科知识"在"建构"这段历史时成为关注的重点。近代学科知识的建立，其基本标志是分科观念的形成，因此，应该关切晚清时在众多分科知识中如何辨析其"次第"？又有哪些领域的知识受到特别的重视？之所以需要追问这样的问题，原因在于，尽管研究者从一开始就认识到，西学之传入中国可按照知识分类进行辨析，但对于相关知识的命名，却多少有些随意；而且往往秉持后来所形成的对分科知识的看法。如此一来，对于"西学东渐"的展开，也难以守护"历史的维度"加以检讨。因此，审视学科知识在中国的成长，无论是所涉及的西方、日本及本土，还是各分科知识，都

---

① 鲁迅《"题未定"草》，《鲁迅全集》第 6 卷，第 334 页。

要认识到这不是可以清晰把握的对象，需要确立历史性的分析架构。

当下对各学科知识在中国成长的把握，一般区分为两类，大致认为历史学、地理学这类学科是从传统发展而来；而将社会科学、自然科学中的学科视作后来才发展起来的。即便这样的区分有合理的一面，也当看到问题的复杂性。以史学来说，前已述及，梁启超《新史学》开篇曾表示："于今日泰西通行诸学科中，为中国所固有者，惟史学。"①似乎中西史学的"会通"，最不成问题。但实际上，无论中外，史学成长为一门学科，都同样经历几番周折。考察西方史学作为学科的成长，研究者根据学科的制度化同样指出：西方史学传统名义上发轫于两千多年前，但截至18世纪，历史研究才取得一种文艺类别、学科和"科学"的地位，历史研究者也逐渐确立职业的身份。②结合前面的分析也不难看出，同样是史学，今昔之差异甚为明显，其成长为一门学科，还有赖于历史学系及相关研究所的推动。至于新兴学科，更是需通过"学科的制度化"才能成长起来。

分析晚清出版的西学汇编资料，不难看出当日对各分科知识的认知，与今天有不小的差异。《西学大成》区分西学为12门，从类目上看已是按照分科观念汇编西学，然而

---

① 梁启超《新史学》，《新民丛报》第1号，1902年2月8日，第1页。
② 唐纳德·R. 凯利（Donald R. Kelley）《多面的历史：从希罗多德到赫尔德的历史探询》，陈恒、宋立宏译，生活·读书·新知三联书店，2003年，第474页。

具体分析其中所收著述，不难发现问题所在。"史学"门收录的书包括《大英国志》《联邦志略》《列国岁计政要》《列国海战记》《万国公法》《星轺指掌》，仅此而言，亦可知当时所认知的"史学"，与今日所理解的"史学"，颇有不同，因为收于"史学"部分这些书籍，于今而言，不少便难入"史学"之门。反过来亦说明，"史学"在当时是被视作颇能"经世致用"的，故将体现富国强兵理想的书籍悉收入其中。如再结合《续西学大成》一书的收书情况，更可发现这是带有普遍性的问题。该书分科更细，所列门类增加到18类，不过从"史学""政学"与"文学"各门所收西书来看，仍是"史学"与"政学"不分；收于"政学"与"文学"的书目，同样与今日视为"经济"及"哲学"等学科有纠葛不清的情形。① 这是处理这类资料当注意的，不能仅根据目录来把握，而要看里面放置的究竟是些什么书，如此方能守护好"历史的维度"。

不仅对上述问题的梳理需守护"历史的维度"，关键尤在于，近代学科知识的成长呈现的是"未完成性"这一特质。② 诚如前面的讨论中反复述及的，认识到"东海西海，心同理同"，开启了晚清对西学之接纳。而近代学科知识的

---

① 史学9种：《中西交涉通论》《中西近事图说》《交涉通商表》《中西记载》《中西大局论》《中西通商原始记》《中国筹防记》《西域回教考略》《中国新政录要》；政学3种：《富国精言》《富国养民策》《富国理财说》；文学9种：《西国学校》《泰西实学精义》《新学刍言》《西学渊源记》《心智略论》《思辨学》《心学公理》《心才实用》《西国行教考》。孙家鼐编《续西学大成》，上海，飞鸿阁书林，1897年，目录页。
② 于尔根·哈贝马斯《现代性———一个未完成的方案》，黄金城译，《文化与诗学》2019年第1期，第252—269页。

"援西入中",大致可以区分出两条不同的线索,其起点是别立"中西",归途却是"学无中西"。最终不仅"学"取代了"教"与"政",甚至"道出于二"也得到承认。然而,无论是"学"还是"科学",都不能替代"政""教"在历史上曾经发挥的作用,尤有甚者,即便接受各分科知识,问题也并非完全得到解决。而超越时空的限制,仅仅坚守"进步"理念化解传统与现代之鸿沟,也不足为道。以1923年发生的"科学与人生观"论战来说,提出问题的一方论辩无力,反对的一方却占据上风,皆表明诸如物理学、生物学、社会学、心理学等学科知识被普遍接受,声调各异只是因为各自捍卫其学科立场。而不可回避的是,包括人生观在内的诸多问题,却并非贴上"科学"标签的上述学科尽可提供答案。[1]

"今日之天下,此何如时耶?此何如势耶?拓千古未有之规模,集千古未有之人民,启千古未有之学问,制千古未有之器什,极千古未有之伦常,此数者,且非以渐而至也。"[2] 晚清人士真切感受的"数千年来未有之变局",有全方位的体现。这也奠定了近代中国历史的底色,并催生了以分科为标志的近代知识在中国的成长。不可否认的是,近代学科知识的"援西入中",对于理解近代以来的中国历史,提供了重要的维度。不仅当下中国学术的理论和实践

---

[1] 这方面的讨论可参见笔者《"胡适派学人群"与现代中国自由主义》(修订版),三联书店,2015年,第三章"'五四记忆'的延续与'学术社会'的建构"。
[2] 沽滨居士《政由俗革论》,《万国公报》第17册,1890年6月,第15、17页。

仍受到影响，而且其"重构"了中国的历史与文化。但历史并未因此而"终结"，反倒说明所留下的问题值得深入反省。如何超越"在中国发现历史"，真正实现"发现在中国的历史"，仍是史家需要面对的问题。① 同时也应该承认，20世纪中国读书人的"创世纪"，尤其是确立的大学教育理想，在各学科领域的拓展，都结出了丰硕果实。以分科为标志的知识在中国确立，既成为近代中国学术变迁的重要一环，也构成全球性学术发展的一部分。如王汎森所阐明的，正赖有近代的各种新学术的成绩，我们现代人才有可能不是靠退缩回到过去寻求答案，而是可以利用世界上所有用得上的学问。② 总之，这是仍在延续的历史进程，如"不再把现代性看成是单一的进程"，③ 并进一步发掘晚清以降所累积的"质疑现代性"的声音，④ 则近代中国学科知识成长中确立的概念、方法乃至理论，自也有了广阔的反省空间。

彭慕兰2013年在美国历史学会年度会议上的主席演

---

① 参见罗志田《发现在中国的历史——关于中国近代史研究的一点反思》，《北京大学学报》2004年第5期，第107—112页；《见之于行事：中国近代史研究的可能走向》，《历史研究》2002年第1期，第22—40页。
② 王汎森《序》，《执拗的低音：一些历史思考方式的反思》，生活·读书·新知，2014年，第5—6页。
③ 查尔斯·泰勒《现代社会想象》，林曼红译，译林出版社，2014年，第166—167页。
④ 如"万国公法"知识的传入，算得上是将中国卷入现代世界的最初体现，晚清士人对相关知识的接纳与评估，也呈现出晚清中国审视"现代性"的特质所在，并构成质疑"现代性"的基础。参见章清《晚清中国"阅读世界"之一瞥——略论晚清士人对"万国公法"知识的接纳》，收入张寿安主编《晚清民初的知识转型与知识传播》，北京师范大学出版社，2018年，第254—295页。

讲,这样总结当前史学的"新趋向":人们越来越重视被含混地称作"西方"和被更加笼统地称作"其他地方"之间的流动,尤其是涉及人员、物品、污染物、理念等方面的双向流动。其结果是,人们对于过去发生在同样空间里的流动有了更为清晰的意识,同时也认识到西方人忽略了其他地方的活力以及作为"真正历史"的存在。① 别的且不论,在"转向全球史"潮流下一度落后的知识史研究,近些年就明显受到影响,提出了书写"全球知识史"的问题,而且一开始就意识到"要关注非西方的知识史学,要把它与西方知识史学一样严格对等看待"。② 对于学科知识成长的检讨,也需思考如何超越"中心"、避免"单向度"的问题。支撑全球史的,是基于这样的认知:"在人类历史上处于中心位置的,是各种相互交往的网络。"③ 格鲁金斯基即刻意区分了"全球化"与"西化",指出前者"优先地涉及知识储备、交际规则与表达方式",后者"更多表现为通过殖民、文化适应、混合的方式,对其他地区的人们进行控制"。其所揭示的"全球化与西化是伊比利亚之鹰的双头",也为思考"另一种现代性"提供了空间:"在全球视野显

---

① Kenneth Pomeranz, "Histories for a Less National Age," *The American Historical Review*, Vol.119, Issue 1, february 2014, pp.1-22.中译文题作《民族国家弱化时代的历史学》(何美兰译),刘新成编《全球史评论》第8辑,中国社会科学出版社,2015年,第3—31页。
② 塞缪尔·莫恩(Samuel Moyn)、安德鲁·萨托利(Andrew Sartori)编《全球知识史——知识的产生和传播》,焦玉奎译,大象出版社,2021年,第9页。
③ 约翰·R.麦克尼尔、威廉·H.麦克尼尔《麦克尼尔全球史:从史前到21世纪的人类网络》,第1页。

现、洲际空间压缩、人与物的无界限流动的背景下，伊比利亚人的现代性并没有在伊比利亚半岛上发展，而且它与现在通常所说的现代性几乎不具有一致性"。从墨西哥、巴西以及印度与非洲的沿海地带出发，研究全球化，也完全可以提出这样的问题——"印第安人可能是现代的吗？"①

受此影响，延续多年前对"何谓中国""何谓天下"的关切②，近年来，从中国视角出发的全球史，也引起中国学者的高度重视。③ 不必讳言，关于近代学科知识在中国的成长，"西学东渐"仍构成基本的底色，相应地，如何突破"单向度"的思考路径，也成为深化认识的关键。毕竟近代学科知识的成长，是交错着古今中外的问题，"西学""东学"的传播，以及各方人士等所开启的空间生产与知识生产，都表明应立足于跨地域、跨文化的现象做深入的研究。要寻求对问题的解答，"重访"与"重读"亦成为题中之义。④ 将学科知识的成长置于近代中国思想学术发展较为长程的时段，并通过这样一番"重访"与"重读"，或许才能明晰曾经走过的路，并且据此寻找新的出发点。

---

① 塞尔日·格鲁金斯基《世界的四个部分：一部全球化历史》，第107、571页。
② 这方面的讨论，可参见葛兆光《宅兹中国：重建有关"中国"的历史论述》（中华书局，2011年）、《想象异域——读李朝朝鲜汉文燕行文献札记》（中华书局，2014年）、《历史中国的内与外》（香港中文大学出版社，2017年）等；赵汀阳《天下体系》（中国人民大学出版社，2011年）、《天下的当代性》（中信出版社，2016年）。
③ 葛兆光《设想一种全球史的叙述方式》，收入《声回响转：讲稿八篇》，四川人民出版社，2023年，第1—37页。
④ 对"重访""重读"话题的阐述，见王汎森《执拗的低音：一些历史思考方式的反思》；叶文心《传记与时空：读列文森的近代中国思想论述》，《复旦大学学报》2021年第5期，第155—168页。

过去的一百多年，既是巨变的时代，也是史学观念与史学方法发生重大转变的时期。由此，对中国的认识有了更多可资参照的"他者"，而中国遭逢的"巨变"也产生了不一样的"地方"。这也为重新认识中国、发掘"地方性知识"，奠定了基础。近30年来民间文献与民国调查的搜集、整理与出版，即有功于史学研究走出新路、深化对本土资源的开掘。将研究视野扩展至地方，审视"国家"与"地方"，"上层"与"下层"的连接，呈现的是有关知识生产、书籍流通的"一般的"状态，有助于为思考学科知识在中国的成长，提供新的视野。而且，此所体现的是"在历史中寻找中国"的研究旨趣，能够接续20世纪便已引起众多关切的有关人文及社会科学"中国化""本土化"的话题。难能可贵的是，研究者已自觉到寻找"中国原理"并不容易，甚至难以做到，这是因为近代以来我们接受的教育，整体上就是西方的知识体系，"离开了这个知识体系，我们就会失去可以操作的学术思考和表达工具"。[①] 凡此种种，皆表明回望与反省这段历史，回答"什么是学科知识史"，是不可或缺的一项工作。唯其如此，则不仅问题之缘起便于把握，同时亦能更好说明何以需要推进这方面的工作，以及其中的意义何在，困难何在。

---

① 刘志伟、孙歌《在历史中寻找中国——关于区域史研究认识论的对话》，东方出版中心，2019年，第123页。

乐 道 文 库

"乐道文库"邀请汉语学界真正一线且有心得、有想法的优秀学人,为年轻人编一套真正有帮助的"什么是……"丛书。文库有共同的目标,但不是教科书,没有固定的撰写形式。作者会在题目范围里自由发挥,各言其志,成一家之言;也会本其多年治学的体会,以深入浅出的文字,告诉你一门学问的意义,所在学门的基本内容,得到分享的研究取向,以及当前的研究现状。这是一套开放的丛书,仍在就可能的题目邀约作者,已定书目如下,由生活·读书·新知三联书店陆续刊行。

王汎森　《历史是扩充心量之学》

马　敏	《什么是博览会史》	朱青生	《什么是艺术史》
王　笛	《什么是微观史》	**刘翠溶**	**《什么是环境史》**
王子今	《什么是秦汉史》	孙　江	《什么是社会史》
王邦维	《什么是东方学》	李仁渊	《什么是书籍史》
王明珂	《什么是反思性研究》	李有成	《什么是文学》
方维规	**《什么是概念史》**	李伯重	《什么是经济史》
邓小南	《什么是制度史》	李雪涛	《什么是汉学史》
邢义田	《什么是图像史》	**吴以义**	**《什么是科学史》**

沈卫荣	《什么是语文学》	姚大力	《什么是元史》
张隆溪	**《什么是世界文学》**	夏伯嘉	《什么是世界史》
陆　扬	《什么是政治史》	徐国琦	《什么是共有历史》
陈正国	《什么是思想史》	唐启华	《什么是外交史》
陈怀宇	《什么是动物史》	**唐晓峰**	**《什么是历史地理学》**
范　可	**《什么是人类学》**	黄东兰	《什么是东洋史》
罗　新	《什么是边缘人群史》	黄宽重	《什么是宋史》
郑振满	《什么是民间历史文献》	常建华	《什么是清史》
赵鼎新	**《什么是社会学》**	章　清	《什么是学科知识史》
荣新江	《什么是敦煌学》	梁其姿	《什么是疾病史》
侯旭东	**《什么是日常统治史》**	臧振华	《什么是考古学》

（2024年4月更新，加粗者为已出版）